FAMILY AND GENDER

가족과 젠더

노병일 노미향 장혜숙 조현철 공저

양 성 원

머리말

글로벌 시대를 살고 있는 우리 사회는 놀랍게 변화하고 있고, 이에 따라 가족과 관련된 영역도 크게 변화하고 있다. 특히 우리나라에서는 성 불평등적이고 여성에 대해 억압적이며 가부장적인 문화가 여전히 남아 있어서, 가족 영역에서 많은 문제를 겪고 있다. 가족과 관련된 여러 문제는 모든 정치적 · 경제적 · 사회적 · 문화적 요인과 가치관을 성별로 인식하는 젠더 관짐에서 풀어 보는 것이 중요하다. 따라서 학생과 일반인이 가족을 젠더 관점에서 이해하는 데 도움을 주기 위해서 이 책을 발간하게 되었다.

이 책은 총 12장으로 구성되어 있다. 이 책은 오늘날 사회에서 가족과 관련해 나타나고 있는 여러 변화와 문제점을 '젠더'라는 렌즈를 끼고 주제별로 살펴보고 있다.

구체적으로, 제1장에서는 현대사회의 가족과 젠더를, 제2장에서는 젠더의 역사와 이론을, 제3장에서는 젠더의 성역할 사회화를, 제4장에서는 가부장적 가족제도의 여성을, 제5장에서는 현대사회와 다양한 가족을 살펴보고 있다. 이어서 제6장에서는 젠더와 가정폭력을, 제7장에서는 젠더와 건강을, 제8장에서는 모성과 돌봄을, 제9장에서는 노동과 젠더를, 제10장에서는 성평등한 결혼문화를 살펴보고 있다. 그리고 제11장에서는 가족복지정책과 젠더 관점을, 제12장에서는 코로나19 팬네믹 상황과 젠너를 살펴보고 있다.

이 책이 가족과 관련된 기존의 책들과 다른 점은 가족을 젠더의 눈으로 바라보고 있다는 점이다. 특히 이 책에서는 가족 영역을 중심으로 성 인지적 분석을 시도하고 있다. 따라서 여성과 남성이 함께 자신의 고유한 역량을 발휘하는 데 도움이 되기를 기대한다. 더불어, 이 책이 모든 가족이 행복한 삶을 유지할 수 있는 사회로 변화하는 데 이론적 · 실천적으로 도움이 되기를 기대한다.

가족과 젠더 영역에서는 앞으로도 여러 가지 문제와 과제가 계속 등장할 것으로 보인다. 이런 점과 이 책의 부족한 점은 나중에 기회가 될 때에 보완할 것을 약속한다.

이 책이 세상 밖으로 나오기까지 많은 분의 도움을 받았다. 우선, 이 책이 빛을 보게 해 주신 양성원의 강철원 대표님과 여러 직원 분께 감사의 마음을 전한다. 그리고 곁에서 도와주신 여러 동료 분께도 고마움을 표한다.

2022년 1월에

저자 일동

차 례

Chapter 04 가부장적 가족제도의 여성 / 71

Chapter 05 현대사회와 다양한 가족 / 87

Chapter 06 젠더와 가정폭력 / 109

Chapter 07 젠더와 건강 / 125

Chapter 12 코로나19 팬데믹 상황과 젠더 / 221

01

현대사회의 가족과 젠더

1. 가족의 중요성과 개념 및 기능
2. 가족의 변화
3. 젠더의 개념
4. 젠더 불평등
5. 젠더와 가족의 범주
6. 가족과 젠더의 다양성과 재구성

Family and Gender | chapter 01

현대사회의 가족과 젠더

1. 가족의 중요성과 개념 및 기능

1) 가족의 중요성

인간은 태어나면서 누구나 가족이라는 집단에 속하게 되는데, 그 구성원과 일상생활에서 가장 친밀하게 상호작용하며, 규범과 가치를 전달받고 나름의 독특한 문화를 형성해 간다. 가족은 인간이 가진 제도 가운데 가장 오래된 것으로서, 문화와 사회 변화에 따라 다양하게 영향을 받으면서 끊임없이 지속되어 온 기본적인 사회제도이다. 또한 가족은 개인의 인성 형성에 강한 영향력을 미치며 사회 공통의 행동과 특정 문화 규범을 배우게 하는 과정을 담당한다. 그러므로 가족은 사회의 가장 기본적인 집단이며 사회를 존속시키는 기본 단위이다. 이런 측면에서 가족은 중요한 의미를 지닌다.

2) 가족의 개념

가족을 한마디로 정의 내리는 것은 힘든 일이다. 가족은 사회 환경에 따라 형태와 가치관이 변화하면서 개념 또한 달라지고 있다.

가족을 연구하는 학자들마다 강조하는 점이 약간씩 다르다. 그러나 사전에 따르면, 가족(家族)은 대체로 혈연이나 입양, 결혼 등으로 관계되어 같이 생활하는 사람들의 집단(공동체) 또는 그 구성원을 말한다. 그리고 집단을 말할 때는 가정(家庭)이라고도 하며, 그 구성원을 말할 때는 가솔(家率)이라고도 한다.

(1) 가족의 고전적 정의

가족에 대한 고전적 정의는 다음과 같다.

첫째, 머독(Murdock, 1949)은 기능론적인 입장에서 핵가족을 중심으로 가족을 정의한다. 머독에 따르면, 가족은 “공동의 거주, 경제적 협동, 생식(재생산)의 특징을 갖는 집단”을 말한다. 이 경우, 가족은 사회적으로 인정받은 성관계를 유지하고 있는 최소한의 성인 남녀와 한 명 이상의 자녀로 이루어진다.

둘째, 레비-스트라우스(Levi-Strauss, 1956)에 따르면, 가족은 “결혼에 의해 출발하며 부부와 그들의 자녀로 구성되고, 가족 구성원은 법적 유대, 경제적, 종교적, 그 외에 다른 권리와 의무, 성적 권리와 금지, 애정, 존경, 경외 등 다양한 심리적 감정으로 결합되어” 있는 집단을 말한다.

셋째, 유영주(1993)에 따르면, 가족은 “부부와 그들의 자녀로 구성되는 기본적 사회집단으로서, 이들의 이익관계를 떠난 애정적 혈연집단이며, 같은 장소에서 기거하고 취사하는” 집단을 말한다.

넷째, 굿드(Goode, 1982)는 가족의 정의를 대부분의 가족 형태를 포함하는 개념으로 본다. 굿드에 따르면, 가족은 다음과 같은 특징을 가지는 집단을 말한다. ① 적어도 성이 다른 두 명의 성인이 주거를 같이하며 각기 다른 종류의 분업에 종사한다. ② 여러 형태의 경제적 · 사회적 교환을 한다. 그럼으로써 가족은 서로 상대방을 위하여 일을 한다. ③ 음식, 성, 주거 그리고 재화와 사회적 활동을 공유한다. ④ 성인과 아동은 부모-자녀 관계를 맺는다. 이때에 부모는 자녀에 대하여 권위를 행사하며, 그 반면에 보호와 양육에 대한 의무를 가진다. ⑤ 자녀 간에는 형제관계가 존재한다. 이들은 서로 보호하고 도우며 함께 나누어 가질 의무가 있다.

(2) 가족의 현대적 정의

가족에 대한 현대적 정의는 다음과 같다.

첫째, 올슨과 디프레인(Olson & DeFrain, 1994)에 따르면, 가족은 "둘 혹은 그 이상의 가족원이 서로 돕고 몰입되어 있으며, 애정과 친밀감, 가치관과 의사결정 그리고 자원을 나누는 집단"을 말한다.

둘째, 터너와 웨스트(Turner & West, 1998)에 따르면, 가족은 "스스로나 혹은 타인과의 관계를 통해 친밀한 집단을 형성하고 유지하는 스스로 규정한 집단(self-defined group)"을 말한다.

셋째, 미국사회복지사협회(NASW)에 따르면, 가족은 자신들 스스로가 가족으로 생각하면서 전형적인 가족 임무를 수행하는 2인 이상의 사람들을 말한다(Barker, 2003).

넷째, 최규련(2016)에 따르면, 가족은 결혼, 혈연, 입양으로 연결된 두 명 이상의 사람들로 구성되고, 역할 수행과 장기적인 헌신을 통해 애정과 친밀감 그리고 유대감을 유지하며, 공동의 삶을 영위하는 집단을 말한다.

3) 가족의 기능

가족의 기능은 문화나 시대의 변천, 사회체계의 변화에 따라서 다르다. 그러나 간단히 볼 때, 가족의 기능은 가족이 수행하는 역할, 행위라고 할 수 있다. 가족의 기능을 논의할 때에는, 사회의 산업구조의 변화에 따라 또한 시대의 흐름과 문화의 발전에 따라 가족의 가정 내 역할(기능)이나 사회적 역할(대외직 기능)이 달라지고 있는 것에 주목하여야 한다.

가족은 다음과 같은 기능을 수행한다(최선화 · 공미혜 · 전영주 · 최희경. 2018).

첫째, 가족은 사회 구성원의 재생산을 담당한다. 자녀 출산을 통해 새로운 사회 구성원을 충원하는 기능은 사회의 유지 · 발전을 위해 필요하다.

둘째, 가족은 양육과 보호 기능을 수행한다. 어린이와 노인과 같이 도움이 필요한 가족 구성원의 성장과 안정적 삶의 유지를 위해 가족은 필요한 존재이다.

셋째, 가족은 사회화 기능을 담당한다. 가족은 인성의 기본적 틀을 형성하는 1차 사회화 기관으로 사회 구성원의 사회 적응을 돕고 있다.

넷째, 가족은 구성원에게 정서적 안정을 제공한다. 가족은 애정을 바탕으로 친밀한 관계가 유지되는 집단으로, 가족 구성원은 가족에서 심리적 만족과 정서적 안정을 느낀다.

이 밖에 전통 사회에서는 재화를 생산하고 소비하는 경제적 기능, 종교적 믿음을 수행하고 실천하는 종교 활동 등도 주로 가족을 중심으로 이루어진다. 가족 구성원 개인과 사회 전체에 대한 가족의 기능은 [표 1-1]에 제시되어 있다.

[표 1-1] 가족의 기능

<table>
<tr><th>차 원</th><th>가족 구성원 개인에 대한 기능</th><th>사회 전체에 대한 기능</th></tr>
<tr><td rowspan="2">고유 기능</td><td>애정, 성</td><td>성적 통제</td></tr>
<tr><td>생식, 양육</td><td>종족 보호</td></tr>
<tr><td rowspan="2">기초 기능</td><td>생산(고용, 수입 획득)</td><td>노동력 제공, 분업 참여</td></tr>
<tr><td>소비(기본적, 문화적 욕구 충족)</td><td>생활보장, 경제 질서의 유지</td></tr>
<tr><td rowspan="5">부차적 기능</td><td>교육(개인의 사회화)</td><td>문화 발달</td></tr>
<tr><td>보호</td><td rowspan="4">심리적 · 신체적 · 문화적 · 정신적 안정</td></tr>
<tr><td>휴식</td></tr>
<tr><td>오락</td></tr>
<tr><td>종교</td></tr>
</table>

출처: 한국임상사회사업학회(2020).

2. 가족의 변화

1) 가족 구조의 변화

오늘날 우리나라의 가족 구조는 급격한 산업화와 도시화, 여성의 경제 활동 증가, 결혼 및 자녀에 대한 가치관의 변화 등으로 급격하게 변화하고 있다. 특히, 가족의 규모는 축소되고 그 형태는 다양해지고 있다.

오늘날 나타나는 가족 구조의 변화는 다음과 같다(이도훈, 2020; 통계청, 2020).

첫째, 가족 규모의 축소이다. 이에 따라 현대 가족 구조에서 가장 뚜렷하게 나타나는 변화는 가족 구성원 수의 감소와 세대 구성의 단순화이다. 무엇보다도 핵가족화와 저출산 현상으로 한 가정 내의 가족 수가 줄고 있으며 1인 가구와 2인 가구는 증가하고 있다. 특히 결혼 연령이 늦어지면서 미혼의 1인 가구가 급증하고 있다. 그리고 노인 단독 가구, 독신 가구 등도 증가함에 따라 가족 규모는 더욱 축소될 것으로 보인다.

둘째, 세대 구성의 단순화이다. 가족 구성원 수의 감소로 가족 세대의 구성도 단순화되고 있다. 1세대 가구는 증가하고 있으며 2세대와 3세대 이상의 가구는 계속 감소 중이다. 또 최근에는 부모와 결혼한 자녀가 가까운 거리에 살면서 경제적・정서적 도움을 주고받는 수정 확대가족 등 새로운 형태의 가족 구조가 나타나고 있다.

2) 가족 형태의 다양화

전통 사회에서는 혈연 중심의 확대가족이 일반적인 형태였다. 그러나 오늘날에는 가족의 생활 양식과 가치관의 변화, 국제결혼 및 재혼의 증가 등으로 다문화 가족, 재혼 가족, 입양 가족, 무자녀 가족, 공동체 가족 등 다양한 형태의 가족이 나타나고 있다.

우리나라에서는 전통적 의미의 핵가족 수가 줄어들고 있다. 이혼·사별로 인한 한부모가족이 증가하고 있으며, 주말부부의 영향으로 비동거 가족도 증가하고 있다. 또한 동거가족, 미혼모가족, 노인 가족, 일인 가구, 동성애 가족, 공동체 가족 등의 비전통적 가족 형태가 늘어나고 있는 추세이다. 이러한 사회적 변화 때문에, 가족의 개념을 재정의할 필요성이 커지고 있다(김혜영, 2014).

가족을 정의하는 방식은 자신의 가족 형태와 다른 사람들의 가족 형태를 비교하는 기준이 된다. 그러한 기준은 정상과 비정상을 규정 지을 수 있는 문제를 초래한다. 가족의 형태는 어떤 형태의 가족으로 사느냐가 중요한 것이 아니라 어떻게 하면 삶의 질을 높이면서 가족과 행복하게 살 수 있느냐가 더 중요하다. 따라서 오늘날에는 다양한 가족의 형태를 인정하고 존중할 필요가 있다.

3) 가족 기능의 변화

사회 변동과 함께 사회가 분화·전문화되면서 현대사회에서 가족의 기능은 점차 변화하고 있다. 과거 가족의 주된 기능이었던 양육과 보호 및 사회화 기능은 영유아 교육 기관이나 양로원, 학교와 같은 전문화된 기관에서 수행하고 있다. 또한 사회 구성원의 재생산 기능 약화는 저출산 현상과 같은 사회 문제로 이어지고 있다. 가족의 경제적 기능은 생산을 기업에서 주로 담당함에 따라 소비 중심으로 기능이 변화하고 있다(한국사회임상사업학회, 2020; 김태현, 2006).

4) 가족 가치관의 변화

가족 가치관이란 가족과 가족생활에 대해 가족 구성원들이 가지고 있는 일반적인 생각, 신념을 말한다. 예를 들어, 가족 가치관은 자녀를 반드시 낳을 것인지, 가정의 일은 누가 할지 등에 관한 생각이다. 가족 가치관은 시대와 사회에 따라 변하고, 세대나 성별에 따라서 차이가 나타나며 가족생활에 많은 영향을 끼친다. 오늘날에는 과거 가부장 중심의 문화가 약화되고 민주적인 의식이 강화되면서 양성평등한 가족 가치관이 확산되고 있다(정선영, 2021).

5) 가족에 대한 페미니즘 관점의 등장

오늘날에는 가족에 대한 새로운 관점이 등장하고 있는데, 이런 관점의 하나가 페미니즘 관점이다. 페미니즘은 가족이란 조화롭고 평등한 인간관계의 토대라는 견해에 의문을 가진다. 페미니즘은 가족생활을 영위하는 여성의 경험을 검토하기 위하여 가족 내부 역할에 주목한다.

페미니스트들은 가족이 공통의 이해와 상호 부조에 바탕을 둔 협동적 거주 단위라는 견해에 의구심을 품는다. 그들은 가정에 불균등한 권력관계가 존재한다는 것은, 가족 구성원 가운데 특정인은 다른 사람보다 더 유리한 위치에서 득을 취하는 현실을 의미한다는 점을 보여 주고자 한다(김미덕, 2016).

3. 젠더의 개념

19세기 이후에 산업중심주의의 자본주의 사회 및 개인주의 시대로 진입하면서, 젠더는 현대인의 자아의식과 정체성을 구성하는 핵심 가치관이 되었다. 그러나 젠더는 남성과 여성 간 사회문화적 차이를 드러내며, 사회의 불평등한 권력관계와 이데올로기적 측면을 반영한다는 점에서 정치적이기도 하다.

성과 관련한 개념에는 성차(sex), 성별(gender), 성(sexuality)이 있는데, 대개 모두가 우리말로 '성'이라고 번역되는 탓에 성의 의미의 사용과 구분이 명확하지 않다. 따라서 젠더의 개념이 형성되기까지 역사적 흐름을 살펴보면서 젠더의 개념을 명확히 할 필요가 있다(배은경, 2016; (사)여성문화이론연구소, 2015).

남성과 여성 간에 경험적으로 확인된 차이는 단순히 신체적 특징('sex')에 의한 구분인 경우가 많다. 그러나 이러한 차이를 생물학적 성('sex')의 차이로만 해석해서는 안 된다. 예를 들어, "여성은 이러저러하고, 남성은 당연히 그러한 여성과는 다르다"는 식으로 단순하게 보지 말아야 한다. 따라서 성별 간 차이를 논할 때에는 신체적 차이('sex')가 아니라 특정 '젠더'에 근거하여 해석하여야 한다(배은경, 2016).

1) 성(sexuality)의 의미

성(sex)을 가리키는 용어인 'sex'는 라틴어의 'sexus(나누다, 구별하다, 떼어 놓다)'에서 나온 언어이다. 일상생활에서 사용되는 성이란 용어는 남녀를 구분할 때 사용되는 영어의 sex와 gender라는 용어를 번역한 단어이다. sex는 개인이 태어나면서부터 가지고 있는 생물학적인 성별을 의미했으나, 18세기부터는 그 의미가 확장되어 성행위까지 의미하고 있다(김애령, 2010). 생물학적 개념에 토대한 성에서는, 남성 및 여성의 성 특성은 태어남과 동시에 결정되고 구분되어 불변한다고 보는 개념으로 이해하는 경우가 많다. 그러나 본능적이라고 이해되는 성 특성과 성적 욕망도 역사적 배경과 사회적 규범에 따라 변해 왔다는 점에서, 성의 의미도 반드시 고정적인 것은 아니다.

푸코(Michel Foucault)는 저서 『성의 역사(History of Sexuality)』를 통해 성의 의미가 사회 권력의 감시와 통제의 수단으로 변모한 것에 주목한다. 이렇게 푸코는 성과 권력의 관계에 대한 최근의 학문적 발전에 기여한다. 18세기부터 개인의 성(sexuality)을 국가의 인구관리와 연결시키는 논의가 상당히 증가하였는데, 푸코는 이러한 변화와 더불어 성이 의학자, 심리학자, 정부의 전문가에 의해 생활에 개입하기 위한 표적이 되었다고 말한다(Foucault, 1995).

성에 대한 푸코의 논의는 지식 구조에 대한 인식론적 비판을 확립하는 것뿐 아니라, 남성과 여성 간 불평등한 권력 관계와 현상에 주목하던 페미니스트들에게 큰 인기를 얻고 있다. 페미니스트들은 푸코의 관점을 바탕으로, 성과 성적 관계를 사회적 구성물로 규정하고 사회구성주의적 관점에서 성의 의미에 대해 살펴보게 된다.

쾌락적 탐닉에서부터 생식, 사회 통제의 효율적 수단에 이르기까지 성의 의미는 시대적 가치관과 사회구조의 변화에 따라 바뀌어 왔다. 성은 인간의 가장 본능적인 욕구에 관한 것이다. 그러나 성은 역사적으로 그에 대한 규범과 의미가 지속적으로 변화해 왔으며, 가장 본질적이면서도 사회적이다.

2) 젠더(gender)의 의미

'젠더'라는 개념을 사용하기 시작한 사람은 정신의학자였던 로버트 스톨러(Robert Stoller)이다. 그는 남성으로 자랐지만 여성의 신체로 자신을 변화시킨 사람들을 연구한 결과를 토대로 1968년에 『섹스와 젠더(Sex and Gender)』를 발간하였다. 당시에 스톨러는 자신의 연구를 통해 신체적, 생물학적 요소를 바탕으로 정의하는 섹스와, 사회와 문화의 영향에 따라 형성되는 정체성으로서의 젠더를 구분할 것을 제안했다(나영, 2019). 이에 따라 스톨러는 '젠더 정체성'이라는 개념을 도입하였다(Green, 2010).

1980년대에 사회구성주의 페미니스트인 오클리(Ann Oakley)는 저서 『성과 젠더와 사회(Sex, Gender and Society)』에서 젠더라는 용어를 통해 남성성과 여성성의 차이가 본질적인 차이가 아니라 사회 속에서 규정된 속성임을 밝혀내고자 하였다(Oakley, 1976). 또한 오클리는 젠더라는 개념을 통해서, 남성과 여성의 차이가 타고난 것이기보다는 사회문화적 학습에 의해 강조된 것이라는 점에 주목하였다.

그리고 1990년에 버틀러(Judith Butler)는 섹스와 젠더의 구분 자체를 거부하며, "섹스는 이미 줄곧 지금껏 젠더였다"는 주장을 하기도 했다. 즉, 버틀러는 섹스와 젠더의 구분이 불가능한 만큼, 태어나는 여성과 만들어지는 여성의 이분법, 남성적인 것과 여성적인 것의 이분법, 정신과 몸의 이분법도 불가능하다는 견해를 밝혔다. 한편, 버틀러는 섹스, 젠더, 섹슈얼리티가 사실은 모두 법과 제도의 이차적 결과물이며 그런 의미에서 모두 젠더라고 주장한다. 즉, 섹스는 젠더가 되고 젠더는 자유롭게 떠도는 인공물이 된다는 것이다(조현준, 2019).

가족에 대한 정의가 간단하지 않은 것처럼, 젠더에 대한 정의도 간단하지 않다. 젠더에 주목하는 관점에서는 남녀 사이의 생물학적인 차이를 나타내는 것을 생물학적인 성(sex)이라고 정의한다. 성별이 생물학적으로 남녀를 구별하는 것을 의미한다면, 일반적으로 젠더(gender)는 사회문화적 성별을 의미한다. 따라서 젠더는 문화에서 기대하는 행동 양식과 구성원이 습득한 태도라고 정의될 수 있다(Butler, 1999; Walby, 1990).

또한 여성학 및 퀴어 연구에 지대한 영향을 미친 버틀러(Judith Butler)는 젠더 수행성 이론(gender performativity)에서 젠더의 범주를 확장하였다. 수행성 이론은 일상적인 대화나 몸짓이 정체성의 이차적 행동으로 이해되는 관점을 뒤집는다. 따라서 수행성 이론은 정체성의 구조에 역으로 접근한다(Butler, 2008). 즉, 버틀러는 젠더가 고정적이거나 실체화된 대상이 아니라, 마치 무대에서 배우가 연기하듯 일종의 퍼포먼스에 가까운 것이라는 수행성 개념을 제안한다. 이렇게 함으로써 버틀러는 젠더가 믿을 수 없는 허상임을 밝히고자 한다. 버틀러는 성차와 성의 개념 모두 사회문화적으로 규정된 사회적 구성물이라고 본다(허예은, 2017).

오래전부터 국제 사회와 UN은 생물학적으로 구분된 성(sex)이 아니라, 사회나 문화의 넓은 특정 맥락에서 결정되는 남성, 여성과 여성들 간에 의식적으로 이해하는 개념인 '젠더'라는 용어를 사용하고 있다. '젠더(gender)'란 육체적인 성(sex)과는 구분되는 의미로 사회적 용어이다. 한국은 'sex'와 'gender'를 일반적으로 '성'으로 번역하고 있다. 하지만 북경 제4차 여성 대회(1995년 9월 5일)를 통해 신시대 개념으로 표현된 젠더라는 표현은 사회문화학적 인식에 대한 성의 개념으로 확장 · 변화되고 있다(여성가족부, 2017). 즉, '젠더'라는 용어는 인간의 생물학적 남자와 여자를 의미하는 것이 아니라, 사회 속에 존재하는 여성성(女性性, femininity), 남성성(男性性, masculinity)을 내포하는 여자, 남자를 의미하고 있다.

정리하면, 젠더(gender)는 성(性)을 뜻하는 용어로서 문화적 맥락에서 구성되는 개개인의 선택으로 인하여 후천적으로 형성된 사회적인 성을 의미하며, 기존의 이분법적인 성의 개념을 초월한 성 정체성을 총칭한다(최지은, 2020). 또한 젠더는 한 사회의 문화가 생물학적 성(sex)에 부여한 성격과 특징들로 구성된 여성성(여성다움)과 남성성(남성다움)의 기본적 유형을 양극단으로 가지는 연속적(continuum) 개념이다(지창숙, 2017).

4. 젠더 불평등

1) 젠더 불평등의 일반적 내용

젠더는 사회적 불평등을 야기하는 다른 특징들과 연관되어 나타난다. 젠더는 연령, 사회적 계급, 환경, 인종, 건강 등에 의하여 구성되는 집단 사이에서 구분된다. 다시 말해, 이들 집단에는 모두 성에 의한[1] 특별한 구분, 제한 또는 문제점이 있으며, 해당 집단의 남성에게는 특권을 부여하고 있다.

젠더 불평등(gender inequalities)은 일반적으로 남성과 여성 사이의 격차를 의미하며, 젠더 규범은 남성과 여성의 역할에 대한 문화적 신념으로 구성된다. 남성과 여성은 다르고(차이, gender difference) 그래서 역할이 달라야 한다(분업, gender division of labor)는 논리는 성역할(gender role)에 대한 차등적 평가와 보상을 정당화함으로써 성차별과 불평등으로 이어지게 된다. 여성학자들은 대부분의 사회가 역사적・문화적 차이에도 불구하고 남성 중심적이며, 여성은 열등한 사회적 위치를 차지하고 있다는 데 동의한다. 우리 사회에서는 1990년대 이후 개인주의와 평등에 가치를 두는 민주주의의 확산, 성차별의 부당함을 인식하기 시작한 여성들, 그리고 여성들의 경제활동 참여 증가 때문에, 전통적 가부장적 가족과 젠더 질서가 변화해 왔으며 남녀의 차이와 평등을 둘러싼 의견 충돌과 젠더 갈등이 더 커져 왔다(배은경, 2016: 이재경, 2013).

1) 이 경우, 대부분은 해당 집단의 여성에 대한 것이다.

남성 생계부양자와 여성 가정주부라는 전통적인 성별분업체제는 자본주의의 발전과 함께 무너지고 있다. 이에 따라 양성에게는 일과 가정이라는 두 가지의 다른 과업을 적극적으로 조정해 나가야 하는 과제가 주어졌다. 기존의 연구에 따르면, 일-가정 양립과 그 갈등 수준은 개인의 웰빙뿐만 아니라 조직 성과, 출산율에까지 영향을 미친다(박경환, 2012; Marks & MacDermid, 1996, Lyness & Judiesch, 2008). 그러나 과연 조화로운 일-가정 양립이 가능한지, 또한 양성은 협상을 통해 이와 같은 목표를 추구하고 있는지에 대해서는 아직도 의문이 생긴다.

전통적 핵가족의 성별분업체제는 전 세계적으로 여전하며, 여성의 경제활동 참여 역시 여성에게 독립적인 지위를 성취하게 해 주는 수단이라기보다는, 오히려 가정 내에서의 무급 가사노동 및 부양활동, 가정 밖에서의 유급노동을 수행해야 하는 이중적 어려움이 되고 있다. 일-가정 양립의 문제는 바로 이러한 배경에서 등장하였다. 따라서 일-가정 양립의 문제는 전통적 성역할에 대한 고정관념과 강력하게 연결되어 있다. 전통적으로 가사 및 육아에 대한 책임은 여성의 몫이라는 고정관념이 널리 퍼져 있다. 따라서 가사노동과 사회노동을 동시에 수행하는 여성은 남성보다 일-가정 갈등을 상대적으로 더 강하게 경험한다(이정은, 2017). 그동안 많은 사회에서 가족은 남성이 가장이고 여성은 그에 종속되는 부계중심적인 형태로 존속되어 왔다(양은경, 2021; 박귀영 외, 2020).

인류가 소규모 공동체를 형성했을 때에는 남녀 모두 평등한 지위를 누릴 수 있었다. 농경과 목축의 도입은 잉여생산물이나 가축을 사적으로 소유할 수 있게 만들었고, 문명이 시작됨에 따라 일부일처제 가족의 형태가 등장하여 부권제가 성립되었다. 사회적 생산력의 발달은 노동력을 필요로 했고, 부의 증가는 상속의 욕구로 확대되어 여성의 출산은 매우 중요해졌다. 부권제가 성립함에 따라서 종족 보존의 차원에서 공동체의 관심사였던 육아와 가사는 여성이 담당하는 사적 노동이 되어 버렸다. 이를 부권의 승리로서 여성의 세계사적 패배라 일컫는다. 이처럼 오랜 기간 동안 유지되어 온 '남성우위-여성하위'의 사회 구조를 통해서 여성에 대한 억압은 지속되어 왔다. 남성중심 사회 속에서 가부장적 체제가 지배적일수록, 권력자인 남성 집단은 특권적 지위로 간주되는 공적 영역을 담당해 왔고 나머지 사적 영역은 여성에게 부여되었다. 즉, 사회의 권력 구조에 따라 성별 역할이 결정되어 행위 영역이 규정되어 왔다. 따라서 여성의 열등함에 대한 인식은 생물학적 성별에 대한 오래된 통념에 따른 것이다(정현숙 · 공미혜 · 전영주 · 조은숙 · 정혜정, 2020).

젠더 갈등은 성인 남녀의 개인적 갈등뿐만 아니라, 노동시장에서의 성차별적 관행 및 제도를 둘러싼 갈등, 성평등과 관련된 법 제정이나 정책 수립 과정에서 기존의 가부장적 질서에 대한 도전을 둘러싸고 남성과 여성의 이해가 대립하는 공적인 영역에서의 갈등도 포함하고 있다.

2) 학교의 젠더 불평등 문제

젠더 불평등은 학교에서도 존재하고 있다. 한국여성정책연구원에 따르면, 학교 교육에 내포되어 있는 양성불평등 문제에 대해 다음과 같이 네 가지로 정리할 수 있다(정해숙 · 마경희 · 최윤정, 2013).

첫째, 학교는 교사의 태도와 가치, 학생들 간의 상호작용 등 잠재적 교과과정을 통해 학생들의 성별에 따른 남성성과 여성성을 강요하고 재생산한다.

둘째, 교과목과 진로 · 직업 선택에서 성별 분리가 이루어지고 있다.

셋째, 교육과정에서 여성적 삶과 경험이 주변화된다.

넷째, 학교 폭력과 성희롱 문제가 제대로 해결되지 않고 있다.

앞에서의 네 가지 문제점을 살펴보면, 둘째 문제('교과목과 진로 · 직업 선택에서 성별 분리가 이루어지고 있다')를 제외한 나머지 세 가지 문제는 모두 표면적 교과과정이 아닌 잠재적 교과과정에서 발생하는 것들이다. 이런 점에서 학교에서 양성불평등을 없애는 문제는 공식적 교과가 아니라 학교 구성원인 교사와 학생의 윤리적 인식

변화에서 찾아야 한다. 이것은 젠더에 대한 개념, 불합리하고 불평등한 점들을 인식하는 문제로부터 시작하여, 그것이 교사와 학생의 일상적 대화, 소통, 분위기 등의 학교생활 전반에 잠재되어 있는 상황에까지 찾아보아야 한다는 의미이다. 학교 폭력이나 성희롱 같은 문제는 외부적·제도적 강제나 처벌에 의한 방안으로 해결할 수 있는 문제지만, 여성적 삶과 경험의 주변화와 같은 현상은 몇 시간의 성교육으로는 불가능하다. 때문에 기본적으로 젠더 윤리에 대한 교육적 측면의 인식 변화를 강조하는 교육내용과 방법이 필요하다(김세희·신창호, 2020).

3) 노동시장의 젠더 불평등

노동시장에서의 성별 임금 격차는 거의 모든 산업국가에서 존재하지만, 동시에 국가에 따라 차이가 매우 크다. 성별 임금 격차에서 우리나라는 OECD 가입 이후에 최하위권에 머물러 있다. 현재 우리나라의 여성임금률(남성 평균임금 대비 여성 평균임금)은 OECD 국가 평균보다 크게 낮은 편이다.

경제적 영역에서 나타나는 젠더 불평등에 있어 우리나라는 몇 가지 독특한 점을 가지고 있다(김영미, 2017; 안미영, 2016).

첫째, 남녀의 교육적 성취의 차이에 비해 남녀 임금 격차가 크다는 점이다. 남녀의 교육 격차는 지속적으로 줄어 왔고 최근 조사에서는 여성이 고등교육 이수율에서 남성을 앞지르고 있다. 그럼에도 남녀 임금 격차는 OECD 최고 수준이다. 남녀 간 교육 격차는 가장 낮은 그룹에 속해 있는 사회가 노동시장에서 성별 임금 격차가 가장 높다는 점에서, 우리나라는 매우 특이하다고 할 수 있다.

둘째, 여성들이 저임금 노동시장에 집중되어 있다는 점이다. 고학력 여성들이 증가하고 있음에도 불구하고 노동시장에서 일하고 있는 여성의 대부분이 저임금 일자리에 몰려 있다는 점은, 합리적으로 쉽게 이해되지 않는 현상이다.

셋째, 노동시장에서 성별 임금 격차의 대부분이 잘 설명되지 않는다는 점이다. 많은 사람이 성별 임금 차이가 나는 이유가 여성들의 평균 교육수준이 낮아서거나(아직 도 노동시장에 남아 있는 중고령층에서는 저학력 여성이 상대적으로 많으니까), 여성들이 근무 기간이 짧거나, 남녀의 직업이 달라서일 것이라고 생각한다. 그러나 그러한 차이를 다 고려해도 여성이 남성에 비해 현저하게 더 적은 임금을 받는다.

노동시장에서 여성 경제활동의 기회를 보장하기 위한 정책적 개입에는 여러 가지가 있다. 이와 관련된 정책은 다음과 같이 크게 두 가지로 구분될 수 있다(백선희, 2017).

첫째, 여성이라는 이유로 고용주에게 차별받는 경우를 규제하는 차별금지 정책이 있다.

둘째, 일과 가족을 양립할 수 있도록 정책적 지원을 하는 가족정책이 있다.

차별금지정책과 일-가족양립정책은 성평등주의 전차의 두 바퀴라고 할 수 있다. 그런데 한국의 여성고용정책들은 최근 일-가족 양립정책에만 집중되어 온 경향이 있다. 차별금지라는 바퀴의 한 축이 무너져 있는 상태인 것이다. 기업에서 근로자를 고용할 때, 근로자를 훈련시키고 업무를 배치할 때, 승진시킬 때, 임금을 정할 때, 해고할 때, 개인의 역량 대신 성별이라는 조건이 조금이라도 고려된다면 이는 차별이다. 차별이 문화로 정착되어 있는 조직에서 여성근로자가 역량을 발휘하는 것은 불가능하다. 차별과 차이의 악순환이 지속되는 사회에서 성평등은 정체될 수밖에 없다. 한국 기업의 일하는 방식, 조직문화를 혁신하지 않고는 여성의 낮은 취업률, 경력단절, 높은 성별 임금 격차를 개선할 수 없다는 뜻이다.

우리나라의 이와 같은 구조 속에서 젠더평등의 전략은 배제의 극복과 차별의 극복이라는 이중의 과제를 안고 있다. 배제의 기제를 통해 남녀 임금 격차가 발생하는 대기업 부문에서는 여성 신규 채용을 늘리고, 여성의 경력단절을 예방하여 남녀 간 근속연수 및 연령의 차이를 줄여야 한다. 또한 여성이 주변적인 업무로 배제되지 않고 승진기회가 많은 핵심 업무로 배치되도록 인사관리를 하는 것이 효과적으로 남녀 임금 격차를 줄일 수 있는 방안이다. 주로 직접적 임금차별의 기제를 통해 남녀 임금 격차가 발생하는 중소기업 부문에서는 동일(가치)노동 동일임금의 원칙, 차별금지의 원칙을 지킬 수 있도록 근로감독을 강화하는 것이 필요하다(김영미, 2017).

4) 무급노동 젠더 불평등

지난 50년간 근대화와 여성노동시장 참여의 증가로 가사노동의 젠더 격차는 감소하였다(Sullivan, Gershuny, Robinson, 2015). 그러나 에스핑-앤더슨(Esping-Andersen)이 『불완전한 혁명(Incomplete Revolution)』에서 제시하듯이, 유급노동 참여의 젠더 차이 감소에 비해서 가족 내 노동 분업의 젠더 격차 감소는 매우 미비하다. 우리나라의 경우, 새천년 이후 보육서비스를 중심으로 탈가족화가 증가하였다. 그러나 이런 상황과 제한적이지만 증가한 여성 고용률에도 불구하고, 여전히 가족 내 노동 분업의 젠더 격차는 심각한 문제로 남아 있다.

OECD 자료에 따르면 우리나라 여성은 남성에 비해 훨씬 많은 시간을 가족 내 무급노동에 보내고 있는 것으로 나타났다.

5. 젠더와 가족의 범주

성의 구체적인 의미를 규정하기 위해서는 성을 앞에서와 같이 세 가지의 범주로 이해하는 것만으로는 불충분하다. 이러한 성의 범주는 성 고찰의 방향을 제시해 주는데 그칠 뿐 실천까지 포함하는 것은 아니기 때문이다. 성의 내용적 실천을 위해서는 다음과 같이 전통적 관점과 대안적 관점으로 구분해 살펴볼 필요가 있다(Barbara Schutler, 2017).

1) 전통적 관점

전통적 관점에 따른, 성의 세 가지 범주는 다음과 같다.

첫째, 이원성이 있다. 이것은 두 가지 성만이 존재한다는 것을 말한다.
둘째, 양극성이 있다. 이것은 남성과 여성은 서로 상반된다는 것을 말한다.
셋째, 위계성이 있다. 이것은 남성이 여성보다 우월하다는 것을 말한다.

이와 관련해, 전통적 관점의 사고가 지니는 특징을 구체적으로 살펴보면 다음과 같다.

첫째, 젠더에 대한 이분법적 사고를 한다. 즉, 성에 대한 고정관념은 성을 두 가지로 국한한다. 행동, 능력, 특징 및 지위에는 남성적인 것과 여성적인 것이 구분되어 있다고 본다.

둘째, 젠더에 대한 양극적 사고를 한다. 즉, 전형적으로 남성적인 것은 전형적으로 여성적인 것에 상반되는 개념으로 본다. 남성은 이성적이고 강하고 행동중심적인 존재이며, 이에 반해 여성은 감성적이고 약하며 관계중심적인 존재라고 본다.

셋째, 젠더에 대한 위계적 사고를 한다. 즉, 전형적으로 남성적인 것을 규범으로 본다. 여성적인 것은 독자적인 것이 아니라 남성적 규범의 이탈로 간주한다. 전형적으로 남성적인 것은 전형적으로 여성적인 것보다 우월하며, 남성적인 미덕 및 특징이 여성적인 미덕 및 특징보다 사회적으로 더 가치 있다고 평가한다.

넷째, 욕구에 대한 이분법적 사고를 한다. 즉, 여성에 대한 남성의 욕구와 남성에 대한 여성의 욕구가 있을 뿐이라고 본다. 동성애는 부자연스러운 것으로 간주된다.

다섯째, 욕구에 대한 양극적 사고를 한다. 즉, 여성에 대한 남성의 욕구와 남성에 대한 여성의 욕구는 각각의 성이 가지고 있는 상반된 점에 기인한다고 보며, 이러한 상반된 점이 서로를 끌어당기고 서로의 부족한 면을 보완해 준다고 본다.

여섯째, 욕구에 대한 위계적 사고를 한다. 즉, 남성의 성적 욕구는 충동적이고 지배적인 것으로 간주되며, 이것이 여성을 성적으로 소유할 수 있는 권리의 근거가 된다고 본다. 남성이 여성의 섹슈얼리티를 소유할 수 있다고 본다.

일곱째, 생물학적 성(sex)에 대한 이분법적 사고를 한다. 즉, 모든 신체적 특징은 여성적 또는 남성적 특징으로 구분할 수 있다고 본다. 외적 형태, 염색체, 생식선, 호르몬 및 뇌에는 남성적인 것과 여성적인 것이 있다고 본다.

여덟째, 생물학적 성(sex)에 대한 양극적 사고를 한다. 즉, 남성적 신체는 크고 강하고 굵은 것이며, 여성적 신체는 작고 약하고 가는 것이라고 본다. 남성은 외부지향적이며 여성은 내부지향적이라고 규정한다.

아홉째, 생물학적 성(sex)에 대한 위계적 사고를 한다. 즉, 남성적인 신체 특징을 기준으로 삼고, 이에 따라 여성적인 신체 특징을 남성적인 것이 없거나 부족한 상태로 해석한다. 남성적인 것이 규범을 형성하고 여성적인 것은 이러한 규범의 이탈로 간주된다.

2) 대안적 관점

대안적 관점에 따른 성의 세 가지 범주는 다음과 같다.

첫째, 다양성이 있다. 이것은 두 개 이상의 성이 있다는 것을 말한다.

둘째, 복합성이 있다. 이것은 남성적인 것과 여성적인 것이 서로 섞일 수 있다는 것을 말한다.

셋째, 평등성이 있다. 이것은 성에는 우성도 없고 열성도 없다는 것을 말한다.

이와 관련해, 대안적 관점의 사고가 지니는 특징을 구체적으로 살펴보면 다음과 같다.

첫째, 젠더에 대한 다양한 사고를 한다. 즉, 남성 역할과 여성 역할 이외에도 성으로 표시되는 다른 역할들이 있다고 본다.

둘째, 젠더에 대한 복합적 사고를 한다. 즉, 사회적 지위에는 남성적인 요소와 여성적인 요소가 공존한다고 본다. 이에 따라 기술 분야의 직업 역할에도 사회적 능력이 포함되며, 사회복지사(노인간병인)의 직업 역할에도 육체적 요건(체력)이 포함된다고 본다.

셋째, 젠더에 대한 평등한 사고를 한다. 즉, 남성적 원칙, 행동방식 및 특질은 여성적 원칙, 행동방식 및 특질과 동일한 가치를 갖는다고 본다. 이에 따라 자립성, 지위, 사회적 특권 등과 같은 개념은 사회적 관계, 상호 의존 및 협동 등과 동등한 가치 및 중요성을 갖는 것으로 평가된다.

넷째, 욕구에 대한 다양한 사고를 한다. 즉, 사람들 간의 성적 욕구는 그들의 성에 관계없이 가능하며, 동성애도 이성애나 양성애와 마찬가지로 지극히 정상적인 것이라고 본다.

다섯째, 욕구에 대한 복합적 사고를 한다. 즉, 성적 욕구는 살아가면서 동성애, 이성애 또는 양성애로 바뀔 수 있다고 본다

여섯째, 욕구에 대한 평등한 사고를 한다. 즉, 사람들 간의 성적 욕구는 특정 성에 관계없이 인정해야 한다고 보고, 이성애를 지배적 규범으로 간주하지 않는다.

일곱째, 생물학적 성(sex)에 대한 다양한 사고를 한다. 즉, 모두 사람은 자신의 내면에 남성적 섹슈얼리티의 특징과 여성적 섹슈얼리티의 특징을 함께 가지고 있다고 본다. 외적 형태, 염색체와 생식선 및 호르몬의 성, 뇌 구조와 관련된 성은 다양한 결정 요소로서 각기 상이하게 표현될 수 있다고 본다.

여덟째, 생물학적 성(sex)에 대한 복합적 사고를 한다. 즉, 성적으로 결정되는 다양한 신체적 특징은 모든 사람에게 상호작용하며, 이는 시간이 흐르면서 변할 수 있다고 본다.

아홉째, 생물학적 성(sex)에 대한 평등한 사고를 한다. 즉, 남성적 신체 특징과 여성적 신체 특징은 모두 동일한 중요성을 가지며, 이들 성 간에는 우성도 열성도 없다고 본다.

6. 가족과 젠더의 다양성과 재구성

성에 대한 여러 가지 관점은 가족에 대한 시각에 크게 영향을 미친다. 이것은 매우 중요한 부분이다.

부부관계는 생물학적으로 결정된 성에 의하여 이루어지는 것이 아니다. 업무 분담 역시 성역할에 따라 결정되지 않는다. 관계의 질(quality)이 가장 중요한 것으로 간주된다. 이러한 형태의 가정에서 자녀는 성에 의해서가 아니라 각 개인의 강점과 약점으로 결정되는 다양한 형태의 역할 모범을 경험하게 된다. 이러한 형태의 가정은 젠더, 생물학적 성(sex) 및 성적 욕구의 관점에서 전통적인 가정에 대한 하나의 대안을 제시하고 있다.

그리고 우리나라 가족에서는 다양성이 증가하고 있다. 이에 따른 젠더의 다양성 및 재구성과 관련된 상황을 다음과 같이 제시할 수 있다(김혜영, 2008; Barbara Schutler, 2017).

첫째, 가족관계의 질이 강조된다. 정보기술의 발달과 이러한 기술변동에 의해 나타나는 노동환경의 변화, 인구학적 위기와 같은 구조적 요인은 우리나라 가족의 변화를 유발하고 있다. 가족주의의 효력이 점차 약화되면서, 우리나라 가족은 개인의 다양한 욕구에 부합되는 형태로 가족을 구성하는 경향이 강하게 나타남으로써 그 어느 때보다 가족관계의 질이 강조되고 있다.

둘째, 가족형태가 다양해진다. 가족의 구성에 있어 개인의 가치관과 취향에 따른 자율적 선택권이 보편적으로 수용됨에 따라 가족형태의 다양성이 두드러지게 증가하고 있다. 그 결과, 핵가족 형태는 전체 가구의 절반에도 미치지 못하고, 직계가족의 형태인 2세대, 3세대 가족은 지속적으로 감소하며, 1인 가구나 비정형가구는 크게 증가하고 있다. 또한 가족생활의 내용적 측면에서도 이러한 다양성을 확인할 수 있다. 맞벌이 부부와 여성 연상혼, 국제결혼으로 맺어진 다문화가족, 조손가족, 재혼가족, 여성가구주 가구 등의 꾸준한 증가가 그것이다.

한편, 우리가 경험하는 가족변동을 단순히 개인선택권의 확장으로만 이해할 경우, 여성이 처한 현실을 간과할 위험이 없지 않다. 즉, 개인의 선택권을 강화하는 가족구조의 변화로 경제적 독립의 필요성은 증가하지만, 효율성 중심의 관점은 기존의 성차별 기제를 더욱 강화하고 있다. 이런 점에서 취약계층(특히 여성)의 빈곤가능성은 오히려 높아질 가능성이 있다. 따라서 노동시장에서 여성(특히 기혼여성)을 차별해 온 고용관행을 개선하고 여성의 직업경력이 단절되지 않도록 하여야 한다. 이에 돌봄 노동의 사회적 분담 방안과 여성경력관리 방안 등이 하루빨리 마련되어야 할 것이다.

Family and Gender | chapter

02

젠더의 역사와 이론

Family and Gender | chapter 02

젠더의 역사와 이론

1. 젠더의 역사

1) 젠더의 역사와 관련된 주요 인물

젠더의 역사와 관련된 주요 인물은 버틀러(Judith Butler)이다. 버틀러는 데리다(Jacques Derrida)의 해체주의와 '차이(difference)'의 개념을 페미니즘 이론에 끌어들인 학자이다. 버틀러는 남성 · 여성, 남성성 · 여성성, 이성애 · 동성애 등의 대립 항목 가운데 어느 한쪽만이 '근원(origin)'이고 다른 한쪽은 그 '모방(derivative)'이라는 시각을 비판한다. 버틀러는 남성 · 여성, 남성성 · 여성성, 이성애 · 동성애 등과 같은 이분법적 대립을 남근숭배주의와 이성애주의가 낳은 제도적 산물로 파악한다.

버틀러는 『젠더와 섹슈얼리티의 역사』에서 다음과 같이 설명하고 있다(이순구, 2004).

첫째, 그리스 시대, 르네상스 시대, 빅토리아조 시대에 이르기까지 여성은 점점 더 구속과 억압의 대상인 타자로서 존재해 왔다. 그리스 시대는 민주주의 체제에서 여성을 제외시켰으며, 르네상스 시대의 개인주의는 여성을 배제했고, 빅토리아조 시대의 근대화는 남성을 주역으로 만드는 대신 여성은 가정의 천사로 만들었다. 이는 역사에서 여성의 배제와 소외를 부각시킨 것으로 본다.

둘째, 그리스 시대에는 성과 성욕을 긍정했고 이 당시 다양한 성행위가 허용되었다. 그러나 르네상스 시대에 오면 성과 성욕은 근본적으로 위험스럽고 사악한 것이 되었다. 이 기간에 동성애자는 최고형을 받기도 했다. 빅토리아조 시대에 오면 성욕은 더욱 금기시되고 죄악시되었다. 이 기간에 남녀 간 결혼을 당연시하는 이성애 문화가 하나의 이상적인 규범으로 정립되었다. 그러나 아이러니하게도 이 당시 대학 내 지식인들을 중심으로 동성애 문화가 몰래 퍼져 있었다.

2) 젠더 개념의 역사적 진전과 관련된 주요 측면

(1) 남녀 차이의 사회적 구성

서구 사회에서 젠더라는 말이 문화적 성 구분을 넘어서는 의미로 사용되기 시작한 것은 의학과 심리치료 분야에서였다. 처음에 젠더는 단순히 성의 생물학적이지 않은 부분을 지칭하는 말로 쓰였다. 이를 구체적으로 살펴보면 다음과 같다(정현숙・공미혜・전영주・조은숙・정혜정, 2020; 박귀영 외, 2020).

첫째, 섹스는 선천적으로 결정된 성을 의미한다. 이것은 성을 타고나는 생물학적 운명, 해부학적인 구조로 보는 개념이다.

둘째, 젠더는 성이 후천적으로 구성된다는 의미이다. 이 경우에는 성을 문화적으로 의미가 획득되고 교육이나 학습을 통해 개인들에게 자리 잡게 되는 유연한 구성물로 본다.

(2) 여성성의 구성과정에 대한 관심

기존의 젠더 논의가 성역할 및 성 특징을 마음대로 골라 쓰고 나서 벗을 수 있는 가면처럼 다르다고 비판하며, 젠더가 개인의 선택으로 만들어지는 것이 아님을 강조하였다. 육아를 어머니에게 전담시키는 현대 핵가족에서의 성별 분업은, 성차별적 노동 분업을 지속하려는 욕망 및 능력을 가진 사람을 생산하게 된다.

(3) 수행성과 '인식의 틀'로서의 젠더

남성과 여성의 관계성 문제는 인류에게 주어진 최대 숙제 중의 하나이다. 이를 구체적으로 살펴보면 다음과 같다(박귀영, 2020.정현숙 외, 2020).

첫째, 캐롤 타브리스(Carol Tabris)는 사회가 여성성을 양육, 의존성, 수동성, 가정적인 특성과 직결하면서 여성을 무능력한 존재로 전환시킨다고 주장한다. 여성은 남성보다 자의식이 낮으며, 자기 능력에 대해 낙관적이지 않기에, 남성에 비해 독립적인 정체성, 자의식을 발달시키기 어렵다는 식의 주장이다.

둘째, 조온 스콧(Joon Scott)은 사회 안에서 남성과 여성 간의 관계를 조직하려고 시도하는 사회적 규칙, 사람을 외부 생식기의 모양에 따라 남자와 여자라는 두 집단으로 나누고 특정한 방식으로 조직하려는 사회적 규칙이 먼저 존재하고, 남녀의 타고난 차이라고 일컬어지는 것들에 대한 지식은 이러한 사회적 규칙에 따라 만들어진다고 주장한다.

셋째, 캐롤 타브리스(Carol Tabris)는 남성성과 여성성을 불변하는 성격으로 간주하는 경향이 남녀가 실제로 살아가는 맥락의 중요성을 보지 못하게 만든다고 지적한다.

넷째, 엘리너 맥코비(Eleanor McCorbee)는 남녀 아동이 의존성이나 적극성에서 일관된 차이를 보이지는 않는다고 설명한다. 남녀 합반에서 여자아이들이 선생님 가까이에서 노는 경향은, 여자아이들이 개별적인 특성상 더 의존적이어서가 아니라 남자아이들에게 장난감을 빼앗기지 않기 위해서였다. 이것은 젠더는 고정된 인성적 특질이나 안정된 실체가 아니라 본질적으로 수행적임을 보여 준다.

(4) 섹스와 젠더 구분에 대한 의문

자연과학(특히 생물학)도 인간의 작업이며 과학적 사실은 발견되는 것이 아니라 발명되는 것이다. 즉, 섹스 역시 사회적 구성물이다. 섹스가 먼저 존재하기 때문에 젠더가 성립하는 것이 아니다. 섹스 자체도 젠더의 결과물이며 인간을 남녀로 구분하는 것은 자연의 법칙이 아니라 성차별주의를 위해 필요한 사회제도의 결과이다.

3) 젠더의 사용을 둘러싼 쟁점

일부 학자는 젠더와 관련된 비판을 제기하였다. 예를 제시하면 다음과 같다(황정미, 2020).

첫째, 앤 오클리(Anne Oakley)는 학계 안팎에서 유지되고 있는 남성 지배 때문에 젠더라는 말이 혼돈 속에 빠져들고 말았다고 비판한다.

둘째, 조온 스콧(Joon Scott)은 젠더가 여전히 더 많은 이론적 결정을 필요로 하는 문제영역임을 주장한다. 따라서 스콧은 '젠더를 역사화'하는 분석이 필요하다고 주장한다.

셋째, 페미니스트들은 젠더 개념 때문에 위계와 권력관계를 재고할 수 있게 되었다고 주장한다.

이처럼 젠더의 개념은 인간을 남녀로 분리하는 원리 그 자체에 문제를 제기하고, 위계와 권력관계에 대한 분석을 요구한다.

2. 주디스 버틀러(Judith Butler)

버틀러는 미국 캘리포니아 주립대학(버클리) 교수 출신의 유대계 백인 레즈비언 철학자이다. 버틀러는 논쟁적 페미니스트이자 퀴어 이론의 창시자로 알려져 있다. 19세기 독일 철학자 헤겔이 20세기 프랑스 철학사에 끼친 영향을 분석한 논문으로 예일대에서 철학 박사학위를 받았고, 1990년에 『젠더 트러블(Gender Trouble)』이 세계적인 주목을 받으면서 미국 학계에서 영향력 있는 진보적 지식인으로 활동하고 있다. 젠더에 관한 버틀러의 사상을 고찰하면 다음과 같다(윤민영, 2018; 박귀영 외, 2020; 버틀러, 2020).

1) 유대교 교리를 통한 철학과의 만남

열두 살 때 버틀러는 철학자가 아니면 광대가 되겠다고 결심할 정도로 조숙했다고 한다. 어린 시절 버틀러는 가족 사이의 갈등을 피해 지하실로 숨어들고는 했다. 그 안에서 음악과 더불어 철학 서적들을 탐독하면서 스피노자와 쇼펜하우어를 접하게 되었다.

버틀러가 철학과 만난 것은 사춘기의 고뇌를 통해서였고, 또한 유대인의 윤리적 딜레마로 인한 것이었다. 제2차 세계대전 동안 버틀러의 가족을 포함한 유대인들은 강제수용소와 홀로코스트(Holocaust)라는 참담한 역사적 사건을 경험하였다. 홀로코스트 앞에서 신의 존재란 무엇인가를 생각하고 역사적 트라우마와 대면하면서, 유대인들은 철학은 개인적·집단적 고통의 문제와 연결되어 있다는 것을 알게 되었다. 유대교육이라는 맥락 속에서 버틀러는 제도화된 철학을 배우게 된다. 볼모의 철학과 타자의 윤리에 관심을 가진 레비나스(Levinas)에게 매료된 것도 버틀러의 그런 가족사적인 경험과 무관하지 않다.

2) 헤겔의 타자성과의 만남

버틀러는 예일대와 독일에서 학부생활을 하면서 철학이 생활과 분리될 수 있으며, 인생이 철학의 명령에 따르는 것은 아니라는 주장을 접하면서 충격을 받았다. 1970년대 북미에서 대학을 다녔던 많은 여성주의자가 그렇듯이, 버틀러는 학내에서 정치적인 활동을 하다가 알튀세(Althusser)와 푸코(Foucault)를 만나게 되었다. 버틀러는 이와 동시에 대륙철학에 관심을 갖게 되는데, 그중에서도 특히 헤겔(Hegel)의 타자성에 관심을 갖게 된다. 버틀러는 어떤 상황 아래서 욕망과 인정 그 자체가 추구될 수 있는가라는 문제에 몰두한다. 게이와 레즈비언 공부를 하면서 이런 문제의식이 시작되었다.

3) 타자로서의 자신을 외재화

욕망이 추구하는 것은 타자 안에 반영된 자신의 투사이다. 타자 없는 욕망은 없다. 우리의 의식은 자신을 외재화함으로써 타자로서의 자신을 발견하게 된다. 이렇게 본다면 타자가 곧 '나'가 된다. 잃어버린 '너'가 '나'에게 귀환하여 합체되는 동성애 우울증이라는 버틀러 이론의 싹은 여기서 찾을 수 있다.

4) 헤겔 철학

헤겔 철학에 대한 연구로 시작한 버틀러는 다양한 이론적 배경과 현란한 철학적 논의를 바탕으로 하고 있고, 난해한 글쓰기로도 정평이 나 있다. 버틀러는 프로이트(Freud)와 자크 라캉(Lacan)의 정신분석학과 주체형성 이론의 영향을 받았지만, 근본적으로는 푸코의 권력 이론과 (역)담론 이론에 토대를 두고 있다. 버틀러는 젠더, 권력, 몸이라는 주요 개념을 중심으로 언어로 구성된 자아라는 측면에서 여성 주체를 연구한다.

5) 인종적 · 종교적 소수자의 관점

버틀러는 9 · 11 사건 이후 국가가 가져온 폭력의 악순환과 현실의 폭력을 정당화하려는 여러 담론에 대해서도 새로운 규범을 제시해야 할 윤리적 필요가 있다고 주장한다. 버틀러의 관심은 이제 성적 소수자뿐 아니라 인종적 소수자와 종교적 소수자의 관점으로 확대됐다. 이처럼 버틀러는 전기의 젠더 존재론에 대한 계보학적이고 이론적인 통찰에서, 후기의 실천적 정치윤리학에 이르기까지 이론과 실천 양면에서 폭넓은 스펙트럼을 보여 준다. 이것은 사회 속에서 인식 가능하거나 생존 가능한 인간으로서 산다는 것에 대한 철학적 문제로 논의를 확대하고 있는 버틀러의 타자의 윤리학이 보여 주는 새로운 가능성이다.

6) 젠더 정체성

기존의 페미니즘이 이성애 결혼제도에 근거한 가족, 모성, 재생산을 중심으로 분석해 왔다면, 버틀러는 개별 주체의 탄생, 젠더 정체성이 어떻게 (재)구성되는가에 더 많은 관심을 갖고 있다. 버틀러는 섹스 · 젠더 체계를 해체하는 과정을 통해 이성애가 어떻게 인위적으로 구성되는 것인지를 보여 주고자 했다. 버틀러는 페미니즘이 젠더의 문화정치로 나가는 데 중요한 역할을 한다고 주장한다. 버틀러에 의한 섹스 · 젠더 패러다임의 전환은 성차, 섹슈얼리티, 게이, 레즈비언, 퀴어 등을 강조하면서 여성운동이 차이의 정치로 나갈 수 있도록 물길을 터놓게 된다. 차이의 정치는 페미니즘 내부에서도 보편 여성이 과연 가능한가를 묻게 한다. 정체성을 해체하려는 버틀러에게는, 여성이라는 이유만으로 하나로 묶일 수 있는 보편적인 여성은 없다. 이렇게 본다면 성을 정체화(레즈비언, 혹은 퀴어)하려는 욕망은 버틀러의 이론에 비춰 볼 때 아이러니가 아닐 수 없다. 버틀러는 섹스 · 젠더 체계를 해체할 뿐만 아니라 국가, 친족, 근친상간, 이성애 등과 같은 범주들을 극단까지 몰고 가서 해체하려 한다. 이런 범주들은 자연적인 것이 아니라 필연을 가장한 우연으로 구성되는 것이다. 그렇게 되면 엄격한 젠더 프리즘을 통해 해석해 왔던 지식과 인식은 대단히 불확실하고 불안정한 것으로 다가오게 된다. 이러한 불확실성과 대면하는 것은 불편하고 때로는 두렵기도 하다. 버틀러는 주체의 허약함과 불안을 끊임없이 가중시킨다.

3. 버틀러의 젠더와 수행성 개념

젠더 수행성(gender performativity)은 버틀러가 자신의 저서 『젠더 트러블』에서 창시한 개념이다. 이것을 버틀러의 수행성 이론을 중심으로 살펴보면 다음과 같다 (Butler, 1999; 조주영, 2014; 김소이, 2018).

수행성 개념은 『젠더 트러블』의 1장에서 소개된다. 여기에서 버틀러는 "젠더가 수행적이라는 것은, 그것이 정체성을 구성한다는 의미이다. 즉, 젠더는 언제나 행함(doing)이라는 것이다. 그러나 여기에서 행위는 그에 선행하는 주체의 행동(deed)으로 볼 수 없다"라고 주장한다. 이어 버틀러는 『도덕의 계보학』에 나오는 "행함(doing), 행위함(acting), 생성(becoming) 뒤에 존재(being)는 없다. 행위자(doer)는 단순히 행함에 의해 생겨난 허상에 불과하다. 행함 그 자체가 전부이다."라는 니체의 주장을 인용한다(사라 살리 · 김정경, 2007).

1) 수행성의 의미

정체성은 '표현들'에 의해 수행적으로 구성된 것이다. 수행성이란 용어는 1961년 오스틴(John L. Austin)이 "새로우면서도 썩 내키지 않는, 그리고 어찌 보면 그다지 특별한 의미도 없을 것 같은"을 의미하는 '수행적(performative)'이란 단어를 빌려 언어행위에 대한 그의 견해를 새롭게 제시할 때 등장한 용어이다. 그 후로 수행성이라는 용어는 매우 포괄적인 용어로 발전해 왔다. 오스틴은 모든 언어적 표현을 단순히 어떤 상황을 묘사하거나 보고하거나 사실에 대한 옳고 그름을 주장하는 '확언적 표현' 및 여러 행위를 행동으로 보여 주고 경우에 따라서는 상황을 변화시키거나 새로운 상황을 만들어 내는 '수행적 표현'으로 구분한다. 물론 오스틴이 주목하는 것은 후자, 즉 수행적 표현이다. 오스틴의 견해에 따르면, 말은 단순히 사실관계의 진위를 판단하는 차원을 넘어서서, 관습 및 제도 등 특정 성립조건이 주어진다면 그 자체로 세계를 '변화시키는 힘'을 가지고 있으며 '상황의 변화'에 적극적으로 개입한다(버틀러, 2020).

버틀러는 수행성의 개념을 자신의 페미니즘 이론과 접목시킨다. 버틀러는 젠더란 본래적・존재론적으로 이미 주어진 것이 아니라 행동을 양식적으로 반복하는 가운데 생겨나는 것이며, 시간의 흐름 속에서 언제든지 쉽게 파괴되고 해체될 수 있는 것임을 분명히 한다. 이처럼 양식적으로 반복되는 행동을 통해 변화의 과정에 놓여 있는 젠더의 형성과정을 버틀러는 '수행적'이라 지칭한다. 그리고 한걸음 더 나아가, 버틀러는 이를 몸을 통한 체현의 과정으로 설명한다. 버틀러가 젠더의 형성과정을 연극에 비유하여 설명하는 이유도 그 때문이다. 즉, 특정 성(性)을 드러내는 개인의 몸은 사회적으로 통용되고 있는 일련의 의미들에 대한 자신의 해석을 행동으로 보여 주는 것이고, 이를 통해 자신의 정체성, 특히 성적 정체성을 확립해 간다는 것이다(김규연 외, 2018; Butler, 1999).

2) 젠더 정체성의 수행적 특성

버틀러가 이론화한 수행적 정체성은 포스트모던 페미니즘의 필수조건으로 간주된다. 버틀러에게 섹스와 젠더는 환영적인 문화적 구성물로서 육체를 정의하고 그것의 윤곽을 정한다. 버틀러는 양성인간 바뱅의 예를 들어, 젠더 이분법에 들어가지 못하는 주체가 그러한 범주의 불안정성을 폭로한다고 주장한다. 따라서 버틀러는 "젠더는 명사가 아니라 수행문이다. 즉, 그것은 정체성을 구성한다."고 단언한다. 이러한 의미에서 젠더는 언제나 행위(doing)인 것이다. 이때의 행위는 그 행동에 선행하는 어떤 주체의 행위가 아니다. 정체성은 의미화하는 실천이고, 문화적으로 인정받는 주체들은 담론, 즉 그것의 활동을 숨기는 담론의 원인이 아니라 효과이다. 젠더 정체성이 수행적이라는 것은 바로 이러한 의미에서이다.

버틀러의 젠더 이론과 수행(performance) 개념은 모든 것이 본질적으로 결정되기보다는 문화적으로 구성된다는 입장을 취한다. 이런 구성주의 입장에서는 섹스, 젠더, 섹슈얼리티도 모두 사회적으로 구성된다고 생각한다(Butler, 2008).

섹스는 생물학적 몸의 차이, 젠더는 문화적이고 사회적인 동일시 양식, 섹슈얼리티는 성적 실행이 발생되는 근원적 욕망으로 설명되었다. 그러나 버틀러는 이런 전통적인 구분법도 문화적이고 사회적인 양식이기 때문에 세 개념이 결국은 모두 젠더라고 주장한다(Butler, 2008). 그리고 젠더 주체 또한 본질이나 내적 핵심이 없는 허구적, 환상적 구성물이며 고정된 젠더 주체성은 없기 때문에, 버틀러는 '젠더는 명사가 아니라 동사'이며 이는 '여성' 젠더도 마찬가지라고 주장한다(Butler, 2008). 이때 젠더의 특성은 수행적(performative)으로 나타난다.

3) 젠더 수행성의 특성

젠더 수행성은 다음과 같은 특성을 지닌다(Butler, 2016).

첫째, 젠더 수행성은 젠더화된 본질에 대한 기대가 젠더 자신을 자기 외부에 가져다 놓게 된다.

둘째, 젠더 수행성은 한 번의 행위가 아니라 반복적이고 의례적인 행위이다. 즉, '남성적(masculine)' 혹은 '여성적(femenine)'과 같은 용어는 가변적인 것이며 이런 용어는 사회에서 반복적으로 표명되면서 젠더의 수행적 구조(performative structure)의 한 차원을 구성한다.

따라서 버틀러는 정체성이란, 주체가 내면화한 이미지와 환상을 스스로에게 수행하는 과정이라고 주장한다.

4. 버틀러의 『젠더 트러블』의 내용

기존의 젠더의 의미가 섹스의 불변성을 토대한 반면, 버틀러의 젠더는 제도 담론의 산물이므로 본질의 존재 자체를 부정한다. 그럼에도 기존의 논의들이 고정적 정체성을 가정하는 이유는, 인간 존재의 이상적 모델로 설정해 놓은 가상의 세계가 혹은 담론이 의도하는 젠더가 '본질'이라고 믿기 때문이다. 그러나 젠더는 그러한 가상의 세계를 패러디하는 정체성으로, 권력에 반복해서 복종하는 정체성으로, 제도의 금기를 내면화하는 우울증적 정체성으로 드러난다. 버틀러의 젠더는 제도 담론의 수행성을 통해 규정된다.

젠더는 총체성이 영원히 보류되고, 주어진 시간대에 완전한 모습을 갖출 수도 없는 다양한 양상으로 드러날 뿐이다. 버틀러의 젠더양상들, 즉 패러디적 정체성, 반복・복종의 정체성, 우울증적 정체성은 본질을 상실하고 제도 담론을 수행하는 버틀러의 젠더의 모습이다. 그리고 버틀러의 수행적 주체는 역사의 우연성 속에 존재하는, 변화를 숙명으로 받아들이는 주체로 보고 있다(Butler, 2008; 조현순, 2001; 권순정, 2013; 박귀영 외, 2020).

버틀러가 『젠더 트러블』에서 주장하는 젠더의 양상-패러디, 수행성, 반복 복종, 우울증의 내용을 살펴보면 다음과 같다. 버틀러에게 '정체성'의 개념이 문제가 되었던 것은, 그것이 본질적이고 변화 불가능한 의미로 해석되었기 때문이며, 그래서 그것의 범주에 배제되는 것들이 인식 불가능했기 때문이다. 즉, 한 인간의 정체성이 사회・문화적 담론과 무관하지 않게, 아니 오히려 '수행적'으로 형성됨에도 불구하고, 우리는 그것이 마치 인간의 동일성이나 연속성을 말할 수 있는 내적 자질인 것처럼 말한다. 여기에는 제도 담론의 책략으로 인해 규제적 관행이 된 '규범적 이상'이 있다. 그 중 하나가 이성애적 이데올로기이다(Butler, 2001; 권순정, 2013; 박귀영, 2020).

1) 젠더를 성애적(sexuality)으로 정의하여 남자는 여자를 사랑해야 하고 여자는 남자를 사랑해야 한다

젠더 정체성은 성을 여성과 남성이라는 이분법적 구도 안에서만 규정할 수 있도록 하는 문화적 인식 가능성의 틀을 만든다. 이분법적 구도 속에서 도출되는 이 틀은 또 다른 하나의 총체화된 틀을 만드는데, 그것은 남근로고스 중심주의이다. 남근로고스 중심주의는 보부아르처럼 여성을 남성적 주체의 단순한 부정이나 '타자'로 보기도 하지만, 이리가레이 처럼 여성성을 침묵하게 만드는 은폐된 담론이기도 하다. 남근로고스 중심주의는 여성을 억압하는 기제로 작동하며, 이성애적 이데올로기는 섹슈얼리티의 다양성을 억압하여 이분법적 성애를 강제하는 기제로 작동한다. 이러한 담론 안에서 버틀러의 젠더 정체성은 다양한 양상으로 드러나고, 때로는 담론의 외부적 특성을 지녀 그로부터 담론의 문제를 폭로한다(Butler, 2008).

2) 버틀러의 젠더 주체는 본질적 정체성을 가지지 않는다

사회가 이상으로 삼은 정체성, 즉 이성애적 이데올로기와 남근로고스 중심주의라는 규제적 이상을 재현할 뿐이다. 사회의 이상을 투사한 본질의 형이상학은 노예도덕이 이성을 통하여 주체의 정체성을 규정한 것처럼, 젠더 주체의 인식 가능 영역을 규정한다. "'인식 가능한' 젠더는 어떤 의미에서는 섹스, 젠더, 성 습관 그리고 욕망 간에 일관성과 연속성의 관계를 설정하고 유지한다." 그러나 그뿐이다. 여기에는 이에 대한 일관성과 연속성의 근거를 찾을 만한 어떠한 것이 없다.

20세기 후반 포스트모더니즘과 해체론이 등장하면서 페미니즘 양상은 두 가지로 분기된다. 차이를 강조, 여성이라는 범주는 일시적, 해체되는 전략적 요소, 정치적 결속의 기반을 위한 본질론적 여성 주체가 필요하다. 버틀러는 차이의 페미니즘이라는 다양성과 복수성을 인정하면서도 퀴어라는 실천적 운동의 거점으로서의 정치성을 보유한다. 버틀러의 젠더에 관한 논의를 살펴보기로 한다(Butler, 2008; 조현순, 2001; 권순정, 2013; 박귀영 외, 2020).

3) 버틀러의 젠더 논의

버틀러는 젠더가 '무한히 변화하며 자유롭게 떠도는 인공물'이라고 규정하며, 이는 패러디・수행성・반복 복종・우울증으로 구성된다고 설명한다. 예컨대 '남/녀'라는 고정된 '본질'이나 '원본'이 없기 때문에, 원본이라고 가정되는 복사본에 대한 모방으로 '패러디적 정체성'이 얻어진다는 것이다.

모방하는 것은 남/녀 근본 자체가 아니라 이상적인 남성성/여성성으로 간주되는 문화적이고 인공적인 이상이다. 하지만 젠더 규범은 강압적이며 호모포비아라는 강력한 반작용까지 존재한다. 이를 발전시켜 후기 버틀러는 인간 보편론의 문제를 심문하기까지 이른다.

지켜 줄 가치가 있고 보호받을 가치가 있는 인간의 생명이란 어떤 것이며 누가 누구에게 시민권과 인권을 부여하는지 묻고 있는 것이다. 따라서 지은이는 '정체성을 해체하는 것은 정치성의 해체가 아니라 새로운 정치성을 향한 출발점이 될 수 있다'고 여러 번 강조한다(조현순, 2001: 박귀영, 외).

(1) 패러디적 정체성-원본은 모방본보다 우월하지 않다

첫째, 패러디적 정체성으로, 원본에 대한 모사가 아니라 원본 역시 규범에 의해 재탄생된 복사본이다. 기원 없는 모방이라는 의미에서의 정체성이다(위장, 가장, 가면무도회).

둘째, 젠더의 통일성은 강제적 이성애를 통해 통일된 젠더 정체성을 부여하려는 규제적 실천의 효과이다. 성의 문화 안에서 이성애적 구조물의 반복은 젠더 범주를 탈자연화하는 동시에 그 범주를 동원하는 필연적 장소가 된다.

셋째, 원전 없는 모방(허천의 패러디/보드리야르의 시뮬라시옹)이다. 모방이라는 행위 자체가 원전의 진본성이나 권위를 손상시켜 더 이상 원전/모방본이라는 이분법적 구분이 가능하지 않다는 근거로 설명한다.

넷째, 패러디는 결국 원본이라는 개념에 관한 것이다. 젠더 패러디는 젠더 자체를 양식화한 후 원래의 정체성은 그 자체가 기원 없는 모방이라는 것을 드러낸다. 원본과 복사본의 경계는 모호하며 이에 따라 원본은 자신의 권위를 허문다.

남장 여성이나 여장 남성을 말하는 드랙은 이러한 성 정체성의 우연성을 증명하며, 여성성/남성성이 본질적인 것이 아니라 후천적 구성물임을 증명한다. 즉, 드랙은 '연기자의 해부학적 구조가 이미 연기자의 젠더와 다르다면, 그리고 이 둘 모두가 연기하는 젠더와 다른 것이라면, 이 연기의 수행은 섹스와 연기 간의 불일치를 암시할 뿐 아니라 섹스와 젠더, 그리고 젠더와 그 연기 간의 불일치까지도 암시한다. 버틀러의 젠더 패러디적 양상은 남/녀 이분법적 구도를 허물고, 젠더가 재의미화・재맥락화 가능성에 열려 있음을 보여 준다(권순정, 2013; 박귀영 외, 2020).

(2) 수행적 정체성은 행위 뒤에 행위자가 없다

젠더의 특성은 재현적인 것이 아니라 수행적인 것이다. 그렇다면 행위나 속성을 가늠할 수 있는 선재하는 정체성이란 존재하지 않게 된다. 즉, 진정한 젠더 정체성에 대한 가정은 허구로 드러나게 된다(박귀영 외, 2020: Butler. 2020).

① 수행성

첫째, 연극적 수행성으로, 공연하는 배우 뒤의 본질적 행위자를 부정하는 것과 관련된다.

둘째, 언어적 수행성으로, 모든 언어가 '부적절한 수행문'이라는 인식과 연관 있다.

이 둘은 언제나 현재의 연극 행위, 현재의 발화 행위를 통해 '가변적으로 구성되는 주체'라는 부분이고, 둘 다 어떤 방식이건 본질적인 의미의 주체의 기원이나 근원을 거부한다는 점에서 공명한다.

버틀러의 수행성 개념은 정체성의 성격과 그 정체성이 어떻게 산출되고 있는가의 문제, 사회적인 규범의 기능, 오늘날 우리가 행위자라 부르는 것의 근본적인 문제, 개인과 사회 변화 사이의 관계 등에 질문을 제기한다.

② 법 앞에 반복 복종하는 정체성- '법의 무의식' 때문에 저항은 내부로부터 가능하다.

첫째, 버틀러의 '주체'의 몸은 잔여물로서 구성적 상실 속에 살며 몸의 틀을 잡고 규제하는 동시에 규제를 파괴하는 이중적인 역할을 하게 된다. 이 잔여물은 잉여로서 완전한 총체적 일원체계를 위협하는 전복력을 갖게 된다.

둘째, 버틀러는 푸코식 역담론이 가지는 전복의 가능성을 들어 라캉적 접근의 한계를 지적한다. 정체성을 부여하기 위한 호명은 법의 무의식이 반복적으로 호명하는 정체성의 침해를 통해서만 정체성을 구성하게 된다. 이는 재의미화의 가능성들이 새로운 주체의 형성, 재형성에 성공할 수 있어야만 복종에 대한 열정적 집착을 새롭게 수정하고 동시에 불안정하게 만들 수 있다는 것이다.

셋째, 권력의 사법체계가 생산한 주체로서, '나'는 금지와 제한과 규제와 통제를 통해 형성된다. '나'는 그러한 저항적 요소들과 함께 구성되는 것이다.

배역이나 배우를 정하는 것은 무대이다. 무대는 하나의 담론적 규범 공간으로 주체를 구성한다. 무대를 벗어날 방법은 없지만, 배우는 규범화된 배역의 구현에 반복적으로 복종하면서, 반복 속에서 언제나 새로운 방식으로 그 배역을 재탄생시킬 수 있다.

③ 우울증적 정체성-내 안의 그대, 그대 안의 나

우울증의 구조로서 젠더 정체성을 이야기할 때, 버틀러는 동일시가 성립되는 방법으로 '합체(incorporation)'를 논의한다.

첫째, 젠더 정체성은 상실한 대상이 있을 때 그 상실을 인정하지 않고 사랑했던 대상을 자신의 내부로 합체하는 것이다. 합체는 몸 위에, 그리고 몸 안에 상실된 대상을 그대로 보유하게 된 '몸의 에고'를 통해, 대상이 주체의 젠더 에고가 되는 방식을 설명해 준다.

둘째, 젠더 정체성은 우울증의 이중 전략을 취한다. '나' 자체가 상실했지만 완전히 끊어 내지 못한 대상들이 모여서 만들어진 것이다. 이제 사랑의 대상과 자아의 젠더 정체성은 모호해지고, 남성성이나 이성애를 분명하게 말할 수도 없으므로 동일자가 타자를 층하할 근거는 없다.

Family and Gender | chapter

03

젠더와 성역할 사회화

1. 성역할 사회화와 관련 개념
2. 성역할 정체감과 양성성
3. 성역할 고정관념
4. 성역할 사회화 이론

젠더와 성역할 사회화

1. 성역할 사회화와 관련 개념

인간은 성장하면서 사회화의 과정을 겪게 된다. 사회화란 그 인간이 속하는 사회문화적 역할을 습득하는 과정이라고 할 수 있다. 사회학적 성도 이러한 사회화의 과정을 통하여 학습된다. 특히 사회학적 성과 관련하여 인간은 성장하면서 자신의 생물학적 성에 상응하는 사회적 성역할을 타인과의 상호작용이나 학습을 통하여 획득하게 된다. 남녀로 이분된 이러한 성역할의 이분론은 인간을 남자 또는 여자라는 양자택일적 관점에서만 인식하게 할 수 있다. 이에 따라 이런 이분론은 인간을 단면적인 존재로 인식하게 하고 총체적 인간발전을 저해하는 요소로 작용할 수 있다(박영주·전미경, 2020).

그러나 페미니즘 운동 및 사회과학의 발달은 성별이 인간의 사회화와 발달, 역할과 지위를 결정하는 유일한 요인이 될 수 없음을 밝혀 왔다. 따라서 성별 및 성별과 연관된 사회심리적 측면, 젠더를 중심으로 이루어지는 인간사회화에 초점을 두고 성역할 사회화의 개념들과 성역할 사회화 이론에 대하여 살펴볼 필요가 있다.

1) 성역할의 개념

성역할은 성별이라는 개념으로 분류가 되는 행동 유형이라고 말할 수 있다. 성역할의 사전적 의미는 '사회 개인이 속한 문화 내에서 성별에 따라 다르게 부과되는 역할'이다.

성역할(gender-role)이란 한 개인이 그가 속한 문화권 내에서 여자 또는 남자로서 특징지어질 수 있는 여러 자질 혹은 성유형화 과정을 통해서 성별에 따라 습득하게 되는 성격 특성, 태도, 선호 경향, 행동 등을 총체적으로 일컫는 개념이다.

콜버그(Kolhberg)는 사람은 남성과 여성이라는 생물학적 성(sex)으로 태어나 그가 속한 사회로부터 기대받는 자신의 성에 적합한 태도, 가치관, 흥미 등의 성역할을 획득하며 이는 생의 초기에 형성되어 성인기까지 지속된다고 주장한다(Kolhberg, 1966).

일반적으로 '성(性)'은 생물학적 성을 가리키며, 신체적인 특성에 따라 남자와 여자로 구분하는 것이다. 즉, 성별을 말하는 것으로 남성과 여성의 성기에 의해 구별된다. 일반적인 의미 이외에 '성'이라는 단어는 여러 가지 의미로 사용되는데 영어로 섹스(sex), 젠더(gender), 섹슈얼리티(sexuality)를 모두 포함한다. 성역할을 설명하기 위해서는 이 중 'sex'와 'gender'의 개념을 알아야 한다. 생물학적 성을 말하는 'sex'는 앞에서 말한 일반적인 개념의 내용과 같이 사람의 유전적, 신체적인 특성으로 구분하는 것으로 출생과 동시에 결정이 된다(임정빈 · 정혜정, 1997; 정현숙 외, 2020).

반면에 사회학적 성인 'gender'는 생물학적인 성을 기반으로 하여 문화적으로 성별별로 적합하다고 생각하는 특성들을 나누어 보고, 남녀의 특성으로 고정시킨 문화적 속성을 일컫는다. 즉, 여성은 여성에게 적합한 특성을 기대하고, 남성의 경우도 마찬가지이다. 이런 예로 여자 아동의 경우는 수동적이며 온순한 역할의 모습을 기대하며, 남자 아동의 경우는 활동적이고 주도적인 역할을 하는 것이 당연하다고 여기는 것이 있다(김지현, 2021).

성역할은 여러 용어와 관련되어 있다. 성역할에 관련된 용어를 정리하면 다음과 같다(윤미례 · 고용우 · 이동선, 2019).

(1) 성역할 정체감(sex-role identity)

성역할 정체감이란 '사회가 그 성에 적절하다고 인정하는 특성이나 태도 혹은 흥미와 동일시하는 것'을 의미한다. 성역할 정체감은 인간의 행동과 태도 혹은 가치 등은 개인이 속해 있는 사회에서 규정하는 성역할 고정관념에 대한 성역할 사회화를 통해 이루어진다고 보는 것이다.

(2) 성역할 고정관념(sex-role stereotype)

성역할 고정관념은 남녀를 구분하는 특성으로 사람들에게 널리 받아들여지고 있는 견해로서, 사회가 성에 따라 모든 남녀에게 인정하고 적용시킬 수 있는 성역할에 대한 보편적이고 자연스러운 고정적인 견해를 의미한다.

(3) 성유형화(sex-typing)

성유형화는 개인이 자신이 속한 문화권에서 자신의 생물학적인 성에 적절한 것으로 고려되는 성격 특성, 행동양식 및 가치를 획득해 나가는 과정을 말한다.

(4) 성역할 태도(sex-role attitude)

성역할 태도는 남성, 여성에 기대되는 행동에서 적절하다고 생각되는 것에 대해 호의적으로 또는 비호의적으로 지속적으로 반응하는 경향을 의미한다. 남성과 여성 역할의 분화를 지지하는 것은 '전통적 성역할 태도'를 나타내는 것이고 남성과 여성 역할 간의 융통성과 역할 공유를 지지하는 것은 '근대적 태도'로 본다.

2) 성역할 사회화의 개념

인간은 태어나면서 자신의 성에 적합하다고 부여된 성역할을 배워 가는데 이러한 과정을 '성역할 사회화'라고 한다. 이러한 성역할 사회화는 가장 친밀한 부모나 양육자의 태도에서부터 진행되고, 넓게는 사회의 가치체계에 이르기까지 주변 환경과 상호작용하면서 진행된다. 우선, 가정에서 부모는 자녀의 성별에 따라 적합한 행동과 적합하지 못한 행동을 규정하여 가르치려 한다(이동원 · 김미숙 공역, 1988).

성역할 사회화는 개개인의 행동, 정서적 반응, 인지적 기능, 내적 태도, 심리적 및 사회적 적응을 가장 뚜렷하게 나타내는 것으로, 사회화 과정에서 가장 기본적인 문제이기도 하다. 성역할 사회화는 한 개인을 둘러싼 사회문화적 환경 안에서 출생 순간부터 시작되어 평생 동안 지속된다. 성역할 사회화를 통하여 사회문화적으로 생물학적 여성 혹은 남성에게 권장되는 행위나 특성은 권장되는 반면, 그렇지 못한 행위는 발달시키지 못하게 제재를 받는다.

성역할의 사회화는 개인의 적응과 자아정체감 형성에 도움을 주는 한편, 성역할을 보편타당하고 불변하는 것으로 여기는 고정관념을 강화시키기도 한다(김경미 · 양혜영, 2005; Eggen & Kauchak, 2010).

3) 생애주기별 성역할 사회화

성역할 사회화는 생애주기에 따라 달라진다. 생애주기별 성역할 사회화를 살펴보면 다음과 같다(곽삼근 · 조혜선 · 윤혜경, 2005; 정현숙 외, 2020).

첫째, 유아기는 무비판적으로 수용하는 시기이다. 이 시기에는 성인의 모델에 의해 젠더 개념을 이분법적으로 습득하기 쉽고, 교육 및 양육의 사회화 과정에서 부모와 교사의 태도가 가장 큰 영향을 발휘한다.

둘째, 아동기는 가정과 학교 간 이중적 성역할을 체험하는 시기이다. 그러나 이 시기에는 이와 동시에 전통적인 젠더 개념에 의문을 제기하는 시기이다.

셋째, 청년기는 젠더 평등의식에서 남녀 간 격차가 발생하는 시기이다. 이 시기에는 진로 선택 시 성별 노동 분업의 현실에 직면하여 고민하게 된다. 예를 들어, 졸업을 앞둔 여대생은 취업 현장에서 소외되고 있으며 이것이 성불평등의 가장 핵심적인 요소이다.

넷째, 성인기는 부부간 가사분담으로 갈등을 경험하는 시기이다. 이 시기에는 여성은 결혼, 출산 및 양육으로 인한 직업 단절의 위기를 맞게 된다.

다섯째, 노년기는 은퇴로 인하여 사화와 가정에서의 새로운 성역할에 적응해야 하는 시기이다. 그러나 이 시기에는 다른 한편으로 한 가정의 어른으로서 전통적 젠더 역할을 후손들에게 강조함으로써 양성불평등을 고착화시키는 역할을 담당한다.

2. 성역할 정체감과 양성성

1) 성역할 정체감

성역할 정체감은 특정한 성별에 대해 바람직한 행동이라고 고정관념화된 기준을 개인이 내면화시킨 정도라고 정의할 수 있다.

인간이 자신의 성에 대한 분별이 시작되면서 문화적으로 고착화된 남성, 혹은 여성으로서의 성역할에 대한 정형화(sex typing)가 이루어지며, 이렇게 형성된 성역할 정체감은 살아가면서 변화된다.

성역할 정체감은 심리적 성을 나타내는 용어로, 개인을 특징지을 수 있는 성격 특성과 행동 특성의 집합체를 의미하며, 개인이 자기 자신을 얼마나 남성적 혹은 여성적 특성을 소유하고 있다고 평가하는지를 보여 주는 개념이다(Bem, 1975). 그러나 여성운동이 확산되고, 시대 성역할의 변화가 나타나며 생물학적 성과 심리적 성이 일치한다는 기존의 이론에 수정이 불가피해졌고, 벰(Bem)은 기존의 남성성, 여성성 외에 양성성 개념을 새로이 도입하였다.

성역할 정체감에 대한 초기 연구들은 이분법적 성차별을 강조하며 성역할 정체성을 남성성과 여성성이라는 상호배타적이며 양립할 수 없는 특성으로 개념화했다. 따라서

이 경우, 성역할 정체감이란 개인의 사회화 과정에서 생물학적 성 외에 자기 고유의 심리적 특성에 적합한 성역할을 내재화하는 것을 뜻한다. 성역할에 따라 자신이 여성적인지, 남성적인지를 인식하는 성역할 정체감이 형성된다(김다영 · 김낙흥, 2019).

2) 양성성

양성성이란 남성성과 여성성의 균형 또는 통합을 의미하는 것으로, 남성을 뜻하는 그리스어 'andro'와 여성을 뜻하는 'gyn'을 합성한 단어이다. 남녀 간의 성 차이에 중점을 두었던 전통적인 성역할을 대체해 도입된 개념이라고 할 수 있다. 즉, 남성이라고 해서 남성적 특성만 있는 것이 아니며, 여성이라고 해서 여성적 특성만 있는 게 아니라는 뜻이다(이동원 · 김미숙 공역, 1988; 여성가족부, 2021).

(1) 양성성의 어원

남성과 여성이라는 이분법적인 성 관념에 대해 반기를 든 양성성의 개념은 오늘날 현대인에게는 그리 낯설지 않으며, 문화사적으로도 동서양을 막론하고 양성성에 대한 학설들은 오래전부터 있어 왔다. 앤드로지니(Androgyny)는 두 가지 성적 속성을 지닌 신화적 존재를 뜻하는데, 그리스어의 어간(Andre)과 긴(Gyn)은 남성과 여성을 의미하며 원초의 완전성, 반대물의 합일, 무제한적인 상태, 자율성, 되찾은 낙원, 남녀의 원초적 힘이 재결합됨을 상징한다. 양성구유, 자웅동체를 뜻하는 앤드로지니는 남녀 양성이 조화되고 융합된 인간형으로 기존의 성 개념을 초월했다 해서 제3의 성이라고도 부른다(권기영, 2002; 김상윤, 2015).

(2) 심리적 양성성 이론

심리적 양성성은 여성과 남성은 독립적으로 존재하는 개념임을 생각하며 남성성과 여성성이 일직선상에서 양극처럼 존재하여야 함을 의미한다. 이는 남성성이 크다고 여성성이 작아야 하는 것이 아닌, 한 개인 내에 여성적 특징과 남성적 특징을 동시에 가질 수 있고, 다만 그 정도의 차이가 개인마다 다른 것을 인식하여야 함을 의미한다. 심리적 양성성을 지닌 사람은 성 정체감이 고정된 사람과 비교하여 더 유연한 성도식(gender scheme)을 지니고 있기 때문에, 사회적 역할을 고정된 개념으로서가 아니라 있는 그대로 자신의 것으로 받아들이게 된다. 따라서 이들은 남성과 여성의 특성이 요구되는 상황 모두에게 다른 집단의 사람들에 비해 더 훌륭한 수행을 하는 것으로 밝혀지고 있다.

벰(Bem)은 성역할의 양성평등적인 모델로서 양성성(androgyny)의 개념을 제시하였다. 양성성은 하나의 유기체 내에 남성적 특성과 여성적 특성이 함께 존재하는 것을 말한다. 즉, 한 개인이 심리적으로 양성적이라고 한다면, 이 사람은 남성성과 여성성을 동시에 통합적으로 가지고 있으면서 자신이 처한 상황에 따라 도구적 역할과 표현적 역할을 수행할 수 있게 된다.

(3) 양성성의 특성

성 개념의 붕괴는 20세기 패션에 영향을 미친 큰 흐름 중의 하나로서 이러한 현대의 성 정체성에 영향을 미친 페미니즘, 포스트모더니즘, 해체주의로 구분할 수 있다(김태리, 2009; 정현숙 외, 2020).

① 불확정성

성을 구분하는 것은 가시적인 것으로서 의심할 바 없는 것이라고 여겨져 왔다. 하지만 오늘날 이러한 성에 대한 관념은 많이 바뀌었다. 태어나면서 부여받은 성이 자신이 느끼는 성 정체성과 일치하지 않을 때, 자신의 의지에 따라 성전환 수술을 통해 새로운 성으로 거듭날 수 있는 시대가 되었다. 이는 남성, 여성이라는 엄격한 성구분에 대한 회의와 함께, 성이 절대로 변하지 않는 고정불변의 것이란 이제까지의 관념을 깨고 불확정적인 것이라는 인식을 제공해 준다.

이러한 불확정성은 인간의 정체성과 심리적인 내적 상태뿐만 아니라 외적 현상 내지는 가치를 양자택일이 아닌 상호보완적 포용 관계로 설명한다. 이것은 이전의 모순과 갈등을 새로운 차원의 조화로 이끄는 포스트모더니즘의 특성이다. 이것에 의하면, 전근대 사회에서 주종관계에 있었던 남녀성 역시 대립적 위치에서 탈피하여 상호보완적 존재로서 성의 혼합된 양상을 보이는데, 이는 양성성에 있어서 불확정성을 나타낸다.

② 통합성

통합성은 남녀 성을 별개의 성으로 구분하지 않고 하나로 합쳐진 완전한 존재로서의 인간을 제시하는 것이다. 이것은 다원화라는 시대적 상황에 기인하며 포스트모던 현상과도 일맥상통한다고 볼 수 있다. 즉, 체계화되고 전문화된 자기 환원적이라는 모든 성향에서 이탈하여 모든 것이 허용되는 예술로 전환함으로써, 이제까지 사회적으로나 규범에 의해 구분되었던 남성 또는 여성이라는 개념을 무너뜨리고 인간이라는 통합된 시각에서 사고할 것을 요구한다.

이 이론에 따르면, 여성성과 남성성의 개념은 일직선상의 양극에 존재하는 상반된 개념이 아니라, 별개의 독립적 차원으로 존재하는 개념이다. 따라서 한 개인 내에 여성적 특징과 남성적 특징을 동시에 가질 수 있고 심리적 양성성을 지닌 사람은 성정체감이 고정된 사람과 비교하여 더 유연한 성도식(gender scheme)을 지니고 있기 때문에, 사회적 역할을 고정된 개념으로서가 아니라 있는 그대로의 자신의 것으로 받아들이게 된다.

③ 해체성

프랑스의 철학자 자크 데리다(Jacques Derrida)에 의해 처음 논의된 해체주의는 남성과 여성이라는 범주마저 해체하여 제3의 성을 제시하는 해체주의적 양상으로까지 발전하였다. Deleuze의 해체적 자웅동체 개념은 이를 잘 나타낸다. Deleuze는 개인 속에는 두 성이 공존하며, 서로 소통하지 못하는 부분적 대상들이 공존한다고 하였다. 이들 두 성 사이에는 공통적인 것이 없는 동시에 횡단적인 방식으로 끊임없이 서로 교통하기 때문에, 한 주체 속에는 하나의 성이 아니고 두 개의 성도 아니며 n개의 성이 존재한다.

양성성이란 사회의 성역할 고정관념을 이루는 내용 중에서 바람직한 여성적 특성과 남성적 특성이 공존하는 특성을 의미한다. 과거에는 전형적인 남성성과 여성성으로만 구별하여 여성다운 여성, 남성다운 남성으로 분류하였다. 하지만 현대에는 사회 자체가 평등하게 변하고 남녀의 역할이 변하기 때문에, 남자는 남성적이면서도 부드럽고 따뜻한 감성을 가진 경우가 더 적응적이며, 여성도 어느 정도의 남성적 특징을 가진 여성이 전형적인 여성보다 사회적 · 정서적 적응력이 높다고 본다. 이러한 유형의 사람은 다른 유형의 사람보다 훨씬 자존감이 높으며, 사회적으로 적응 능력이 높다. 즉, 양성성은 사회의 성역할 고정관념을 이루는 내용 중 이른바 여성적 특성과 남성적 특성 중 바람직한 것만 결합하여 공존하는 것으로, 성격과 행동이 독립적이면서도 부드럽고 기존의 성역할에 매이지 않는 건강하고 적응적인 성격을 의미한다.

3. 성역할 고정관념

성역할 고정관념이란 문화가 성별에 따라 적절한 것으로 규정하는 행동이나 태도가 자신의 성별에 적합한 사고, 태도, 행동양식으로 전수되어 습득하게 되는 성별에 대한 전형적 특성에 관한 신념이다. 이는 여성과 남성의 심리적, 행동적 특성을 구분 짓고, 여성성과 남성성을 구조화하며, 적합한 행동, 활동, 직업에 대한 이분법적인 성역할을 말한다(강차선 · 박정환, 2016).

성역할 고정관념은 사회가 성별에 따라 다른 행동과 특성을 기대한다는 것을 개인이 인식함으로써 그러한 행동과 특성을 고수하려는 특질을 의미한다(공미혜 · 성정현 · 이진숙, 2010; 김하은, 2019). 인간은 출생부터 죽음까지 모든 순간을 사회 속에서 다른 성별과 함께 살아가기에, 성역할 고정관념은 어린 시기부터 삶을 구성하는 주요 가치관 중의 하나로 형성되며 그 영향력은 평생에 걸쳐 지속된다고 볼 수 있다. 성역할 고정관념은 남자나 여자를 인지 또는 평가할 때, 남자 혹은 여자로 태어났다는 사실에 근거하여 사회적으로 정해진 성별에 따른 특성을 가진 것으로 평가하는 상대적으로 경직되고 과잉 단순화된 개념이다(김지현, 2021).

이는 개인의 특성이나 능력에 상관없이 단지 생물학적으로 남성 혹은 여성으로 태어났다는 사실을 가지고 사회적으로 규정된 남성 집단의 특성과 여성 집단의 특성으로 평가하는 것을 말한다. 예컨대, 남성은 사회적 영역에서의 권력과 지위, 통제, 주장, 공격성 등의 특성을 지니고, 여성은 보호와 관심, 타인의 정서적 요구에 대한 반응 등의 특성을 지닌다고 보는 것을 말한다. 성역할 고정관념은 여성과 남성의 본질에 관한 일련의 신념으로 과학적인 검증을 거치지 않은 채 사회의 구성원에게 폭넓게 받아들여지고 있다(정현숙 외, 2020; 김지현, 2021).

1) 파슨스와 베일즈

파슨스와 베일즈(Parsons & Bales)는 남성과 여성의 역할을 도구성과 표현성으로 이분화했다. 그리고 이들은 사회가 건강하게 기능하기 위해서는 가정이 잘 기능해야 하는데, 그것은 남성이 도구적 역할을 잘 수행하고 여성이 표현적 역할을 수행할 때 가장 잘 이루어질 수 있다고 주장했다. 도구적 역할은 가정의 경제를 책임지는 역할과 가정을 통솔하는 리더십을 말하고, 표현적 역할은 가족원의 정서에 민감하게 반응하고 애정적이며 협동적인 역할을 말한다. 그러나 이러한 이분법적 고정관념은 일종의 편견이다. 이런 편견이 고착면 여성은 어떠하며, 남성은 어떠하다는 식의 단순화, 표준화 그리고 일반화가 심화되어 결국에는 고정관념에 이른다. 이 고정관념을 통하여 남성과 여성을 다른 존재로 인식하며 동등하게 보지 않는 성차별적 인식이 발생하는 것이다(이광자, 2005).

2) 기술적 측면과 처방적 측면

성역할 고정관념은 남녀의 특성을 그대로 묘사하는 기술적 측면과 남성과 여성이 어떠해야 한다고만 해 주는 처방적 측면이 있다. 기술적 측면은 성역할 고정관념을 형용사로 나타내거나 상황을 설명하기도 한다. 처방적 고정관념은 여성과 남성에게 얼마나 바람직하게 여겨지는지 그 차이에 따라 다음과 같이 네 가지로 분류할 수 있다(이광자, 2005).

첫째, 모든 사람에게 바람직하지만 특정 성별의 사람들에게는 특히 더 바람직하게 여겨지는 특성인 강한 처방 고정관념이 있다.

둘째, 대부분 바람직한 특성으로 여겨지지만 특정 성별의 사람이 반대 성별의 사람보다 덜 가져도 더 허용적인 경향이 있는 특성인 약한 처방 고정관념이 있다.

셋째, 사회적으로 바람직하게 여겨지지 않지만 특정 성별이 가지면 바람직한 것으로 여겨지는 특성인 약한 금지 고정관념이 있다.

넷째, 사회적으로 바람직하지 않으며, 특정 성별이 가지고 있을 경우 특히 더 바람직하지 않은 특성인 강한 금지 고정관념이 있다.

3) 성별 차이

성역할 고정관념은 성별에 따라서 차이가 있다. 유아들은 동성에 대해서는 여아가 남아보다 성역할 고정관념이 더 강하였고, 이성에 대해서는 남아가 여아보다 성역할 고정관념이 더 강하였다. 아동 후기에서 청소년기까지도 남학생이 여학생보다 성역할 고정관념이 더 높았다. 특히 학년이 높아질수록 성차가 더 뚜렷해졌다(유가효, 1994).

청소년기 성역할 고정관념 형성의 영향 요인을 탐색한 연구에서, 공격성, 자기결정성과 같은 개인적 요인이나 부모애착, 교사의 지도와 같은 관계적 요인이 주로 영향을 미치는 것으로 보고되었다(김하은, 2019). 이러한 요인은 시간, 환경, 개인의 성향에 따라 개인에게 미치는 영향이 유동적으로 변화할 수 있는 요인이라는 점을 고려할 때, 성역할 고정관념에는 개인차가 존재하며 시간의 흐름에 따라 그 변화 양상이 다양하게 나타날 수 있음을 예상할 수 있다. 또한 청소년기의 성역할 고정관념의 변화를 살펴본 연구에 따르면, 청소년 초기에 형성된 성역할 고정관념이 청소년 후기와 성인기 성역할 고정관념에도 유의미한 영향을 주고 있다(Olsson & Martiny, 2018).

사회는 구성원의 성별에 따라서 인지적 기능, 직업 선택 등과 같이 행동적 측면이나 성격 특성, 감정 및 태도 등에서 각기 다른 특징적인 속성을 가진 성역할을 인정하고 기대한다. 즉, 성역할 사회화 과정에서 부모와 교사 및 또래집단이 여아에게는 수줍음이나 의존적 행동에 더 수용적인 태도를 보이고, 흔히 '여성적'이라고 인식되는 태도와 행동에 대해 강화함으로써 성유형화된 행동이 조성된다(이솔, 2021; Keenan & Shaw, 1997).

결과적으로 성역할 고정관념은 여성과 남성이 실제로 어떻게 다른가를 뜻하는 것이 아니라, 사회가 생각하기에 여성과 남성이 어떻게 다른가를 나타내는 것이다(임정빈 · 정혜정, 1997). 그렇기에 성역할 고정관념은 남자는 남성성을 지니고, 여자는 여성성을 지닌다고 말하는 이분법적인 사고일 뿐이다. 이런 이분법적인 사고는 남녀의 차이를 차별로 합리화시키는 기반이 될 뿐만 아니라 현대사회에 남아 있는 불평등한 체제를 강화하는 역할을 한다.

성역할 고정관념에 지나치게 얽매이다 보면 자신의 타고난 성향과 능력을 부인하고 자신과 맞지 않는 학문적, 직업적, 사회적 틀 속에 자신을 가두어 버리는 불행을 초래할 수 있다(송태연 · 안권순, 2016).

4. 성역할 사회화 이론

성역할 사회화를 설명하는 전통적 이론은 크게 두 가지로 나눌 수 있다. 하나는 본성(nature)을 강조하는 시각이고 다른 하나는 양육(nurture)을 강조하는 시각으로서, 흔히 '본성 대 양육'의 시각으로 구분할 수 있다. 본성에 초점을 둔 시각은 남녀 간의 차이가 생물학적 요인에 근거한다고 보며, 양육에 초점을 둔 시각은 사회문화적 환경 안에서 학습되고 결정된다고 본다. 본성을 강조하는 대표적인 시각이 동일시 이론인 반면, 양육을 강조하는 대표적 시각은 사회학습 이론이다. 인지발달 이론은 이 두 요인의 상호작용에 초점을 두고 있다. 이 세 이론은 성역할 사회화를 어떠한 특정 요인에 의해 결정된다고 보는 점에서 모더니즘 세계관에 기초하고 있다. 모더니즘 세계관은 젠더, 여성성, 남성성, 성역할 고정관념 등이 고정되어 있고 보편적이라고 규정한다. 한편, 사회구성주의는 이러한 모더니즘 세계관으로부터 벗어나 차이, 주관성, 다중성을 강조하는 세계관이다.

주요한 성역할 이론으로 생물사회학적 이론, 정신분석 이론, 사회학습 이론, 인지발달 이론, 성도식 이론이 있다(김상윤, 2015; 이재연, 1985; 정현숙 외, 2020).

1) 생물사회학적 이론

생물사회학적 이론에서는 유전인자나 염색체 등의 생물학적 요인이 성차를 나타내는 원인은 되지만, 실제로는 이를 촉진하거나 억압하는 환경적 요인들과 서로 영향을 주고받음으로써 실제적인 성차가 나타나는 것이라고 주장한다(송명자, 1995).

2) 정신분석 이론

정신분석학에서는 아동이 성역할 개념과 행동을 획득하는 것을 주로 동일(identification)

의 과정에 의한 결과로 보았다. 동일시 이론(identification theory)은 남성성, 여성성이 동일시의 과정을 통해 형성된다고 보는 입장이다. '동일시'란 자신의 성에 적절하다고 생각되는 역할의 내면화나 그 역할의 특성에 대해 무의식적으로 반응하는 것이다. 이 동일시 과정을 통해 아동은 자신의 성역할을 획득하게 된다(송명자, 1995).

프로이트(Freud)에 의하면 아동이 3~4세에 성기기에 이르게 된다고 보며, 이때 남아는 오이디푸스 콤플렉스(Oedipus Complex)를, 여아는 일렉트라 콤플렉스(Electra Complex)를 각기 경험하게 되는데 이들의 콤플렉스를 해결하기 위해 성 동일시가 이루어진다. 남아는 어머니를 소유하고자 하는 적극적인 욕망이 커지게 되고, 아버지에 대해서는 질투심을 느끼게 되나 자신의 욕망의 벌로 아버지에 의해 거세불안을 느껴 어머니에 대한 욕망을 억제하고 아버지와 동일시하게 된다. 즉, 오이디푸스 콤플렉스를 아버지와 동일시 함으로써 해소하게 되며, 이 과정에서 남아의 의존적 동일시는 방어적인 동일시로 바뀐다. 여아의 경우도 아버지에게 강한 사랑을 느끼면서 어머니가 자신의 성기를 빼앗아 갔다고 생각하여 갈등을 느끼나 결국 어머니와 동일시하게 되는데, 이 과정에서 여아는 남근선망으로 인한 열등감 때문에 여성 특유의 수동성, 의존성을 보이게 된다.

따라서 오이디푸스 콤플렉스와 일렉트라 콤플렉스가 해결될 때 발생되는 동일시 과정은 동성 부모와의 동일시가 필수조건이며 동성 부모의 영상을 구체화함으로써 여아는 여성다운 특성을, 남아는 남성다운 특성을 학습한다고 할 수 있다. 성역할 학습 과정을 설명하는 고전적 유형이라 할 수 있는 이 이론에서 프로이트는 아동이 자신이 갖고 있는 이성 부모에 대한 반사회적 충동을 동성 부모와의 동일시 과정을 통해 억압함으로써 성역할 사회화가 이루어진다고 설명한다.

하지만 이러한 프로이트의 이론은 여러 문화 간의 차이와 성역할 형성에 영향을 주는 부모 이외의 다른 사회적 요인들인 동료집단, 대중매체, 사회적 압력을 무시하였고, 여성이 남성과 동등한 위치에서 자아성장을 하는 데 방해요인이 되고 있다는 비판을 받고 있다.

3) 사회학습 이론

사회학습 이론에서는 성역할도 환경과 경험에 의해 획득된 후천적인 행동양식으로 생각한다. 이 관점에 의하면, 일찍이 가정에서 부모가 자신이 몸담고 있는 사회나 문화가 기대하는 역할 특성과 일치하는 행동은 강화하고 일치하지 않는 행동은 억압하는 성역할 행동을 모방하고 동일시하는 과정 또한 중요한 성역할 학습기제이다(송명자, 1995).

사회학습 이론에서는 개인의 생득적인 성차나 성역할 경향성은 무시하며, 성역할 행동을 이해하고 판단하는 모든 인지적 능력 또한 전적으로 학습된 것으로 생각한다. 따라서 이 이론에서 볼 때, 개인의 성역할 태도나 행동은 환경과 경험의 변화에 따라 얼마든지 바뀔 수 있는 가변적인 것이다(Bandura, 1989). 부모는 아동이 성역할 정체성을 획득하기도 전인 2세를 전후해서 유아의 성에 적합한 행동은 격려하고, 부적합한 행동에는 부정적으로 반응하는 경향을 보인다.

반두라(Bandura)와 미셸(Mischel)의 사회학습 이론은 성전형화 과정을 강화와 모델링의 원리로 설명한다. 성전형화란 개인이 동성에 의해 표현되는 행동 중 가장 적절하다고 간주되는 특성을 자신이 받아들여서 가치를 부여하고 행동양식을 배우는 과정을 말한다. 한 개인의 태도와 행동에 있어 성유형화 정도는 모델링이나 강화와 같은 외재적인 환경들에 의해 절대적으로 영향을 받게 된다. 일반적으로 아동은 동성 모델을 관찰하고 모방함으로써 성전형화된 태도의 대부분을 습득한다. 아동이 자신과 성이 같은 사람에게 특별한 주의를 기울이는 이유는 다음과 같다.

첫째, 어린 아동은 동성의 부모나 형제자매를 모방할 때 종종 강화를 받을 수 있기 때문이다.

둘째, 아동이 확고한 성정체감을 습득하면 동성 모델이 자기와 비슷하다고 지각하는 탓에, 더욱 그들에게 주의를 기울이게 되기 때문이다.

이러한 아동의 성유형화된 행동은 아동이 사회적 환경으로부터 얻게 되는 다양한 학습 경험의 산물이다. 부모뿐만 아니라 아동용 책, 텔레비전, 영화 등의 성유형화된 상징 모델에 노출되는 것은 아동의 성역할 규범의 대리학습에 있어서 중요한 역할을 하게 된다.

일단 성역할 행동이 발달하면 인성의 영구적인 부분이 된다고 가정하는 동일시 이론과는 달리, 사회학습 이론은 성역할 행동을 외적인 사회적 영향 요인에 의해 지속되는 것으로 보고, 행동에 일관성이 있는 것은 시간과 상황에 따른 것이 아니라 사회가 그 행동에 반응하는 방식이 일관적이기 때문이라고 본다. 즉, 어렸을 때부터 소극적인 사람이라 하더라도 그가 속한 사회에서 보다 더 능동적이길 기대한다면 그 사람의 소극성은 점차 사라진다는 것이다. 또한 사회학습 이론은 동일시 이론과 마찬가지로 대부분의 중요한 성역할 행동이 비교적 어린 시기에 발생한다고 가정한다. 동일시 이론과 가장 큰 차이점은, 동일시 이론에서는 동성 부모만이 유일한 모델인 반면, 사회학습 이론에서는 동성 부모, 친구, 위인 등 다양한 모델을 모방하고 강화되는 과정을 통해 동일시가 이루어진다는 점이다.

그러나 사회학습 이론은 인간을 외부 환경이나 자극에 대한 수동적인 반응자라는 입장을 지나치게 강조하고, 성역할 사회화 과정에서 아동이 능동적인 학습자의 역할을 할 수 있다는 점을 가볍게 다루고 있다. 또한 이 이론은 아동의 사회화 과정이 훨씬 더 복잡하고 인지발달 수준에 의해 영향을 받으며, 아동이 부모에게 영향을 받을 뿐 아니라 부모도 자녀로부터 영향을 받는다는 상호작용 측면을 간과하였다는 점에서 비판을 받는다.

이를 극복하기 위해, 반두라(Bandura, 1986)는 학습과정에 '인지'의 중요성을 추가하여 사회학습 이론을 사회인지 이론으로 개명하였다. 반두라의 이론에서는 발달초기에는 외부환경의 보상과 벌에 의해 성역할을 학습하지만, 성장하면서 이러한 지식을 근거로 내적인 보상과 처벌을 통해 자기 행동을 조절한다고 가정한다.

4) 인지발달 이론

인지발달 이론에서는 성역할 개념을 이해하고 스스로 맞추어 가는 아동의 인지적 능력 발달을 성역할 발달의 주요 요인으로 강조한다. 이 이론의 대표적인 학자인 콜버그(Kohlberg)는 아동은 단순히 사회적 영향을 수동적으로 받아들임으로써 성역할을 획득하는 것이 아니라, 자신의 성에 적합한 지식들을 적극적으로 구성함으로써 성역할 발달이 이루어진다고 설명한다(송명자, 1995; 정현숙 외, 2020).

콜버그의 인지발달 이론은 인간이 외부 환경과의 상호작용을 통해 자신의 인지구조를 발전시키고 환경에 적응한다고 가정한다. 이 이론은 인간이 환경을 능동적으로 탐색하고 적응하는 유기체라고 본다. 따라서 성역할 사회화는 인지발달 단계에 따라 다음의 네 단계를 거친다고 하였다.

첫째, 1단계는 3~5세로 젠더 안정성을 습득하는 단계이다. 이 단계에서는 성별은 시간이 지나도 변하지 않음을 이해한다.

둘째, 2단계는 성역할 고정관념을 형성하는 단계이다. 이 단계에서는 부모, 친구, 대중매체와 같은 외적 요인에 의해 무엇이 여성 또는 남성이 되는가에 관한 도식을 형성한다.

셋째, 3단계는 성역할 선호성을 발달시키는 단계이다. 이 단계에서는 자신의 성이 기준이고 좋은 것이라고 믿는다.

넷째, 4단계는 동일시 단계이다. 이 단계에서는 젠더 정체감을 획득한 아동이 자신과 동일한 정체감을 가진 부모나 성인과 가까워지고 싶은 소망을 드러내며 동일시, 모방을 한다.

남아와 여아는 다음의 세 가지 성유형화 과정을 대체로 같은 시기에 같은 발달 속도로 거치게 된다.

첫째, 3세경에 유아는 최초로 자신을 남자 또는 여자로 범주화하는 능력인 성정체성(gender identity)을 발달시키게 된다.

둘째, 이처럼 자신의 성을 명료화한 후, 4세경이 되면 남아는 자라서 남자 어른이 되며 여아는 자라서 여자 어른이 된다는 성안정성(gender stability)에 대한 인식이 시작된다.

셋째, 5~6세경에 유아는 의복, 머리모양 또는 행동이 달라지더라도 성은 결코 변화하지 않는다는 성의 불변적 특성인 성항상성(gender constancy)을 획득하게 된다.

유아기 동안에 서서히 발달하던 성 유형 개념들은 초등학교에 입학할 무렵 구체적 조작사고의 획득과 더불어 완성된다. 성역할과 관련되는 인지발달 양상은 대부분의 문화권에서 유사하지만, 서구 문화권의 발달속도가 다소 빠르다는 보고도 있다.

5) 성도식 이론

인지발달의 정보처리모형에 바탕을 두고 성역할 사회화를 주장한 사람은 마틴(Martin)과 핼버슨(Halverson)과 벰(Bem)이다(이재연, 1985). 아동의 성유형화 발달을 정보처리적 관점에서 설명하는 인지 이론이 성도식 이론(gender schema theory)이다. 성도식 이론에서는 성역할 발달을 성도식의 형성과 정교화 과정으로 설명한다. 성도식이란 성에 관한 인지구조로서 아동이 성에 관련되는 정보에 주의를 기울이고, 조직화하며, 관련 정보를 기억하는 데 사용하는 일종의 신념과 기대체계를 뜻한다. 마틴과 핼버슨의 성도식 이론에 따르면, 2~3세경에 기본적인 성정체성을 확립하게 되면 이를 바탕으로 성에 관한 여러 정보를 학습하게 되며, 이 정보를 성도식에 통합하게 된다. 처음에 아동은 여러 대상물이나 행동을 '남자 것'과 '여자 것'으로 구분하는 성도식이 발달하게 되며, 이는 나아가 자기성도식(own-sex schema)을 형성하는 기초가 된다.

Family and Gender | chapter

04

가부장적 가족제도의 여성

1. 가부장적 가족제도의 여성과 자본주의 중심제도의 여성
2. 한국의 가부장적 가족제도의 여성
3. 서양 가족제도

Family and Gender | chapter 04

가부장적 가족제도의 여성

1. 가부장적 가족제도의 여성과 자본주의 중심제도의 여성

현대사회에서 가부장적 가족제도의 여성과 자본주의 중심제도의 여성에 대하여 살펴보면 다음과 같다.

1) 가부장적 가족제도의 여성

(1) 가부장적 가족제도의 의미

가부장적 가족제도의 기본적 의미는 'patriarchy'라는 단어에서 드러나고 있다. 'patriarchy'는 '아버지의(patri)'와 '지배(archy)'가 합쳐진 단어이기 때문이다. 즉, 가족의 대표자인 아버지가 가족 구성원에게 권력을 행사하고 지배한다는 것이다. 아버지와 여타 구성원의 권력관계를 가족관계에서 사회적 관계로 확장할 경우, 가부장적 가족제도는 사회 안에서 남성들은 더 우월한 위치에서 지배하고 여성들은 종속적이고 의존적인 상태로 놓여 있는 체계를 의미한다. 이러한 점에서, 가부장적 가족제도는 '개별 가족 구성원뿐 아니라 사회 전반에 걸쳐 연소자와 여성에 대한 남성 지배를 지지하고 구조화하는 체제'라고 할 수 있다(여성문화이론연구소, 2015).

(2) 가부장적 가족제도의 여성

현대사회에서 가부장적 가족제도의 성립과정을 유교 이념의 정착 과정으로 논하기도 한다. 조상을 기리는 풍습은 일종의 민속신앙으로 고대사회부터 이어져 온 전통이지만, 조선시대에는 이 전통이 '효(孝)를 근본으로 하는 유교와 결합되어 조상제사가 정책적으로 권장되었으며, 중요한 가례로 보편화되었기' 때문이다(이효제, 1996).

그리고 17세기 이후에, 여성들은 재산상속에서 차별받기 시작하였으며, 정절(情節) 이데올로기가 강화되면서 엄격히 과부재가(寡婦再嫁)를 금지하게 된다. 또한 '유교적 가부장적 가족에서는 부계상속(父系相續)이라는 가부장제의 기본원칙을 제도화하고 유교 이념을 통해서 가족 내에서 여성을 남성에 복속시키는 장치를 지속적으로 만들었으며 그 핵심은 여성을 아들의 어머니로 호명'하게 하였다(조은, 1999). 따라서 유교에서는 삼종지도(三從之道) 원리를 유교적 가부장적 가족제도의 중심사상으로 하고 있다.

한국 가부장적 가족제도의 성립 기원을 논할 때면, 유교를 국가이념으로 채택한 조선시대에 유교 이념이 풍속으로 확고히 자리 잡게 된 17세기로부터 논의를 전개한다. 한국 가부장적 가족제도의 유교적 성격 때문에, 여성의 젠더에 대한 규제가 제도적으로나 관행적으로 자리 잡게 되었다. 그리고 가부장적 가족제도는 여성의 젠더를 규제하고 그 체제를 유지하고자 하였다(김미영 · 조주영, 2021).

2) 자본주의 중심제도의 여성

(1) 자본주의 중심제도의 의미

자본주의 중심제도에서 현재 위기는 2008년 글로벌 경제위기가 채 회복되지 않은 상태에서 기후 위기가 심각한 위급 상황에서, 코로나19 팬데믹 위기가 엄습한 양상으로 진행되고 있다. 따라서 현재 위기는 3중의 위기 상황이 되어 있는 것이다.

이것은 1930년대 대공황 이후 최악의 위기이다. 현재 자본주의는 전체적으로 사회적 재생산의 총체적 위기 상황과 파국 상황에 처해 있다고 볼 수 있다. 이러한 자본주의 발전은 단지 그 사회경제적 한계만이 아니라, 지구와 자연이 감내 가능한 한계에 도달했다. 옛 소련의 경제학 교과서의 상투적 용어였던 '자본주의의 중심제도의 전반적 위기'가 실제 상황으로 상시화, 뉴노멀화되고 있는 것이 오늘의 상황이다. 사실 2008년 이후 자본주의 중심제도에서 세계 경제의 회복은 미약했다. 그것은 천문학적 구제금융과 양적 완화에 의존한 것이었다(박승호, 2020; 이도흠, 2020; 정성진, 2021).

이러한 자본주의 중심제도의 시작은 인간 행위의 원리를 어떻게 다루느냐는 문제와 관련되어 있다. '개인이 이기적으로 행동함에도 불구하고 어떻게 사회적 질서가 창출될 것인가'하는 질문이야말로 자본주의 중심제도에서 해결해야 할 최초의 문제였다. 흥미로운 사실은, 인간 행동과 이들 행동의 총합의 결과인 사회구조에 대한 인식이 고정된 것이 아니라 역사적 시기에 따라 다양하게 달라졌다는 점이다. 그리고 자본 축적의 역사적 변화는 경제학자들로 하여금 자신의 이론 구성에서 경제 주체 이미지를 변경하게 만들었다. 그중에서 가장 전형적인 초기 사례는 고전학파 경제학자들에게서 찾아볼 수 있다. 이들에 따르면, 자본주의 사회의 주요 경제 주체들의 행동은 그 시기의 자본 축적의 원리에 의해 규정된다. 자본주의 중심제도에서 자본가는 경쟁 과정에서 자신의 이윤을 대부분 투자하고, 노동자는 재생산을 위해 자신이 받은 임금 모두를 소비한다. 이것은 자본주의 중심제도에서 외연적 축적과 경쟁적 조정의 압력을 통해서 경제 주체들의 행위를 규정하는 가장 근원적인 힘으로 간주되었다(김영용, 2021).

(2) 자본주의 중심제도의 여성

1960년대 후반부터 시작된 이농현상이 1970년대에 가속화되었다. 이에 따라 산업화, 도시화, 현대화라는 국가 주도의 개발정책은 급속한 경제성장과 산업구조의 변화를 가져오면서, 농촌에서 도시로 인구의 대이동이 시작되었다. 이런 변화에 힘입어서 노동시장에 참여하지 않은 중산층 여성들을 중심으로 이른바 '전업주부'라는 새로운 삶의 형태가 나타나기 시작하였다(조혜정, 1988; 이정옥, 2002).

하지만 산업사회로 들어오면서 자본주의 중심제도에서 여성 비중은 점점 더 커졌다. 자본주의가 발달하면서, 노동과 자본 간의 모순과 갈등이 심해지면서 양극화 현상이 점점 심하게 나타난다. 자본은 자신의 이익을 위해 여성을 임노동(賃勞動) 영역으로 끌어들여 임금을 상대적으로 낮추고 삶의 질을 떨어뜨렸다. 이렇게 떨어진 삶의 질을 여성노동, 특히 돌봄 노동 등을 포함하는 여성의 가사노동이라는 이름으로 전부 떠맡긴다. 이에 따라, 여성들은 자본주의 중심제도 사회에서 이중적으로 중요해진다. 이러한 여성의 이중적인 중요성은 다음과 같이 설명되고 있다(이재유, 2013).

첫째, 자본주의 중심제도의 여성은 임금을 상대적으로 낮추는 파업 파괴 노동자의 역할을 한다.

둘째, 자본주의 중심제도에서는 기존 노동의 재생산과 새로운 노동의 생산 비용을 거의 모두 여성 노동에 떠맡김으로써, 자본의 이익을 마음대로 증식할 수 있다.

이와 같이 자본주의 중심제도의 여성은 산업사회의 영향으로 노동 역할의 변화를 경험한다. 그리고 이런 상황은 가족관계와 친인척 간의 관계를 크게 변화시켰으며, 또한 이로 인해 가치관의 변화를 초래하였다. 이에 따라 여성은 생활의 곳곳에 스며든 생활양식과 의식의 변화를 경험하였다.

그리고 자본주의 중심제도의 여성에게 표면상으로 더욱 두드러지게 나타나는 변화의 특징적 요인들을 살펴보면 다음과 같다(이광자 · 강문희 · 박은자, 2002).

첫째, 재산상속법이나 호주승계와 같은 가족법이나 남녀고용평등법 및 가정폭력 예방과 관련된 법 등 몇 가지 법적 제도의 도입에 따라서, 여성들의 가족 및 사회적 지위가 과거보다 여성에게 유리하게 제정 · 운용되었다. 그 결과, 여성들의 가족 내 지위와 사회적인 지위가 상승되는 변화를 가져왔다.

둘째, 교육 기회의 확대로 고등교육을 받은 여성들의 수가 빠르게 증가하였다. 이에 따라서 과거의 무지하고 세상 물정이 어두운 여성의 수보다는 지식과 정보에서 남성과 동등한 수준으로 경쟁할 수 있는 여성의 수가 훨씬 증가하였다. 그 결과, 지적인 면에서 여성들에 대한 인식의 변화를 가져왔다.

셋째, 이렇게 달라진 여성의 가족적, 사회적 지위와 함께 교육과 훈련의 기회 증가 때문에, 여성들은 경제활동에 적극적으로 참여할 수 있게 되었다. 그 결과, 여성은 경제적 지위 향상은 물론이고, 이를 통하여 자아실현을 꾀하는 기회를 가지게 되었다.

이러한 요인들 외에도, 여성과 가족관계의 변화는 가족관계에서 전통적으로 행하여왔던 세시풍속(歲時風俗)과 관혼상제(冠婚喪祭)와 같은 의례의 변화를 가져왔다. 이러한 변화는 자본주의 중심의 여성들뿐만 아니라 사회 구성원 전체에게 해당된다.

2. 한국의 가부장적 가족제도의 여성

한국의 가부장적 가족제도의 대표라고 할 수 있는 고려시대와 조선시대의 여성에 대하여 살펴보면 다음과 같다.

1) 고려시대 가족제도의 여성

고려시대 가족제도의 여성은 친가, 외가, 처가의 가족만이 서로 거미줄처럼 얽혀 있는데 혼인은 곧 두 집안이 강한 공조 관계를 이룬다는 것을 의미했다. 이것은 고려의 가족구성은 부계 중심뿐만 아니라 모계친(母系親)과 매우 가까웠음을 알 수 있다. 고려시대 가족제도에서 여성들은 혼인 후에도 남편의 성(性)을 따르지 않고 자신의 성을 사용함으로써 남편으로부터 종속되지 않고 주체적인 위치를 유지하며 생활하였다. 이러한 생활은 남편 사별 후에도 언제든지 재혼을 할 수 있는 제도이였다. 이런 여성의 자유로운 지위를 통해서 자녀균분상속으로 여성들은 많은 재산을 소유할 수 있었다. 이것은 부부별산제(夫婦別産制)를 통해서 여성 자신의 재산으로 인정해 줌으로써 남편의 집에 귀속되지 않는 당당한 여성으로 인정을 받았다. 이와 같이 고려시대 가족제도의 여성은 아버지와 어머니 그리고 아들과 딸이 같은 지위를 가졌다. 이에 호주(戶主)가 사망 시에도 여성들이 호주가 되기도 하였다. 고려시대 여성들은 정치·사회 면에서는 활동할 수 없었지만, 가족제도 내에서는 여성으로서의 위치가 대등한 위치에 있었다고 볼 수 있다.

또한 고려시대 가족제도의 여성 중에서 지배층 여성들은 일상적인 여가생활, 즉 틈틈이 불경을 읽거나 교양을 쌓기 위해서 시를 짓거나 서예, 그림, 화초 가꾸기, 수놓기 등을 하였다. 이렇게 지배층 여성들은 절이나 야외에서 국가의 행사나 왕의 행차를 구경하고 정서적, 문화적, 종교적 활동을 통해서 자아 성찰 및 생활의 여유와 멋을 즐겼다. 또한 고려시대 여성들의 세시풍속(歲時風俗)은 농사와 밀접한 관련이 있었다. 주로 여성들은 농업과 길쌈 그리고 명절에 따른 가사노동을 했다. 농번기 때는 노비들에게 햇나물과 떡을 해서 농사철에 대비하여 체력을 기르게 해 주었다. 그리고 칠석 때 대마가 수확되면 부녀자들이 길쌈을 잘해 달라고 기원하였고, 추수가 끝나면 10월 이후부터는 농한기에 들어가면서 한 해를 마감하였다. 이렇듯 고려시대 가족제도의 여성들은 계절에 따라서 일과 휴식을 반복하면서 한 가족 간 유대와 사회 통합적 기능을 달성하였다. 이는 고려시대 가족제도에서 여성의 자리가 사회발전의 초석이 되었던 것으로 볼 수 있다(권순형, 2016).

2) 조선시대 가족제도의 여성

가족제도의 혼인 형태는 고려시대까지는 일부다처제였으나, 조선시대 전기부터 일부일처제로 변화하고 첩제가 용인되었다. 일부다처제와 첩제는 상이한 가족 형태를 형성하게 된다. 가족 유형은 고려시대에 양변적 방계가족이라 할 수 있다. 서류부가

혼[1]의 기간이 점차로 단축됨에 따라, 조선시대 후기에 이르러서는 직계가족이 이상적인 가족 유형으로 대두되었다. 재산상속은 자녀 간 균분상속제가 조선시대 전기까지 지속되다가, 17세기 중엽부터 장남우대 형태가 출현하였다. 18세기 중엽에는 장남우대, 남녀차별의 차등상속 형태가 지배적인 형태로 자리 잡는다. 한편, 제사상속이나 계승도 17세기 중엽까지는 대체로 자녀 간에 분할하거나 윤회 봉사하는 형태가 지배적이었다. 그러나 18세기 초 이후 점차 장자봉사 형태가 일반적인 형태로 자리 잡게 되었다(안호용, 2012).

이러한 가족제도 속에서 조선시대 여성들은 커다란 변화의 시기를 맞이하였다. 고대 이래 유지되어 오던 양계적 가족제도가 부계적인 가족제도로 변화했기 때문이었다. 이런 변화 속에서 여성들은 딸에서 며느리로 자신의 주된 정체성이 바뀌는 것을 경험하면서, 시집살이와 같은 갈등과 함께 다른 영역에서는 자신들의 권리를 확보하고자 노력하였다. 예를 들면, 총부 혹은 종부로서의 권한을 인식하고 그 역할에서 주체성을 발휘한 것이나, 열녀(烈女)되기에 집중했던 것 등은 그러한 조선시대 가족제도에서 살아가는 여성들의 증표들이었다(이순구, 2005).

조선시대 가족제도에서 여성의 혼인 형태는 주로 사회적인 이익을 얻는 데 있어서 여성의 집안이 함께 공조하는 것이 더 유리하다고 판단했다. 이것은 중국이 남편 집안을 중심으로 사회적 활동을 하고 이익을 얻었던 것과는 대비된다. 17세기를 기점으로 남귀여가혼(男歸女家婚)이 퇴조하면서, 조선시대 가족제도는 여성이 움직이는 혼인으로 변화되었다. 따라서 혼인 후 여성들은 곧바로 시가로 가지 않고 해묵이라고 하여 친정에서 1~2년간 생활했다. 여성들이 시가로 가는 데 일정한 시간을 확보해 두었던 것이다. 이 시기에 남편은 본가와 처가를 오가며 생활했다. 즉, 여전히 남편의 집안과 여성 집안은 접촉할 기회가 많았고, 이른바 파트너십은 잘 유지됐다. 결과적으로, 조선시대 가족제도에서 여성들은 혼인 후 안정적으로 생활하며 집안에서 적처

1) 서류부기혼은 남자가 혼인 후 일정 기간 처가에서 살다가 남자 집으로 돌아가는 고구려의 혼인풍속을 말한다. 이것은 일종의 데릴사위풍속 제도이다.

(嫡妻)로서의 지위를 누릴 수 있게 되었다(이순구, 2016).

3) 한국 근대사회와 현대사회 가족제도의 여성

(1) 근대사회 가족제도의 여성

근대사회 가족제도의 여성들은 당시의 남성 중심적 담론에 대해 저항하면서 동시에 봉건적 가부장제에 대해 저항할 수 있었다. 실제로, 식민지 시기에 많은 신지식 여성이 정치적 입장이나 사상을 넘어서 반발하고 싸우고자 한 대상은 가부장제였다. 따라서 가부장제에서의 해방을 약속하는 공간이었던 근대 가정은 신지식 여성의 이상이었던 것이다.

그리고 핵가족화된 근대사회 자조제도 내에서 여성은 남성과 동등한 가족의 일원으로 자리매김하게 되었다. 따라서 가사노동과 자식 양육은 격상된 지위에 걸맞는 역할로 인식될 근거를 마련하였다.

또한 구시대의 모성은 강요된 희생과 헌신의 낡은 관습이었다. 그렇지만 근대사회 가족제도 속에서 모성은 자신의 자유의지에 따른 역할이고 책임이 되었다. 이렇게 근대사회 여성성은 그 태생부터 조선의 유교적 가부장제가 일제하의 근대사회적 지식과 기이하게 결합하면서 만들어졌다.

이로 인해서, 근대적 가정의 안주인이 된 여성들이 자신의 주체성을 주장하기가 점점 곤란해졌다. 그들은 근대사회 가족제도 내에서 정형화된 자신의 성(性) 정체성을 주장하기보다는, 가정의 안주인으로서 위치를 인정받았다고 할 수 있다. 그리고 이들이 대부분 핵가족 중심의 근대 가정을 유지할 수 있었거나 혹은 그에 대한 환상을 유지할 수 있었던 것은, 이들이 교육받은 신지식 여성이기 때문이라는 점에도 주목할 필요가 있다(김양선, 2000; 서인영, 2007).

(2) 현대사회 가족제도의 여성

1980~1990년대에 이르러 여성은 청순가련(淸純可憐)한 외모로 사회 변혁과 금기 위반의 힘이 제거되는 '환상화'의 대상이 된다. 그리고 이 시대의 여성들은 결혼 후 경력단절 문제에 부딪히면서, 그 원인을 개인의 자질과 사회구조적 한계 사이에서 찾아야 하는 어려움에 직면하게 된다. 그런데 '남녀차별'이라는 사회구조적 한계를 극복하기 위해 오랜 시간에 걸쳐 노력해 온 우리 사회는, '역차별'과 '여성혐오'라는 예상치 못한 반작용을 경험하게 되었다. 이러한 현상은 신자유주의 시대에 미디어가 유포하는 젠더(gender) 평등이라는 환상에 기인하였다고 할 수 있다.

또한 일과 육아가 양립 가능한 '능력 있는 워킹맘' 이미지는 현실에서 워킹맘이 감내하고 있는 고충들을 삭제하는 효과를 낳았다. 이것은 국가의 돌봄 양육 정책이 확대되고, 남성의 육아휴직이 권장되는 사회 분위기 속에서, 맘충 김치녀가 되지 않기 위해 '능력 있는 워킹맘' 이미지를 감추게 되는 현실은 무엇일까? 이것은 여전히 가족 안에서 유지되고 있는 젠더 권력을 보여 준다.

2019년에 통계청이 15~45세 여성을 대상으로 여성 경력단절 사유를 분석한 결과를 보면, 육아(38.2%), 결혼(30.7%), 임신과 출산(22.6%), 가족 돌봄(4.4%), 자녀교육(4.1%) 순으로 나와 '육아'가 가장 큰 비중을 차지했다. 특히 '육아'의 경우, 2015년에 29.8%에서 2019년에는 38.2%인데, 다른 사유들과 비교할 때 유일하게 증가 추세를 보이고 있다.

그리고 출산휴가제, 배우자 출산휴가제, 육아휴직제 등 국가의 일·가정 양립 지원 제도에 대한 긍정적 인식이 점차 확대되는 사회 분위기 속에서, 육아를 기점으로 경력단절의 발생 비율이 증가하는 이유는, 여전히 가족 안에서 여성이 돌봄의 주체로 인식되기 때문일 것이다. 따라서 국가의 돌봄 양육 정책과 제도가 여성을 돌봄 양육 주체로 인식할 때, 아이러니하게도 젠더 평등이라는 환상과 비례하여 현대사회 가족제도 안에서 젠더 권력은 더 공고하게 유지될 수밖에 없다. 가족제도 안에서 유지되는 젠더 권력 관계를 부정하고, 결국 육아를 중심으로 한 분업을 국가와 여성 사이의 문제로 보기 때문이다(조영실, 2020).

그리고 우리 할머니 세대와 비교해 보면, 오늘날 여성들의 삶은 많이 변했다. 여자가 배워서 뭐하냐면서 학교에 보내지도 않던 때가 있었다. 그러나 요즘은 남성보다 여성들이 더 우수한 성적으로 더 많은 비율로 대학에 간다. 옛날에는 딸 낳으면 시부모가 오던 길도 되돌아간다고 했다. 그러나 이제 오히려 아들만 있는 부모는 전생에 죄가 많아서라고 말한다. '딸 낳으면 금메달, 아들 낳으면 목메달'이란 말도 있다.

지금의 여성들은 사회 여러 분야에 진출해 있다. 많은 여성이 노동자로 일하고 있고, 전체 노동인구의 44%가 여성이다. 노동자가 됐다는 것은 장시간 고된 일을 한다는 것을 의미하기도 하지만, 동시에 자본주의 사회를 멈출 수 있는 강력한 힘을 가지게 됐음을 의미하기도 한다. 특히 보건, 교육, 공무원 같은 공공부문에서 여성의 비율이 매우 높다. 여성들은 기존에 남성의 일이라고 여겨지던 부문에도 진출했다. 요즘 드라마를 보면, 의사, 변호사, 소방관, 형사, 군인 등 여성의 직업이 꽤 다양하게 그려진다. 여전히 성역할에 대한 고정관념을 부추기는 드라마도 많지만, 이는 변화된 현실을 반영하는 것이다.

가족제도가 사람들을 원자화시키고, 시야를 협소하게 만든다는 점에서도 지배계급에게 가족제도는 중요하다. "돈도 실력이다. 네 부모를 탓하라."는 정유라의 말은 지배계급이 퍼뜨리고 싶어 하는 생각을 노골적으로 드러낸 것이다. 지배계급은 평범한 사람들이 가난하고, 사는 데가 열악하고, 생활이 시궁창 같은 이유가 사회가 아니라 자신의 능력 부족 탓이라고 믿기를 바란다.

이처럼 자본주의 사회구조는 지배계급의 필요에 맞게 설계돼 있다. 그리고 바로 이런 구조 자체가 온갖 차별적 관념을 만들어 내고 사람들 의식에 영향을 미치고 있다. 엄마들은 딸한테 "그렇게 자기 주장이 강하면, 남자들이 싫어한다."고 말한다. 요리를 하고 있으면 와서 "이제 시집갈 때 다 됐네." 하고 말한다. 육아 프로그램을 보면, 꼭 여자아이에게는 인형을, 남자아이에게는 로봇을 선물한다. 여성이 아이를 기르고 요리하는 데 적합하다는 관념, 성의 문제에서도 여성은 적극적 주체가 아니라는 관념 모두 이런 사회구조에 그 뿌리가 있다. 배우자의 조건에서 남성은 경제적 능력이 중요하지만, 여성은 능력이 아니라 외모나 친절함 따위로 평가받는 것도 마찬가지이다(이현주, 2017).

3. 서양 가족제도

1) 프랑스 가족제도

프랑스 가족제도의 기본적인 틀은 1945년의 제2차 세계대전 종전부터 1960년대까지의 기간에 형성되었다. 1990년대 이후 가족제도 논의에 등장한 부모성 개념 및 부모지지 정책의 주요 내용은 아이를 중심으로 가족이 재편되는 현상과 이러한 변화를 촉진시키는 국가의 개입 및 제도화 과정에 초점을 두었다. 그리고 이혼의 증가로 인해 생긴 자녀 돌봄의 위기는 국가에 의해 '가족의 위기는 곧 사회적 위기'라고 규정되었다. 이러한 진단은 국가의 정책적 개입을 정당화하는 근거가 되었다.

그러나 부모 성을 중심으로 한 국가의 개입은, 국가가 제시하는 이러한 진단과 달리 가족의 위기가 실업과 빈곤 그리고 사회계층의 양극화로 인한 사회통합의 문제와 같은 사회적인 차원의 문제에서 비롯된 것임을 은폐시키고 있다. 부모 성 담론의 등장은, 가족의 문제를 가족 자신(특히 부모의 책임과 역할)의 문제로 환원시키는 가족주의 가치의 부활을 의미하는 측면이 있는 것이다. 프랑스는 아동양육과 가족부양의 책임을 사회보장제도의 일부인 가족수당제도로 지원해 오고 있다. 그리고 프랑스는 아이의 출생에서 대학교육까지 무상보육과 교육복지로 책임지며, 가족 구성원에 대한 부양을 국가가 명시적인 가족정책을 통해 지원해 오고 있다. 이러한 가족복지는 역사적으로 남성생계부양자 모델을 중심으로 한 사회보장제도와 사회서비스를 토대로 출발했으며, 가족주의 이념을 근간으로 한 행정조직을 비탕으로 하고 있다.

그리고 1970년대 이후 확대된 여성의 사회적·경제적 권리와 개인주의적 가치들은 기존 가족정책의 수정을 요구하게 되었다. 이러한 프랑스 가족제도는 가족주의가 약화되고 개인주의가 강화되는 경향을 보였다. 개인화와 개인적인 권리가 특히 여성과 아동 중심으로 강화되어 왔다고 할 수 있다. 그러나 가족주의는 여전히 프랑스 가족정책을 특징짓는 중요한 요소이다. 가족운동 역시 여전히 중요한 비중을 차지하고 있다. 즉, 가족주의와 개인주의가 공존한다고 볼 수 있다. 이러한 맥락에서, 부모 성 논의와 부모지지정책의 부상은 가족 및 가족정책에서 프랑스가 가졌던 이미지에 일정 정도의 수정을 요구한다. 부모지지정책은 아이 양육에 관한 전통적인 관념이 변화하고 있음을 보여 주고 있다. 그리고 이것은 프랑스 가족정책의 전통에서는 상대적으로 비중이 적었던 상담의 부상, 과학적 모성 등 영미권을 중심으로 보편적인 지위를 획득한 접근방식이 뒤늦게 확산되는 양상을 보여 준다. 선별주의적 성격이 강해지는 것도 중요한 변화이다(유은경, 2016).

또한 프랑스는 일찍이 산업화와 개인화를 통해 가족의 해체를 경험하였다. 그리고 최근에는 동성애자들의 자녀입양 문제로 가족법에 관한 정치논쟁이 한창이다. 따라서 프랑스 사회는 가족 형태의 다양한 변화를 위기로 보는 단계를 넘어선 것인지에 대해 논의해 볼 필요가 있다.

프랑스는 혈연중심의 핵가족만이 가장 이상적이고 완벽한 형태의 가정이라고 공공연하게 주장하지는 않는다. 하지만 가족에 대한 신화는 여전히 지니고 있다. '결혼과 이혼, 재혼과 또 이혼으로부터' 말하자면 '가족 이후'에도 또 다시 가족을 이루려 하기 때문이다. 기존의 '단일한' 가족 개념 자체에 대한 문제 제기보다는, 가족의 와해 또는 포기의 원인이 본인이나 가족 구성원의 개인적인 실패에 있다고 보며, 가능하다면 미래에는 보다 이상적인 가족을 형성하기를 꿈꾼다. 결국 프랑스는 다양한 가족의 형태를 법적으로 수용하고 자연스러운 일상 문화로 이끄는 유연한 가족정책을 펴 나가고 있는 유럽 국가 중의 하나이지만, 남성중심의 가부장적 가족 전통이 살아 있어 가족제도에 관해 구성원 간 가치관의 차이가 혼재한 나라이기도 하다(서울대학교 불어문화권연구소, 2004; 유은경, 2016).

2) 독일 가족제도

독일 가족정책은 전통적으로 가족은 아동을 보호하기 위한 체계로 인식하고 가족 내에서 가장 약한 고리인 아동을 중심에 두는 경향이 있었다. 따라서 여성만이 아니라 부부 양자의 해방문제는 가족이라는 공동체를 떠나서는 이루어질 수 없다는 점이 강조되는 제도강화 정책적 성격이 강했다. 그런 맥락에서 여성 노동문제에 대해 국가는 여성의 노동자적 지위 확보나 평등에 입각해서 접근하지 않았다. 국가는 경제발전을 위해서 노동력이 부족할 때에는 여성 노동권에 대해 유화적 입장을 취하였지만, 경제적 위기에는 남성의 취업이나 노동권을 우선적으로 중시하는 '산업예비군적 존재'로 여성을 인식했다. 또한 가족의 기존질서 유지가 국가의 질서와 경쟁력 유지와 긴밀한 관련성이 있다고 보았다. 따라서 경제적·군사적 이해를 위하여 출산을 장려하는 인구정책을 취하며, 여성의 성을 집단적 규제의 대상으로 인식해 왔다(전복희, 2004).

그리고 보통 공공보육서비스는 대상 연령에 따라 이원화되어 제공되고 있으며, 이에 따라 젠더적 차원에서 성격이 구분된다. 우선 0~2세 아동을 대상으로 하는 영유아 보육의 경우, 정책의 목적이 영유아가 있는 취업모의 노동 연속성을 보장하기 위한 성격이 강하다. 영유아 보육이 확산되기 시작한 것은 1960년대 말이다. 즉, 여성노동력에 대한 수요가 증가하고 사회주의운동과 자유화의 물결 속에서 여성의식이 고양되어 여성의 노동시장 참여가 활발해진 시기부터이다. 영유아 보육서비스가 전통적 가족모델을 지향하는가 또는 취업부모의 양육부담을 완화하여 부모의 근로자로서의 지위 유지를 지향하는가는, 보육시설의 운영시간에 따라 결정된다. 즉, 보육시설의 반일제 운영은 부모에게 임금노동을 축소 또는 포기할 가능성을 높여 반노동시장적 효과를 유발하지만, 전일제 보육서비스의 공급은 반대로 친노동시장적 도구로 기능한다. 이에 비해, 3~6세 프로그램은 어머니의 취업여부와는 상관없이 아동에 대한 교육서비스적 성격이 강하며, 대부분의 국가에서 영유아 보육보다는 3세 이상의 아동에 대한 서비스에 주력하고 있다(김수정, 2002; 이진숙, 2006).

3) 미국 가족제도

미국 가족제도의 가족 구성은 1950년대 이래로 엄청난 변화를 겪어 왔지만, 전통적으로 한국과 달리 한 집에 살고 있는 부부와 자식들로 구성된 핵가족 제도이였다. 그러나 1990년대에 접어들면서, 부부와 두 자녀의 전형적인 가정으로 이루어지게 되었다. 그리고 미국 가족제도에서 가장 소중히 여기는 전통적인 가치관은 개인주의였다. 이러한 가치관은 초기 이주민들이 미 대륙으로 건너와 식민지를 개척할 때, 유럽 귀족사회의 간섭과 종교적으로 사제나 왕으로부터의 어떤 간섭을 받지 않으려는 정신이 담겨 있었다.

그리고 미국 가족제도의 형태는 개인의 자유와 평등을 소중히 여기면서 많은 가정에서 하나의 가족제도로 자리 잡았다. 이러한 미국의 가족제도는 다른 나라의 가정보다 안정성과 영속성이 결여되면서, 이혼율이 높은 지표로 나타나고 있다. 미국 가족제도는 가정이 모든 개인의 삶에 주요한 과제로 여기기 때문에, 대다수의 사람은 이혼을 하고는 재혼을 하고자 한다.

또한 자녀에 대해서는 18세가 되면 독립해서 스스로 생활비를 벌면서 살아야 한다고 믿고 있다. 이처럼 부모는 자식에게 의지와 복종보다는 독립적이고 자립하는 정신을 심어주고 있다. 이러한 가족제도를 통해서, 20세기 말부터 대부분의 여성은 남편이 인생의 동반자이고 아이를 돌보거나 그 외 집안의 여러 가지 일을 동등한 입장에서 책임을 분담하면서 살아야 한다고 믿게 되었다(설준부, 2002).

05

현대사회와 다양한 가족

1. 한부모가족
2. 다문화가족

Family and Gender | chapter 05

현대사회와 다양한 가족

1. 한부모가족

1) 한부모가족의 개념

「한부모가족지원법」에 따르면, 한부모가족은 모자가족 또는 부자가족을 말한다. 여기서 모자가족이란 모(母)가 세대주(세대주가 아니더라도 세대원을 사실상 부양하는 자 포함)인 가족을 말한다. 그리고 부자가족이란 부(父)가 세대주(세대주가 아니더라도 세대원을 사실상 부양하는 자 포함)인 가족을 말한다.

2) 한부모가족 지원 대상자의 범위

「한부모가족지원법」에 따르면, 한부모가족 지원대상자는 다음과 같이 선정된다.

첫째, 한부모가족 및 조손가족 지원에서 부 또는 모의 연령이 만 25세 이상일 경우, 선정기준(한부모가족증명서 발급대상)은 기준 중위소득 60% 이하이고, 복지급여 지급기준은 기준 중위소득 52% 이하이다.

둘째, 청소년 한부모가족 지원에서 부 또는 모의 연령이 만 24세 이하일 경우, 선정기준(한부모가족증명서 발급대상)은 기준 중위소득 72% 이하이고, 복지급여 지급기준은 기준 중위소득 60% 이하이다.

3) 한부모가족 대상자 지원 종류

「한부모가족지원법」에서 정한 기준에 따라 한부모가족 지원 대상자로 선정되면 여러 가지를 지원받게 된다. 지원 종류를 각 분야별로 알아보면 다음과 같다.

(1) 경제적 지원

① 복지급여

「한부모가족지원법」과 「한부모가족지원법 시행령」에 따르면, 복지급여는 다음과 같다.

첫째, 한부모가족 지원 대상자는 생계비, 아동교육지원비(고등학교의 입학금・수업료, 학용품비와 그 밖에 교육에 필요한 비용), 아동양육비 등의 복지급여를 받을 수 있다.

둘째, 청소년 한부모가족은 아동양육비 외에도 청소년 한부모가 학업을 할 수 있도록 교육비를 지원받을 수 있다.

② 복지자금 대여

「한부모가족지원법」에 따르면, 저소득 한부모가족은 생활안정과 자립을 위해 사업운영 등에 필요한 자금을 대여할 수 있도록 되어 있다. 그리고 저소득 한부모가족 복지자금 대여에 대한 자세한 사항은 서민금융진흥원(www.kinfa.or.kr)에서 확인할 수 있다.

③ 그 밖의 지원

한부모가족 지원대상자는 이동통신 요금 감면, 민원서류 발급 수수료 면제, 과태료 경감, 통합문화이용권 지급 등의 지원을 받을 수 있다.

(2) 주거지원

「한부모가족지원법」에 따르면, 한부모가족은 「주택법」에서 정하는 바에 따라 국민주택을 분양하거나 임대할 때 우선 분양받을 수 있다.

그리고 「한부모가족지원법」에 따르면, 한부모가족은 일정 기간 주거와 생계를 지원해 주는 한부모가족복지시설을 이용할 수 있으며, 입소대상별로 모자가족복지시설, 부자가족복지시설, 미혼모자가족복지시설, 일시지원복지시설 등에 입소할 수 있다.

(3) 법률지원

「한부모가족지원법」에 따르면, 아동을 양육하고 있는 이혼가족, 별거가족, 미혼모·미혼부 가족 등 한부모가족은 인지청구 및 자녀양육비 청구 등을 위한 법률상담, 소송대리 등 법률구조서비스를 받을 수 있다.

(4) 상담 및 정서지원

「한부모가족지원법」에 따르면, 상담 및 정서지원을 받을 수 있다.

(5) 가족지원 서비스

「한부모가족지원법」과 「한부모가족지원법 시행령」에 따르면, 한부모가족에게는 가족기능 회복과 정서적 자립 강화를 위해 다음과 같은 가족지원서비스를 제공하고 있다.

첫째, 아동의 양육 및 교육 서비스를 지원하고 있다.

둘째, 장애인, 노인, 만성질환자 등의 부양 서비스를 지원하고 있다.

셋째, 취사, 청소, 세탁 등 가사서비스를 지원하고 있다.

넷째, 교육·상담 등 가족관계 증진 서비스를 지원하고 있다.

다섯째, 한부모가족에 대한 상담·심리치료를 지원하고 있다.

(6) 상담전화서비스

「한부모가족지원법」에 따르면, 한부모가족은 한부모가족 상담전화서비스를 통해서 한부모가족 지원에 관한 종합정보를 제공받을 수 있고, 지원기관 및 시설의 연계 등에 관한 전문적이고 체계적인 상담서비스를 제공받을 수 있다.

4) 한부모가족의 가구 현황

우리나라 전체 가구에 대비하여 한부모가족의 가구 현황을 2016년부터 2020년까지 살펴보면 [표 5-1]과 같다.

[표 5-1] 한부모가족의 가구 현황 (단위: 천 가구, %)

현황 \ 연도		2016	2017	2018	2019	2020	
한부모가구 현황	전체 가구	19,838	20,168	20,500	20,891	21,485	▲ (2.8%)
	한부모가구	1,540	1,533	1,539	1,529	1,533	▲ (0.3%)
	한부모가구 비율	7.8	7.6	7.5	7.3	7.1	▼(-2.7%)

출처: 통계청(2021).

2020년에 전체 가구는 21,485가구이고 한부모가구는 1,533가구로 나타나고 있다. 그리고 2019년 대비해서 볼 때, 한부모가구는 0.3% 증가하였다. 반면, 한부모가구 비율은 7.1%로서, 2019년 대비하여 2.7%로 감소하였다. 이러한 결과로 볼 때, 이혼이나 미혼가구 증가 추세에 따라 가족정책의 방향도 이들에 대한 지원 정책에 초점을 맞추어 나가야 할 것이다.

5) 한부모가족의 문제점과 지원 정책

현대사회의 한부모가족이 경험하는 문제점을 경제적 문제점, 자녀양육 문제점, 정서적 혼란 문제점으로 구분할 수 있다. 이런 문제점과 이에 대한 지원 정책을 살펴보면 다음과 같다.

(1) 한부모가족의 문제점과 필요한 지원

① 경제적 문제점과 필요한 지원

여성 한부모가족의 경우, 임시직과 일용직 등 저소득 일자리에 근무하는 비중이 높아서 시간과 소득이 적은 상태에 놓이기 쉽다. 즉, 한부모가족은 소득빈곤과 시간빈곤 등 동시빈곤을 겪고 있어서, 이러한 문제를 해결하기 위한 정책지원이 필요하다. 특히 일・생활 균형을 위해서는 시간빈곤 문제를 해결하는 지원이 매우 절실하다. 그리고 집안청소나 설거지, 정리정돈 등 가사지원서비스를 제공하여 시간빈곤 문제를 조금이나마 해소하고 한부모가 여유를 가지고 일・생활 균형을 할 수 있는 지원서비스가 필요하다(오혜은, 2017; 장명선・이명호, 2020).

② 자녀양육 문제점과 필요한 지원

한부모가족의 경우, 자녀를 양육하면서 경제도 책임져야 하므로 자녀를 양육하는 한부모가족의 가장 큰 어려움은 양육과 교육비에 대한 부담이 있다. 특히 미취학자녀에 대해서는 자녀 돌봄 시간이 부족하고, 취학자녀에 대해서는 양육 및 교육과 관련된 정보가 부족하다. 따라서 한부모가족에게 가사지원서비스를 제공해 가사스트레스로부터 벗어나 시간적 여유를 가지고 자녀양육을 할 수 있게 해 주는 것이 필요하다(여성가족부, 2019).

한부모가족의 부모는 아직 이혼, 사별의 충격에서 벗어나지 못하고 정서적으로 안정되지 못한 상태에서 생계를 위해 직업에 전념하는 경우가 많다. 또한 과중한 역할 수행으로 인해 본인이 지칠 뿐만 아니라, 자녀양육에 있어서도 자녀를 방치하거나 가정교육의 일관성이 부족하여 부모와 자녀 관계에서 긴장과 갈등문제를 유발할 수 있다. 따라서 한부모가족 안에서 신체적, 언어적, 정신적, 성적 학대가 발생할 가능성이 높아진다. 특히 아버지가 딸을 양육하는 경우는 동일시할 수 있는 어머니의 부재로 인해, 어머니가 아들을 양육하는 경우에는 동일시할 수 있는 아버지의 부재로 인해 더 많은 어려움에 처하게 된다.

한부모가족의 자녀들 또한 가정, 학교생활에 적응하지 못하고 주의가 산만하고 공격적인 행동을 보이거나 반대로 위축된 행동을 보이는 등의 문제 행동을 보이게 된다. 학교 교사들은 한부모가족 아동에 대한 편견으로 한부모가족 아동・청소년을 모자라고 부족함이 있는 가정의 아동・청소년으로 인식한다. 그리고 학교생활 전반에 걸쳐 문제 있는 아동・청소년으로 인식하는 경향으로 인해, 한부모가족의 아동・청소년은 학교생활에서 어려움을 겪기도 한다. 학교의 적절한 지원을 받지 못하는 상황에서 한부모가족의 아동은 학교생활에 더 부적응하게 되고, 결국에는 학교폭력의 피해자나 가해자가 되기도 한다.

이러한 문제점은 홀로 됨의 과정에 따라 차이가 있을 것이다. 자녀양육에서 문제점도 있겠지만 좋은 점을 찾아보아야 할 것이다. 예를 들면, 여성 한부모가족의 경우, 이혼 전보다 모자관계가 더 긍정적이고 가까워져서 자녀와 좋은 관계를 유지할 수도 있다. 이 경우, 자녀와의 많은 개방적 의사소통을 통해서 문제점을 보완할 수 있다.

③ 정서적 혼란 문제와 필요한 지원

한부모가족의 정서적 문제의 가장 큰 부분은 부(父)의 부재 또는 모(母)의 부재로 인한 가족 내에서의 역할과 지위의 변화에 적응해야 하는 점이다. 한부모가족의 모와 부는 생계부양자와 보호자의 역할을 동시에 하며 자녀에게 아버지와 어머니의 역할까지 해야 한다. 따라서 한부모가족의 모와 부는 과중한 역할 수행으로 많은 스트레스를 경험하게 된다. 이러한 스트레스가 한부모가족의 부정적인 정서 반응을 유발하여 상실감, 배신감, 분노감, 우울감, 좌절감, 실패감 등을 느끼게 한다. 이러한 정서적 혼란은 3~5년간 지속되어 적응에 어려움을 주기도 한다.

정서적 혼란이 깊어지고, 우울증이 심해지면 자녀와 함께 목숨을 끊으려는 시도를 하는 등 심각한 문제를 드러내기도 한다. 이처럼 한부모가족은 홀로 됨으로써 공통적으로 부정적인 정서를 갖게 된다. 하지만 한부모가족의 정서적 특성과 그 가족의 사회적 지지망에 따라 정서적 혼란 문제는 보완될 수 있다.

(2) 한부모가족의 지원 정책

여성가족부에 따르면, 2021년도 한부모가족 지원 정책에서 중요하게 강화되는 부분은 생계급여에서 양육비 부분과 자동차 기준 완화, 한부모가족증명서 발급 절차 완화, 매입임대주택지원 확대, 취약·위기가족을 위한 가족역량강화지원 사업의 확대이다. 이런 많은 지원 정책 중에서, 한부모가족의 양육지원, 예산 및 지원 인원 추이, 아이돌봄, 양육비 이행 확보를 위한 법·제도 개선, 취약·위기가족에 대한 긴급지원 등의 정책을 알아보면 다음과 같다.

① 한부모가족 양육지원 정책

2021년 5월부터는 생계급여를 받고있는 한부모가족 중에서 중위소득 30% 이하에게 월 10만 원의 아동 양육비를 지원하고 있다. 그리고 자립 기반이 부족한 청년 한부모를 위해서는, 추가 아동 양육비를 만 34세 이하까지(만 25~34세) 상향하여 자녀 1인당 만 5세 이하는 월 10만 원을 지급하고, 만 6~17세는 월 5만 원을 지급하고 있다. 이렇게 함으로써, 이들이 걱정 없이 자녀를 안정적으로 양육할 수 있도록 지원하고 있다.

② 한부모가족 예산 및 지원 인원 추이

한부모가족에 대한 예산 및 지원 인원 추이를 살펴보면 다음과 같다.

첫째, 아동에 대한 양육비 예산 및 지원은 2019년도에는 13.5만 명에 대해 2,522억 원, 2020년도에는 13.7만 명에 대해 2,591억 원, 2021년도에는 약 19만 명에 대해 2,974원으로 추이해서 지원하고 있다.

둘째, 「한부모가족지원법」에서 한부모가족으로 인정받기 위한 소득 산정 기준도 개선되어 시행중이다. 여기서 중위소득 기준을 보유 차량의 배기량과 가격 기준이 상향되면서 2020년도에는 배기량 1,600cc 미만인 경우에 차량 가격이 150만 원 미만에서, 2021년도에는 배기량 2,000cc 미만인 경우에 차량 가격이 500만 원 미만으로 정하고 있다.

셋째, 한부모가족이 주거로 인한 경제적 부담을 덜어 줄 수 있도록 매입임대주택을 지원・확대하고 있다. 즉, 2017년에는 136호, 2018년에는 145호, 2019년에는 158호, 2020년에는 189호, 2021년에는 월평균 20만 원으로 거주할 수 있는 임대주택을 222호를 지원하고 있다.

넷째, 한부모가족복지시설 입소자의 입소 자격 소득 기준이 2020년에는 중위소득 60% 이하였으나, 2021년에는 중위소득 100% 이하로 완화함으로써 한부모의 경제활동과 근로 의욕을 높이도록 지원하고 있다.

다섯째, 한부모가족증명서를 발급할 경우, 신청서 작성 없이 본인의 신분증만 제시하면 행정복지센터에서 발급받을 수 있도록 지원하고 있다.

여섯째, 한부모가족증명서만 제출하면 아동양육비 외에 전화요금・전기료 감면 등의 혜택을 지원하고 있다.

③ 한부모가족 아이돌봄 지원

정부는 사각지대에 놓인 저소득 한부모가족을 지원하고 있다. 코로나19 장기화로 보육시설 이용이 쉽지 않은 상황에서 아이돌봄을 지원하는 것에 대해서 알아보면 다음과 같다.

첫째, 중위소득 75% 이하 한부모가족인 경우, 정부 지원을 5%p 상향하여 최대 90%까지 아이돌봄비를 지원하고 있다(영아종일제 및 미취학 시간제 가형은 85%에서 90%, 취학 시간제는 75%에서 80%).

둘째, 2021년 3월부터는 코로나19 장기화로 어린이집, 유치원, 초등학교 등이 쉬거나 원격 수업을 실시하는 경우 연간 정부 지원 시간 한도와는 별도로 오전 8시부터 오후 4시까지 아이돌봄 서비스를 추가 이용할 수 있도록 지원하고 있다.

④ 양육비 이행 확보를 위한 법 · 제도 개선

정부는 한부모가족 양육비 이행 확보를 위해서, 2021년부터는 비양육부모가 양육비를 지급하지 않는 경우 양육비를 지급할 수 있도록 하였다. 그리고 고의적으로 양육비를 이행하지 않을 경우, 운전면허 정지, 명단공개, 출국금지 등의 행정처분과 형사처벌을 할 수 있게 하였다. 이에 대해 알아보면 다음과 같다.

첫째, 지방경찰청장에게 비양육부모가 양육비를 지급하지 않을 경우, 운전면허 정지처분을 요청할 수 있도록 하였다. 그리고 한시적 양육비를 긴급 지원한 경우, 비양육부모의 동의 없이 소득세 · 재산세 신용 · 보험정보를 조회할 수 있도록 하였다.

둘째, 2021년 7월부터는 양육비 채무를 미이행할 경우, 형사처벌로서 1년 이하의 징역 또는 1천만 원 이하의 벌금을 받을 수 있게 되었다. 그리고 법무부장관에게 출국금지를 요청할 수 있게 하였다. 또한 양육비 이행심의위원회의 심의 · 의결을 거쳐서 누리집 또는 언론 등을 통해 명단을 공개하도록 하였다.

셋째, 2021년도 기준 양육비와 면접 교섭 참여 인원을 알아보면, 양육비 이행률은 2017년에는 32%, 2019년에는 35.6%, 2020년에는 36.1%이었다. 그리고 면접 교섭 참여 인원은 2017년에는 286명, 2019년에는 486명, 2020년에는 1,866명이었다.

⑤ 취약 · 위기가족 긴급지원

취약 · 위기가족 긴급지원에 대해 알아보면 다음과 같다.

첫째, 정부는 취약 · 위기가족 긴급지원을 위해서, 가족 역량강화 지원 사업을 통해서 사례관리, 상담, 교육, 자원연계 등에 대한 지원을 2020년에는 중위소득 72%에서 2021년에는 중위소득 100%로 확대하였다. 그리고 수행기관도 2020년 79개소에서 2021년에는 88개소로 확대되었다.

둘째, 월 10만 원 상당의 생필품을 코로나19로 실직하는 등 경제적 어려움에 처한 가족에게 지원하고 있다.

셋째, 배움 지도사를 지원해서 온라인 학습의 어려움을 겪는 한부모가족을 위해서 원격 수업을 할 수 있도록 주 1~2회 방문하며 지원 중이다.

넷째, 가정별 특성 맞춤지원(쌀, 통조림, 휴지, 마스크, 기저귀 등)을 위해서 부모나 자녀의 건강 상태 또는 심리적 안정은 물론, 가사활동 등 생활에 필요한 도움을 제공하고 있다. 그리고 긴급 · 위기 상황이 발생하여 가족의 건강 상태가 악화될 경우에는, 돌봄과 정서적 지원 등을 지원하고 있다.

이러한 한부모가족 지원 정책의 중요성은 한부모가족이 사각지대에 놓이지 않고 맞춤형 서비스를 적재적소에서 받을 수 있도록 하는 데 있다. 따라서 사례들을 잘 파악해서 정부와 지자체가 노력하고 협력해서 지원체계를 강화해 나가야 할 것이다.

2. 다문화가족

1) 다문화가족의 개념

다문화(multi-culture)는 대체적으로 인종을 비롯하여 성별, 계층, 종교 등의 차이뿐만 아니라 고유한 문화적 특성이 각각의 사회집단 내에 다양하게 존재한다는 것을 의미한다(정상준, 2001; 주성훈, 2010; 최경운, 2016). 그리고 우리나라에서 다문화가족이라는 용어가 사용되기 시작한 것은 2004년 건강가정 시민연대가 국제결혼가정, 혼혈인 가정 등 차별성을 지닌 가정 용어 개선을 위해 사용을 권장하기 시작하면서부터이다(여성가족부, 2010; 박신영 · 이병준, 2014).

그리고 일반적으로 다문화가족은 우리나라에 거주하는 모든 외국인을 말한다. 개념상으로는 단순히 거주하는 것이 아니라, 가족 중 한 사람이 우리나라 국적을 취득하여 구성된 가족을 말한다. 근래에는 한국 남성과 결혼한 외국인 이주여성, 한국여성과 결혼한 외국인 이주남성, 또는 외국인 이주민가족[이주노동자, 유학생, 북한이탈 주민(새터민가족) 등] 모두를 다문화가족이라고 통칭한다(최태호, 2012; 김우영, 2019).

2) 다문화가족의 유형

다문화가족 유형을 한국인과 외국인이 결혼한 국제결혼가족, 한국인과 이주노동자가 결혼한 외국인근로자가족, 북한이탈주민의 새터민 가족 등으로 분류할 수 있다(박주현 · 최덕경, 2011: 최경운, 2016). [표 5-2]는 다문화가족을 세부별 유형으로 분류한 것을 보여 준다.

[표 5-2] 다문화가족 유형

유형	다문화가족의 자녀
한국인과 외국인이 결혼한 **국제결혼가족**	아버지는 한국인이며 어머니는 외국인 사이에서 출생한 자녀
	어머니는 한국인이며 아버지는 외국인 사이에서 출생한 자녀
한국인과 이주노동자가 결혼한 **외국인근로자가족**	외국인 근로자로서 한국에서 결혼하여 출생한 자녀
	본국에서 결혼해서 형성된 가족이 국내에 이주한 가정의 자녀
북한이탈주민의 **새터민가족**	한국에 입국한 자녀 중에서 북한에서 태어난 자녀
	한국에 입국한 다음에 태어난 자녀

출처: 최태호(2012)를 재구성.

3) 다문화가족의 등장 배경과 의의

현대사회에서 다문화가족은 여러 배경에서 형성되고 있다. 우선, 결혼이주여성이 자국 또는 가족의 경제적 문제를 해결하기 위한 방안으로서 해외로 이주하여 성공적인 삶과 자국의 가족 생계를 책임지기 위해 국제결혼을 선택할 수 있다. 또한 개인의 의지 또는 주위의 권유로 국제결혼을 통해 현실을 도피하거나, 그 부모가 일정 금액을 받는 조건으로 국제결혼을 할 수 있다.

그리고 다문화가족의 이주여성은 경제적 문제를 해결하기 위해서 나타나게 되고, 비자발적 이주여성은 주로 출신국의 전쟁, 정치적 구속과 같이 선택의 여지가 없는 경우에 나타나게 된다. 반대로 자발적 이주여성은 보다 나은 생활을 위해 스스로 다른 국가로 이동하고 있다. 경제적 문제해결을 위한 결혼이주여성의 이주는 자발적인 이주를 통한 다문화가족의 형성이라고 볼 수 있다(김상찬 · 김유정, 2011; 정도희, 2012).

그리고 농촌지역의 경우, 다문화가족은 농촌의 부족한 노동력을 해소하는 역할을 하고 있어 지방자치단체는 다문화가족의 형성을 적극적으로 지원하는 추세를 볼 수 있다(이동은, 2016; 김은정, 2013). 따라서 지방자치단체는 다문화가족을 위해서 다양한 형태의 프로그램 개발과 가족들을 위한 행정적 지원을 적극적으로 하고, 다양한 사업과 제도를 마련하여야 한다. 이러한 제도적 마련은 지역사회의 노동력 해소와 함께 지역경제 활성화에도 도움이 될 것이다.

4) 다문화가족의 현황

행정안전부의 2017년 통계를 보면, 우리나라에 거주하는 다문화가족(외국인 주민 수)은 200만 명에 육박하고 있다. 해를 거듭할수록 다문화가족은 증가하고 있으며, 2050년에는 5백만 명, 2100년에는 1천만 명으로 늘어날 것으로 전망된다. 이런 증가 추세라면 우리나라 국민 5천만 명을 기준으로 했을 때, 5명 중 1명이 다문화가족일 것으로 예상된다.

그러므로 국가나 광역 및 기초단체에서는 앞으로 다문화가족 분야에도 사회복지 예산 못지않게 상당 부분 예산을 편성·운영해야 할 것이다. 현재 우리나라는 세계적인 물결과 함께 다문화가족이 증가하면서 다문화사회로의 시대적 패러다임이 급속하게 변화하고 있다.

다문화가족의 거주 지역을 살펴보면, 경기도는 603,609명(32.4%), 서울특별시는 413,943명(22.2%), 경상남도는 116,379명(6.3%) 순으로 외국인이 많이 거주하고 있다. 그리고 수도권(서울·경기·인천)에 60.3%가 집중적으로 거주하고 있다. 총 인구 중에서 수도권 거주 비율이 49.6%로 나타났다. 전국 시·군·구별로는 경기도 안산시(82,242명)에 가장 많은 외국인 주민이 거주하며, 경기도 수원시(58,302명), 서울특별시 영등포구(54,145명), 경기도 화성시(51,928명) 순이었다.

2021년 현재 여성가족부에서 발표한 다문화가족 통계는 [표 5-3]과 같다. 연도별 결혼이민자 현황에서 여성 중심으로 살펴보면, 2016년에는 130,773명, 2017년에는 129,908명(줄어들었음), 2018년에는 134,024명, 2019년에는 139,254명으로 나타났다. 따라서 2017년도를 제외한 모든 연도에서 조금씩 증가하고 있음을 알 수 있다. 이러한 결과는 앞으로 다문화가족이 증가할 것임을 보여 준다.

[표 5-3] 연도별 결혼이민자 현황

(단위: 명)

연도 ('07~'15)	계			결혼이민자			혼인귀화자			기타사유 국적 취득자		
	계	남	여	계	남	여	계	남	여	계	남	여
연도 ('16~)	계			결혼이민자			국적 취득자					
	계	남	여	계	남	여	계	남		여		
2019	359,610	72,312	287,298	173,882	34,628	139,254	185,728	37,684		148,044		
2018	343,797	69,515	274,282	166,882	32,858	134,024	176,915	36,657		140,258		
2017	330,188	65,507	264,681	160,653	30,745	129,908	169,535	34,762		134,773		
2016	318,948	61,544	257,404	159,501	28,728	130,773	159,447	32,816		126,631		
2015	294,663	56,652	238,011	144,912	25,263	119,649	93,249	10,308	82,941	56,502	21,081	35,421
2014	295,842	48,787	247,055	149,764	21,953	127,811	90,439	4,261	86,178	55,639	22,573	33,066
2013	281,295	45,348	235,947	147,591	20,887	126,704	83,929	4,264	79,665	49,775	20,197	29,578
2012	267,727	42,459	225,268	144,214	19,630	124,584	76,473	4,268	72,205	47,040	18,561	28,479
2011	252,764	39,825	212,939	141,654	18,561	123,093	69,804	4,317	65,487	41,306	16,947	24,359
2010	221,548	34,144	187,404	125,087	15,876	109,211	56,584	3,796	52,788	39,877	14,472	25,405
2009	199,398	30,988	168,410	125,673	15,190	110,483	41,417	2,047	39,370	32,308	13,751	18,557
2008	168,224	26,339	141,885	102,713	13,711	89,002	41,672	2,991	38,681	23,839	9,637	14,202
2007	142,015	21,905	120,110	87,964	12,497	75,467	38,991	2,624	36,367	15,060	6,784	8,276

출처: 여성가족부 다문화가족과(2021).

* '16년부터 귀화요인(혼인 등) 미구분(사유: 기타사유 국적 취득의 경우도 대부분 결혼귀화자라 구분 실익이 없음).

** 「다문화가족지원법」 개정('11. 4. 4. 개정, '11. 10. 5. 시행)으로 인해 2012년부터는 혼인귀화자 외에 기타사유 국적 취득자(인지 · 귀화)도 다문화가족에 포함.

5) 다문화가족의 문제점

현대사회 다문화가족의 문제점은 다양하게 나타날 수 있다. 이런 다문화가족의 문제점을 아동 · 청소년 접근성, 여성 접근성, 다문화가족 접근성으로 구분하여 살펴보면 다음과 같다.

(1) 아동 · 청소년 접근성의 문제점

다문화가족의 아동 · 청소년 접근성의 문제점을 살펴보면 다음과 같다(배옥현, 2018).

첫째, 다문화가족의 아동·청소년은 하교 후에 '학원을 가거나 과외를 받는다'는 것만큼이나 휴대폰을 통해서 게임이나 문자 등을 하는 것으로 나타났다. 이것은 학습이 열악하고, 흥미도가 낮고, 많은 아동·청소년이 집 안에서 머무르고 있음을 보여준다. 따라서 이들이 성장하는 과정에서 학습 환경에 어려움을 겪는다면, 초기에 이들을 위한 적절한 정책적·행정적 지원을 제공하여야 할 것이다.

둘째, 다문화가족의 아동·청소년이 가정생활에서 가지는 불만 요인은 학대나 언어폭력 등으로 나타났다. 또한 다문화가족의 아동·청소년은 차별이나 무시를 친한 친구로부터 경험한 비율이 높은 것으로 나타났다. 그리고 학교폭력을 경험한 층이 중학생에 비해 초등학생에서 다소 더 높은 것으로 나타났다. 따라서 각 영역별 다문화 학생에 대한 차별이나 폭력을 예방하고 발생하지 않게 하기 위한 방안을 모색해야 할 것이다.

셋째, 다문화가족의 아동·청소년은 복지시설에 대한 선호도에서 다문화가족지원센터가 가장 높은 것으로 나타났다. 다음으로는 공부방·지역아동센터·청소년 방과 후 아카데미, 청소년 지원시설, 사회복지관의 순으로 나타났다. 따라서 현재 아동·청소년을 대상으로 하는 프로그램이 학교나 다문화가족지원센터 등 중간지원조직을 통해 이루어지고 있으나 이용률이 저조한 편이고, 아동·청소년들은 방과 후에는 절반 이상이 집 안에 머무르고 있다. 따라서 배우고 성장하는 과정에서 필요로 하는 학습 환경을 제공하고, 활동적으로 생활할 수 있게 하기 위해 지역 공동체 단위에서 다양한 프로그램이 운영될 수 있도록 해야 할 것이다.

넷째, 다문화가족의 아동·청소년에 대해서는 부모교육이 가장 필요한 것으로 나타났다. 따라서 다문화가족의 부모에 대해 생애주기별 부모교육 서비스를 확대하여, 한국의 교육제도에 대한 지식과 정보, 지도 방법을 파악할 수 있도록 하여야 한다. 그리고 혜택을 받을 수 없는 다문화가족을 위해서는, 찾아가는 부모교육과 이중언어 강사를 활용한 부모교육을 더 쉽게 이용할 수 있도록 하여야 한다.

(2) 여성 접근성의 문제점

현대사회에서 다문화가족의 여성 접근성의 문제점을 살펴보면 다음과 같다(이재화·이재모, 2018).

첫째, 다문화가족 여성의 건강과 관련된 문제점이 있다. 이것은 다문화가족의 여성이 본국에서 살아온 환경과 음식 문화가 다르기 때문에 나타나고 있다. 이러한 문제점을 해소하기 위해서는, 다문화가족 여성을 대상으로 찾아가는 건강검진을 실시하여 본격적인 건강관리에 나서야 할 것이다. 또한 다문화가족 여성과 한국인이 함께 지역의 특성에 따라서 소모임을 조직하여서, 나라별 음식을 함께 맛보면서 상호문화를 이해하는 다문화가족 여성을 위한 건강밥상 행사도 자주 진행할 필요가 있다.

둘째, 다문화가족 여성에 대한 긍정적·심리적·사회적 지지가 절실히 필요한 것과 관련된 문제점이 있다. 남편은 긍정적·심리적·사회적 지지를 제공할 수 있으므로, 부부로서의 건강한 균형에 기초한 관계 형성을 할 수 있는 프로그램을 더 많이 진행할 필요가 있다.

셋째, 다문화가족 여성의 가족생활 특성, 한국어 수준, 서로 다른 나라에서 성장한 문화적 차이 등에서 기인한 측면뿐만 아니라 지속적인 자기 가치관 또는 자아성찰의 부족과 관련된 문제점이 있다. 이와 관련해서는, 기관에 프로그램을 개설, 운영하든지 혹은 가능한 기관에 연계해 주는 사업을 병행할 경우, 기관 평가 시에 가산점을 줄 필요가 있다.

(3) 다문화가족 접근성의 문제점

다문화가족 접근성의 문제점을 살펴보면 다음과 같다(장명선, 2015).

첫째, 다문화가족의 경우, 경제적 어려움, 언어적 어려움, 자녀양육의 어려움, 사회적 네트워크의 미약, 차별과 편견, 심리·정서적 불안감 등 많은 어려움을 겪고 있다. 또한 가구주가 여성이냐 남성이냐에 따라 빈곤 정도와 빈곤의 원인과 과정이 다르고,

서비스 욕구도 다르게 나타난다. 따라서 성인지적 시각에서 생활실태 파악 및 정책 수립을 하는 것이 필요하다.

둘째, 다문화가족의 자녀 연령에 따라 필요한 정책이 다르다. 따라서 이를 고려하여 생애주기별 정책서비스가 제공되어야 한다.

셋째, 최근에는 다문화 가족 중에서(한부모가족일 경우) 자녀양육에 대한 어려움으로 인해 본국으로 자녀를 보내게 되면서, 자신은 한국에서 취업을 하여 양육비를 대는 등의 장거리 자녀양육 현상이 일어나고 있다.

다문화가족은 우리 사회에서 미래의 주체적인 구성원이다. 이들이 자리 잡을 수 있도록 다각적인 측면에서 지원 정책을 실시하고 행정적 서비스가 제공되어야 한다. 그리고 이를 위한 지원체계도 구축되어야 할 것이다. 즉, 상담서비스의 지원, 자녀양육비 청구를 위한 정보제공 및 서비스 지원, 직업훈련 및 취업연계 지원을 강화하여야 한다. 그리고 이들에 대한 차별과 편견을 해소하여야 한다. 이를 위해 다문화가족에 대한 업무 담당 공무원의 증대, 학교에서의 교육과 건강지원 서비스에 대한 강화 및 지원체계 구축, 주거지원 확대 및 강화 등 세부적인 행정직 서비스가 이루어져야 할 것이다.

6) 다문화가족의 지원 정책 추진 방향

2021년도 다문화가족 정책 제3차 기본계획(2018~2022)은 다음과 같다.

(1) 초기적응 중심의 정책에서 장기정착화에 따른 정책 이행 안정화 추진

다문화가족 정책 제3차 시행계획 4년 차를 맞아, 초기적응 중심의 정책에서 장기정착화에 따른 정책 이행의 안정화를 추진하는 측면은 다음과 같다.

첫째, 나문화가족 정착 주기 장기화로 다양한 가족 유형이 발생함에 따라서, 사회

안전망으로부터 이탈이 되지 않도록 촘촘한 다문화가족에 대한 복지지원 체계를 마련해 추진한다.

둘째, 다문화가족의 자립 지원 및 사회참여 기회를 확대해 추진한다.

셋째, 범죄피해 결혼이민자를 지원하기 위한 협의체 마련 및 가족 구성원 대상 인권보호 교육을 강화하여 인권침해를 예방한다.

(2) 다문화가족 자녀의 수 증가와 학령기 자녀 비율 급증에 따른 안정적 성장과 역량 강화

다문화가족 자녀의 수가 증가하고 학령기 자녀의 비율이 급증함에 따라 이들의 안정적 성장과 역량 강화를 추진하는 측면은 다음과 같다.

첫째, 다문화가족이 이중 언어의 강점을 살릴 수 있도록, 역량 개발 및 관련 취업처 연계 등을 통해 글로벌 인재로 양성되도록 지원을 강화한다.

둘째, 코로나19로 인한 비대면 확산에 따라, 언어·문화적 차이로 자녀양육 및 성장에 어려움을 겪지 않도록 원격학습 등의 지원을 강화한다.

셋째, 다문화가족의 아동·청소년에 해당하는 학생 공교육 진입 보장을 위한 편·입학 절차 개선과 함께 관계기관 간 정보연계와 편·입학 전 준비 지원 추진을 강화한다.

(3) 포용적 가치 확산 및 다문화 수용성 제고를 위한 방안 마련·시행

코로나19로 심화되는 집단 간 갈등으로, 포용적 가치를 확산하고 다문화 수용성을 높이기 위한 방안을 마련하고 시행하는 측면은 다음과 같다.

첫째, 시행 중인 법령과 사회적 파급효과가 큰 주요 정책을 대상으로 '특정 다문화 영향평가(가칭)'를 도입하는 방안을 마련해서 시행한다.

둘째, 유아부터 아동·청소년, 공무원, 군인 등을 위해서 생애주기에 걸친 다문화에 대한 이해와 교육 방안을 마련해서 시행한다.

셋째, 누구든지 특정 문화, 인종, 국가 관련 혐오 발언으로 차별이나 편견을 조장하지 않도록 하는 법적 근거 방안을 마련해서 시행한다.

다문화가족에 대한 시행계획을 요약하면 [표 5-4]와 같다.

[표 5-4] 과제 현황

과제 번호	세부 과제명	소요 예산(백만 원)		과제수(개)	
		2020년	2021년	2020년	2021년
합계		370,299	393,516	58	56
1	다문화가족 장기정착 지원	330,086	351,013	18	17
2	결혼이민자 사회·경제적 참여 확대	19,590	20,112	10	9
3	다문화가족 자녀의 안정적 성장과 역량강화	18,964	19,077	13	13
4	상호존중에 기반한 사회적 다문화 수요성 제고	1,459	3,114	9	9
5	협력적 다문화가족 정책운영을 위한 추진체계 강화	-	-	7	7
(대책과제: 귀환여성 및 한국국적 자녀 지원) 세부 과제명					
합계		200	200	1	1
4	귀환여성 및 한국국적 자녀 현지지원	200	200	1	1

출처: 2021년 중앙정부 여성가족부의 다문화가족에 대한 시행계획을 요약 중에서 과제 현황을 재구성.

[표 5-4]에 따르면, 다문화가족에 대한 장기정착 지원은 2021년에 17개에 393,516백만 원, 결혼이민자 사회・경제적 참여 확대는 2021년에 9개에 20,112백만 원, 다문화가족 자녀의 안정적 성장과 역량강화는 2021년에 13개에 19,077백만 원, 상호존중에 기반한 사회적 다문화의 수요성 제고는 2021년에 9개에 3,114백만 원, 협력적 다문화가족 정책 운영을 위한 추진체계 강화는 2021년에 7개의 과제수로만 시행될 계획이었다. 이러한 시행계획을 2020년과 대비해서 볼 때, 소요 예산에서 다소 증가되었다는 것을 알 수 있다.

Family and Gender | chapter

06

젠더와 가정폭력

1. 가정폭력의 개념과 특징
2. 가정폭력의 종류와 범위
3. 가정폭력의 원인과 현상 및 관련 이론
4. 가정폭력의 현황
5. 가정폭력에 대한 과제

Family and Gender | chapter 06

젠더와 가정폭력

1. 가정폭력의 개념과 특징

1) 가정폭력의 개념

우리나라에서는 「가정폭력범죄의 처벌 등에 관한 특례법」을 제정하면서 가정폭력을 범죄로 규정하게 되었다. 가정폭력은 가족 구성원 사이의 신체와 정신적 또는 재산상 피해를 수반하게 되는 행위를 포함한다.

「가정폭력범죄의 처벌 등에 관한 특례법」에 따르면, 가정폭력의 구성원은 다음과 같다.

첫째, 배우자(사실상 혼인관계에 있는 사람을 포함) 또는 배우자였던 사람이 있다.

둘째, 자기 또는 배우자와 직계존비속관계(사실상의 양친자관계를 포함)에 있거나 있었던 사람이 있다.

셋째, 계부모와 자녀의 관계 또는 적모(嫡母)와 서자(庶子)의 관계에 있거나 있었던 사람이 있다.

넷째, 동거하는 친족이 있다.

이렇게 법에서 정하고 있는 것을 살펴보면, 가정폭력은 부부간, 부모와 자녀 간, 친족관계 등 가족 구성원 사이의 폭력을 의미한다고 할 수 있다(홍정현 외, 2017).

가정폭력의 개념은 학자마다 다르게 제시하고 있다. 예를 들어, 가정폭력에 대해 가정폭력(domestic or family violence), 배우자학대(spousal abuse), 부부폭력(conjugal violence), 아내폭행(wife assault), 아내구타(wife battering), 아내학대(wife abuse), 남성폭력(male violence) 등으로 다양한 용어가 사용되고 있다(김병주, 2002; 권영상 외, 2004).

2) 가정폭력의 특징

대부분의 가정폭력 피해자는 신체적, 정서적, 경제적, 성적 학대를 받게 된다. 가정폭력은 빈번히 일어나고 있으며, 은폐성이고, 상습적이며, 남성 주도적이고, 지속적이며, 세대 전수성이라는 특징이 있다(이명순, 2016). 이런 가정폭력의 특징 중 폭력에 대한 피해자와 가해자의 특징을 살펴보면 다음과 같다.

(1) 피해자의 특징

가정폭력을 겪으면, 가해자에 의해서 한 가족의 삶이 파괴당하고 존중받아야 할 인간의 권리가 무참히 짓밟히게 된다. 이것은 피해자에게 정신적・신체적인 고통을 가하게 되는 폭력 행위라고 할 수 있다. 이런 가정폭력은 가족 구성원 간의 평등성이 무시되면서, 힘이 강한 자가 약한 자를 지배하는 소유관계로 변하게 된다. 그리고 이에 따라 건강한 가정의 모습을 가질 수 없게 된다(김광일, 1998; 이명순, 2016).

피해 여성은 모든 일상에서 무력감을 느끼게 되어 아무것도 할 수 없게 된다. 예를 들면, 한정된 우리 속에 있는 개에게 전기충격을 가하면 처음에는 그것으로부터 도망가려고 한다. 하지만 도망가거나 피해 갈 수 없는 상황을 만들어 놓고 계속해서 충격을 가하면, 개는 전기충격으로부터 도망가려는 행동을 보이지 않는다. 피해 여성의 상황도 이와 같은 것이다.

이런 과정에서 피해 여성들은 남편에게 구타당하는 원인을 자신의 탓으로 돌리거나, 아직 남편을 사랑하는 마음이 있는 경우에는 처음 가해지는 폭력은 인내할 수도 있다고 생각한다. 그럼에도 이런 상황이 계속 반복되면 피해 여성들은 그냥 견디게 되는 과정을 거치면서 자존감은 낮아지고, 정서적 상태는 불안과 우울로 빠지게 된다. 이런 상황 때문에 피해 여성은 무력감과 경직된 사고를 가지면서 도움을 요청하게 된다. 하지만 다른 한편으로는 자신의 상태를 부인하고 방어하려 하면서 심리적 소외감과 고립감을 경험하게 된다(김성민, 1995).

가정폭력 피해자인 여성은 사회적 지지와 자존감에서 어려움을 겪는다. 사회적 지지체계는 가정폭력에 대해 적극적으로 대처하면서 피해자가 저항할 수 있도록 지원하는 역할을 한다. 그리고 가정폭력 경험을 새롭게 조명함으로써, 가해 남성의 폭력으로부터 여성을 보호하여 피해 여성들이 자신의 삶을 긍정적인 시각에서 이해할 수 있도록 도와주는 역할을 한다. 그러므로 사회적 지지체계는 정신적으로나 물리적으로 원조의 공급원이 되면서, 가정폭력으로 인한 상처를 회복하고 자신의 강점을 발견하게 하는 역할을 한다. 또한 심리적, 정서적 어려움을 적극적으로 해결하게 함으로써, 미래의 삶을 구축해 나가도록 하는 역할을 한다(안석 · 권정아, 2011; 이명순, 2016).

(2) 가해자의 특징

가정폭력 가해자의 특징을 다음과 같이 설명할 수 있다(손연주, 1997; 홍정현 외, 2017).

첫째, 가정폭력 가해자는 알코올 남용과 함께 정신적인 질병이 있으며, 약물의 영향을 받거나 좌절감이 많고 일상생활에서 스트레스 조절을 하지 못하는 사람일 가능성이 크다. 그리고 가해자들은 보호자 또는 생활환경으로부터 폭력에 노출된 어린 시절을 보냈을 가능성이 크다. 또한 어린 시절에 잘못된 학습에 의한 영향으로 의사소통에 있어서 대화의 기술 부족으로 자제력이 미흡한 특징이 있다.

둘째, 이들은 가정이 아닌 곳(예를 들면, 교우관계나 직장관계 등의 가정 밖 영역)에서는 폭력성을 나타내지 않는다. 따라서 이중성이 가정폭력 가해자들의 전형적인 행동 패턴이라고 할 수 있다. 그리고 가정에서는 상상할 수 없을 정도로 잔인하게 폭력을 행사하면서도, 다른 영역에서는 폭력성을 드러내지 않기 때문에 다른 사람들로부터 종종 좋은 사람이라고 평가받기도 한다.

셋째, 가정폭력 가해자의 성장 환경이 대부분 열악할 경우, 분노했을 때에 어떻게 분노를 처리해야 하는지 혹은 문제 상황을 어떻게 해결하는지를 배우지 못한 경우가 대부분이다. 따라서 이들이 성인이 되어 아내와의 관계 속에서 갈등이 생기면서 분노하게 되면, 감정을 주체하지 못하고 아내의 행동을 비난하면서 많은 에너지를 소비한다.

넷째, 가해자들은 대부분 자존감이 낮기 때문에 자주 우울함에 빠지게 되고, 밖에서는 자기주장을 잘하지 못하는 경우가 많다. 이런 경우, 가정 밖에서는 꽤나 괜찮은 사람으로 보이던 가해자가 가정으로 돌아오면 어린 시절의 학대 경험이나 잘못된 학습 등으로 아내를 폭행하고 심각한 심리적 충격을 가하는 특징을 가지고 있다.

2. 가정폭력의 종류와 범위

현대사회에서 가정폭력의 종류와 범위를 다음과 같이 제시할 수 있다.

1) 가정폭력의 종류

현재 가정폭력 관련법이나 가정폭력 실태조사 등에서는, 가정폭력 대신에 부부폭력, 상호폭력, 배우자 폭력이라는 용어를 사용하는 경우도 있다. 이런 용어들은 가정폭력이 성별과 무관하게 쌍방이 평등한 관계에서 한쪽 배우자에 의해 또는 상호 간에 발생하는 문제처럼 보이게 한다. 이런 용어는 가정폭력이 여성에 대한 불균형한 성별 권력과 성차별에 기인한 문제임을 보이지 않게 함으로써, 폭력의 본질과 실태를 제대로 알기 어렵게 한다. 현실에서 가정폭력의 피해자는 대다수가 여성으로, 가정폭력은 친밀한 관계에서 발생하는 여성에 대한 폭력의 대표적인 형태이다.

2020년에 한국여성의 전화가 진행한 폭력 피해 상담을 중심으로 가정폭력의 종류를 살펴보면 다음과 같다.

첫째, 전·현 배우자에 대한 폭력이 있다.

둘째, 전·현 애인 또는 데이트 상대자에 대한 폭력이 있다.

셋째, 친족에 의해 발생하는 폭력이 있다.

넷째, 가정폭력이 있다.

다섯째, 성폭력이 있다.

여섯째, 데이트 중 폭력이 있다.

일곱째, 스토킹이 있다. 스토킹은 대다수가 혼인·혈연·데이트 상대 등 친밀한 관계에서 남성이 여성에게 가하는 정신적 폭력이다.

2) 가정폭력의 상황

2020년에 한국여성의 전화가 여성폭력 피해자와 가정폭력 피해자(혼인관계, 혈연관계)와 데이트폭력 피해자를 대상으로 인터뷰를 진행한 것을 중심으로 가정폭력의 상황을 살펴보면 다음과 같다(손문숙, 2021).

(1) 친밀한 관계 내 가정폭력에 대한 여성의 상황

가정폭력·데이트폭력 피해자들을 대상으로 진행된 포커스그룹 인터뷰에서, 참여자들은 하나같이 입을 모아 자신이 피해자임을 스스로 인지하기까지 오랜 시간이 걸렸다고 답하였다. 왜냐하면 사회에는 가족·애인 등에게 당한 폭력을 '폭력'으로 인식하지 못하고, '사랑싸움', '애정표현', '부부 갈등', '가정불화'로 치부해 버리는 분위기가 널리 퍼져 있기 때문이다.

이것은 우리 사회 깊숙이 자리하고 있는 불평등한 젠더에 대한 규범을 보여 주는데, 이런 규범은 결혼・데이트를 통해서 이루어지는 관계 형성과 유지에 강력한 영향을 미친다. 이런 경우, 친밀한 관계 내의 여성에 대해 이해하고, 돌보고, 수용하는 성역할을 기대하게 된다. 이렇게 가부장적이고 성차별적인 사회에서 여성이 기대되는 성역할을 성공적으로 수행하지 않을 때, 그 여성은 비판받아 마땅한 존재가 되는 것이다. 즉, 여성에게 향하는 남성의 폭력이 자연스럽게 훈육으로 평가되고 만다.

여성에게 가해지는 폭력은 일상적인 '문화'처럼 사회에 스며든다. 이 과정에서 여성들은 스스로 자신을 비난하고 통제하면서 젠더 규범을 내면화하기도 한다. 이렇게 여성들은 무엇인가 잘못되었다고 느끼면서도, 그 경험을 폭력으로 이름 붙이고 관계를 중단하기는 쉽지 않다. '친밀한 관계 내 여성 폭력'에서 벗어나기 위한 노력이나 대응이 쉽게 좌절되는 이유는, 이에 대해 사회적으로 왜곡되고 협소한 통념에 따라가게 되기 때문이다. 이러한 경향은 '헤어지면 되는 문제'이기 때문에 피해자의 선택과 의지의 문제로 간주해 버린다는 것이다. 우리 사회가 친밀한 관계에서 발생하는 폭력을 어떻게 바라보는지 알기에, 피해자는 폭력을 인지하더라도 주변에 도움을 청하는 등의 대응을 주저할 수밖에 없다. 여성폭력에 대한 사회 인식의 부족은, 가정 내에 고립시키면서 피해를 발생시키게 된다.

(2) 친밀한 관계 내 여성 폭력, 다층적・복합적으로 발생하는 상황

친밀한 관계 내에서의 가정폭력에서 가장 눈에 띄는 점은, 여성들이 겪고 있는 폭력이 '가정폭력, 성폭력, 데이트폭력, 스토킹' 등 하나의 유형으로 국한되지 않고 다층적이고 복합적으로 발생하고 있다는 것이다. 이러한 현상은, 가정폭력으로부터 여성을 정상화로 가게 하는 데 걸림돌로 작용할 수 있다.

3. 가정폭력의 원인과 현상 및 관련 이론

1) 가정폭력의 개인적인 병리 현상

가정폭력 행위자는 일정한 성격적 특성 또는 성격적 장애를 갖고 있다고 보는 경우가 많다. 그리고 적절한 상황판단 능력 및 공격적 성향의 통제 능력 상실도 가정폭력의 원인이 될 수 있다. 예를 들면, 유전성 폭력성, 약물남용, 알코올 중독, 정신지체, 금단상태, 정신질환, 발달과정상의 장애 등으로 인한 개인적인 병리 현상은 가정폭력의 원인이 되고 있다.

2) 가정폭력의 사회적인 현상

오늘날 가정폭력이 발생되는 행태를 보면, 입법과정만을 통하여 가정폭력이 간단히 해결될 수 없음을 알 수 있다. 특히 가부장적 문화가 사라지면서 '매 맞고 사는 남편'이 등장하기도 하고, 다문화가정의 증가로 외국 이주여성의 가정폭력 피해 문제가 대두하고 있다. 또한 노인학대 문제와 아동・청소년에 대한 폭력에 사회적 관심이 커지고 있다. 즉, 가정폭력은 사회적 현상이 되고 있다.

지금까지는 가정폭력을 가정 내부의 문제로 취급하였다. 특히 배우자 폭력의 문제는 타인이 간섭할 수 없는 영역으로만 여기고, 가정폭력의 문제를 사회문제화시키기가 어려운 점이 있었다. 그러나 가정폭력은 한 가정의 문제로 그치는 것이 아니라 사회 전체에 심각한 악영향을 미칠 수 있다. 그래서 최근에는 가정폭력을 가족의 문제이자 사회문제로 인식하고 있다.

3) 스트레스 이론

가정폭력을 일으키는 주원인을 스트레스라고 보는 이론에 대해서 알아보면 다음과 같다(오세연 · 곽영길, 2010; 오세연 · 박원배, 2018).

첫째, 스트레스 이론은 저소득, 제한된 교육자원, 질병 등과 같은 구조적인 스트레스가 사회에 불평등하게 분배되어 있음을 지적하고, 그러한 상황과 스트레스가 학대와 폭력으로 연결된다고 보고 있다.

둘째, 일부 가정에서는 자신의 기대를 충족하기 위한 심리적, 경제적, 사회적 자원이 부족하기 때문에 폭력을 허용하는 문화적인 풍토가 생길 수 있다. 이때에 가족 구성원은 스트레스에 대처하기 위한 방법으로 폭력과 학대를 선택하게 된다.

최근에는 교육여건과 환경 등의 영향으로, 과거에 비해 여성이 단지 아이들을 양육하고 남편을 보필하는 전업주부로의 역할보다는 사회적 진출과 활동이 많아지면서 전문적인 직업을 갖는 커리어우먼으로서의 역할이 증대되고 있다. 따라서 전문적인 직업을 가지고 사회적 활동을 하면서 가정의 경제적 소득 역시 남편에만 의존했던 과거보다는, 최근 부부가 공동으로 책임지거나 맞벌이를 하는 경우가 늘고 있는 실정이다.

이렇게 여성의 사회적 지위가 높아지고 경제적 활동도 늘어나고 있다. 반면에 남성은 경제 상황의 악화 등으로 인한 조기퇴직, 실직 등이 증가하면서, 경제적 활동과 소득에 있어 여성에 비해 현저하게 우위에 있었던 과거와는 다른 양상에 놓여 있다. 즉, 남편의 조기퇴직으로 인한 실직과 소득 상실 때문에, 가정 내 부부의 경제적인 부분과 결정권에 있어서 사회적 활동을 하고 있는 아내의 역할적인 비중이 커지게 된다. 그리고 가정 내의 갈등이 발생할 경우, 아내는 남편에 비해 우위적인 위치에 놓여 있기 때문에 아내의 폭력적인 행동에 대하여 적극적인 대처가 어렵다는 것이다. 또한 한편으로는 가정 내 남편의 경제적 소득 감소와 상실은 가족 구성원의 삶의 질을 떨어뜨리기 때문에, 이러한 상황은 아내에게 있어서 스트레스 요인이 된다. 이때에 이를 적절하게 해결하지 못할 경우, 남편에 대한 부정적이고 공격적인 형태의 폭력 행위를 취하게 된다.

4) 사회관계에서의 고립

사회관계에서의 고립으로 인한 가정폭력 때문에, 행복하고 평화로워야 할 가정생활이 고통과 공포로 이어지는 경우가 적지 않다. 이런 가정폭력은 폭력의 주체와 대상이 가족이라는 이유 때문에, 일반 사회폭력보다 계속적 · 반복적 · 상습적 · 은폐적일 수 있다. 따라서 가정폭력 피해자의 고통은 훨씬 커진다.

가정폭력은 시간이 갈수록 그 정도가 점점 심해지며, 지속적인 폭력으로 신체적 손상은 물론이고 외상 후 스트레스 장애 등 정신질환을 앓게 된다. 이런 경우, 폭력의 피해자인 여성 대부분은 사회관계에서도 고립된다. 그 결과, 폭력 남편들은 더욱더 아내에게 공포 분위기를 조성하고, 다른 사람들과의 교류나 사회적 활동을 못하게 한다. 그리고 다른 남자와의 관계를 의심하고 아내가 폭력을 사용하게끔 만들었기 때문이라면서, 폭력 사용의 원인을 아내 탓으로 돌리기도 한다. 또한 폭력적인 가정에서 성장한 아이들은 폭력을 행사하는 것을 쉽게 받아들이게 된다. 결국, 가정폭력은 사회폭력을 조장하는 원인의 하나가 되고 있다(박영수, 2016).

4. 가정폭력의 현황

1) 유형별 폭력 현황

한국여성의 전화가 2020년에 진행한 피해 유형별 상담 건수는 [표 6-1]과 같다.

[표 6-1] 피해 유형별 상담 건수(2020년)

구분	가정폭력 피해	성폭력(성매매 포함) 피해	데이트폭력 피해	스토킹 피해	기타 피해	합계
건수	475	587	182	126	122	1,492
비율(%)*	42.6	51.4	15.9	11.0	10.7	

출처: 한국여성의 전화(2020) 재구성.
* 초기상담 1,143건 중 가정폭력 · 성폭력 · 데이트폭력 · 스토킹 · 기타가 차지하는 비율(중복응답).

그리고 초기 상담 1,143건을 피해유형별로 중복 집계하였을 때, 가정폭력을 주로 호소한 상담은 42.6%(475건)이었다. 눈에 띄는 점은, 여성들이 겪는 폭력이 '가정폭력, 성폭력, 데이트폭력, 스토킹'의 한 유형으로 국한되지 않고 다층적 · 복합적으로 발생하였다는 점이다. 가정폭력에서 성폭력을 동반한 사례는 16%, 스토킹을 동반한 사례는 6.3%였다. 또한 데이트폭력에서 성폭력이 있는 경우는 53.3%, 스토킹이 함께 발생한 사례는 38.1%였다(손문숙, 2021).

2) 노인학대 현황

보건복지부의 노인학대 현황보고서에서 제시된 노인학대 현황은 [표 6-2]와 같다. 2020년 노인학대 전체 사례 건수는 16,973건으로, 2019년 대비 약 5.6% 증가하였다(16,071건에서 16,973건으로).

[표 6-2] 연도별 노인학대 현황 전체 신고접수 건수 및 증감률 (단위: 건, %)

구분	2016년도	2017년도	2018년도	2019년도	2020년도
노인학대 전체 사례	12,009	13,309	15,482	16,071	16,973
노인학대 증감률	-	10.8	16.3	3.8	5.6

출처: 보건복지부(2020) 재구성.

그리고 [표 6-3]에 따르면, 2020년에 노인학대는 2019년 대비해서 약 19.4% 증가하였다(5,243건에서 6,259건으로).

[표 6-3] 노인학대 현황 연도별 신고접수 건수 및 비율 (단위: 건, %)

구분	2016년도	2017년도	2018년도	2019년도	2020년도
노인학대 사례	4,280	4,622	5,188	5,243	6,259
	35.6	34.7	33.5	32.6	36.9
노인학대 증감률	-	8.0	12.2	1.1	19.4

출처: 보건복지부(2020) 재구성.

노인학대의 행위자는 아들이 제일 많았다. 다음으로는 배우자, 기관, 딸의 순이었다. 그리고 가구 형태로 보면, 자녀 동거가구, 노인 부부가구, 노인 독거가구의 순서이었다. 또한 발생 장소를 보면, 가정내 학대, 생활시설, 이용시설, 병원의 순서로 나타났다. 이것은 현대사회에서 노인학대의 주범이 멀리 있는 것이 아니라 노인의 가족과 바로 주위 환경이라는 것을 보여 주고 있다.

한편, 보건복지부는 노인학대 신고앱 '나비새김(노인지킴이)'을 배포 및 홍보하였다. 이 신고앱에서는 직접 증거를 편하고 쉽게 확보할 수 있도록 신고자의 익명성을 보장하였다.

3) 아동학대 현황

보건복지부는 「2020 아동학대 연차보고서」를 통해서 아동학대 현황을 보고하였다. 그 내용을 살펴보면 다음과 같다.

첫째, 2020년의 아동학대 신고접수 총 건수는 42,251건으로, 2019년의 41,389건에 대비하여 2.1% 증가하였다. 이것은 2018년도 대비 6.6% 증가한 것이고, 2019년도 대비 13.7% 증가한 수치이다.

둘째, 2020년 아동학대 사례 총 건수는 30,905건으로, 2019년의 30,045건 대비 2.9% 증가하였다. 피해아동의 성별을 볼 때, 남자아이가 15,815건(51.2%)이고 여자아이가 15,090건(48.8%)이었다.

셋째, 2020년의 학대행위자는 부모가 25,380건으로, 전체의 82.1%를 차지하였다. 전년도 22,700건에 비해 11.8% 증가하였다. 대리양육자는 2,930건(9.5%), 친인척은 1,661건(5.4%)의 순으로 확인되었다.

이러한 아동학대 연차보고서를 통해서, 가정 또는 사회 속에서 실효성 있게 예방정책이 이루어져야 할 것이다. 아동학대 예방을 위해서는, 정확한 아동학대 현황과 아동학대가 어떻게 이루어지는지에 대한 실태를 파악하는 것이 제일 중요할 것이다.

5. 가정폭력에 대한 과제

1) 가정폭력의 예방

우선, 가정폭력이 발생하지 않도록 사전에 예방해야 한다. 이러한 사전 예방은 어릴 때부터 남녀차별의식을 배제하고, 폭력을 용납하거나 미화하는 일을 금지하며, 아동·청소년에 대한 체벌을 정당화하지 말고, 가정폭력의 실상에 대해서 교육함으로써 이루어질 수 있다.

또한 가정폭력에 대한 조기 발견과 조기 대책을 세우는 것이 필요하다. 이러한 사회환경 조성을 위해 주변에서 가정폭력을 조기에 발견하고 신고할 수 있어야 한다. 그리고 가정폭력을 용납하지 않는 분위기를 조성하는 것도 중요하다.

가정폭력에 대한 조기 발견과 조기 대책 이후에 재발 방지 및 재활을 도모하는 것이 필요하다. 이를 성공적으로 수행하기 위해서는, 남편에 대해 계속적으로 치료하고 폭력 재발에 대한 방지책으로 법적 감시 기능을 강화하는 것이 필요하다(김광일, 1997; 홍창희, 1997).

2) 가정폭력의 재발 방지

건강한 자기(self)를 형성하는 것은 가정폭력의 재발을 방지하는 데 도움을 준다. 가정폭력 피해 여성의 건강한 자기 형성을 통한 피해 문제의 해소가 간과되어서는 안 된다. 건강한 자기의 형성은 그만큼 적응력을 높이지만, 그렇지 못할 경우에는 부적응의 현상을 초래한다. 이런 적응의 문제를 고려하면, 피해 여성의 자기 형성은 사회생활 적응의 문제와도 상당한 관련이 있을 수 있다. 그러나 건강하지 못한 자기를 가질 경우, 스스로 독립적이거나 어느 단체 등에 소속되는 것이 불가능하게 된다. 그러므로 건강한 자기 형성을 통해서 재발 방지를 할 필요가 있다.

그리고 신체의 스킨십(안아 주기 등)을 통해 정서적 문제를 해소하는 것 역시 가정폭력의 재발을 방지하는 데 도움을 준다. 신체의 스킨십은 가정폭력 피해 여성의 정서적 문제를 해결하는 데 있어서 매우 긍정적이다. 이것은 개인에게 정신적인 에너지를 발생시키기 때문이다. 즉, 가정폭력 피해 상황에 있는 피해 여성들은 지속적으로 신체의 스킨십(안아 주기)을 통해서 일정한 긍정적 정신 에너지를 쌓아 갈 수 있다. 이런 긍정적 정신 에너지의 축적은 사회에 대한 대응력과 적응력을 강화시키면서 가정폭력에 대한 재발방지를 할 수 있을 것이다.

한편, 대상의 경험을 통해 우울증을 해소하는 것도 가정폭력의 재발을 방지하는 데 도움을 준다. 대상의 경험은 가정폭력 피해 여성의 우울증 해소와도 관련이 있다. 대상의 경험은 가정폭력 피해 여성에게 긍정적인 정신 에너지를 제공하여, 결과적으로는 우울증 해소가 가능하기 때문이다. 현대사회에서 우울증의 문제는 점차로 증가하는 추세이다. 더욱이 가정폭력과 관련한 피해 여성의 우울증은 더 심각 해지고 있다. 그러므로 피해 여성을 이해, 격려하고, 위로, 배려하는 사회적 구조가 되어야 가정폭력에 대한 재발 방지가 가능할 것이다(이명순, 2016).

Family and Gender | chapter

07

젠더와 건강

1. 건강의 개념 및 여성 생애주기별 건강 상태
2. 여성의 정신적 건강 문제
3. 젠더와 건강상의 문제

젠더와 건강

1. 건강의 개념 및 여성 생애주기별 건강 상태

1) 건강의 개념

세계보건기구(WHO)는 건강은 신체적으로 질병이 없거나 허약하지 않을 뿐만 아니라 신체적, 정신적, 사회적으로 완전히 평안한 상태라고 하였다. 그러므로 건강은 삶의 질 향상과 개인의 잠재적 능력을 키우고 신체적, 정신적, 사회적 건강 요소가 균형을 이루기 위해 필요하다(방정균, 2006). 건강의 개념을 신체적, 정신적, 사회적 건강으로 나누어서 설명하면 다음과 같다.

(1) 신체적 건강

신체적 건강은 대개 운동 습관, 영양 섭취 습관, 개인적 욕구, 스트레스 대처방안과 같이 인간이 추구하는 활동과 태도에 의해 영향을 받는다. 인간은 어느 환경에서도 적응할 수 있는 가공할 만한 능력을 보유한 종족이지만, 신체적인 건강 균형이 무너졌을 때는 나약하기만 한 존재이기도 하다. 과거의 건강관리는 만성질환이나 증상에 대해 소홀히 하였으며, 질병에 대한 원인보다는 결과에만 관심을 두었다.

그러나 새로운 건강관리에서는 건강증진을 위해 사람들로 하여금 생활양식을 변화시키고 개인의 만성적이고 무기력한 상태를 감소시키거나 예방하기 위한 방법을 찾고 있다. 그리고 여성의 행동은 건강을 지키는 중요한 요소이므로, 생동감 있게 보다 나은 생활을 영위하기 위해서는 알맞은 신체적 건강관리가 필요하다. 이를 위해서는 식이 습관을 유지하고, 적절한 운동 프로그램에 참가하며, 효율적인 스트레스 관리 방법 및 규칙적인 건강검진을 받는 것이 필요하다(대한임상건강증진학회, 2021).

(2) 정신적 건강

정신적 건강에 대한 고전적 정의는 정신적 질환이 없는 상태를 말한다. 즉, 우울, 불안장애증, 알코올 남용 등과 같은 다양한 정신적 장애를 경험하게 되면서 정신적으로 건강하지 않은 상태를 말한다. 반면에 근심, 걱정, 병, 재앙 따위에 걸려서 걱정하지 않는 사람은 정신적으로 건강한 사람이라는 것이 정신적 건강에 대한 전통적인 견해이다(김현정 · 고영건, 2016).

(3) 사회적 건강

사회적 건강은 사회관계가 원만하고 사회적 활동이 활발한 상태로 정의할 수 있다. 그리고 여성의 사회적 건강은 가족, 친구, 이웃, 기타 사람들에 의해 제공되는 여러 형태의 도움과 원조를 말한다.

여성은 사회적 지위와 역할이 감소하거나 상실되면서 사회적 활동이 위축된다. 따라서 이런 여성은 가족과 주변 친구들을 사회적 건강 부분에서 중요한 지지체계로 인식하게 된다(김성아, 2010).

이렇게 사회적 건강이 좋을 때는 건강에 대한 불안은 감소하고 성공적 건강을 증가시킬 수 있다. 따라서 가족과 친구 등의 건강한 지지는 여성의 건강을 완화시키는 요인이 된다(이정화, 2006; Kim, 2010; Kim & Park, 2015).

2) 건강에 미치는 영향 요인

근로자 여성과 결혼이주여성의 건강에 미치는 영향 요인을 살펴보면 다음과 같다.

(1) 근로자 여성의 건강에 미치는 영향 요인

현대사회의 여성은 기본적으로 직장에서는 근로자로서의 역할을 하고 가정에서는 어머니와 부인으로서의 역할을 함께 수행하는 경우가 많다. 따라서 여전히 남성에 비해 여성들이 다소 불리한 측면이 존재한다(임신예, 1999).

대다수의 근로자 여성은 생물학적인 차이에 기인한 신체적 부담과 함께, 육아와 가사노동 등 일반적으로 여성에게 요구되는 사회적 부담까지 함께 안고 일하게 된다. 이러한 부담이 지속적으로 가중되면, 근로자 여성에게 건강 문제가 발생하게 된다. 이는 여성이 모성 역할을 수행하는 데 부정적인 영향을 미칠 수 있고, 또한 근로능률 저하로 인해 조직의 업무성과에도 부정적인 영향을 미칠 수 있다(김숙 · 윤순녕, 1999; 정유림 · 정성화 · 한삼성, 2018).

근로자 여성의 건강 문제를 단순히 한 개인으로서의 문제로 국한하여 접근하는 것은 적절하지 않다. 왜냐하면 근로자 여성의 건강이 한 가정과 사회, 넓게는 한 국가의 경제에까지 간접적으로 영향을 미칠 수 있기 때문이다. 이러한 중요성에도 불구하고, 일반적으로 여성은 남성보다 육체적 · 정신적으로 덜 힘든 노동을 한다는 일종의 편견 때문에 근로자 여성들의 건강 문제는 다소 소홀하게 다루어져 온 경향이 있다(김현주, 2015).

일선 관리자들이 근로자 여성의 건강을 위해 유의할 점을 몇 가지 살펴보면 다음과 같다(김경자 · 서슬기 · 김양균, 2020; 김준기 · 양지숙, 2012).

첫째, 여성은 근로자라는 하나의 독립적인 경제주체로서 활동함에 있어, 가사 및 육아 부담이라는 현실적 제약에 직면하게 된다. 일선 관리자들은 이러한 부담이 근로자 여성의 건강상 문제로까지 연결될 수 있다는 것을 충분히 인식하여야 할 필요성이 있다.

둘째, 근로자 여성의 유연한 근무 시간 및 근무 환경 조성은 직무만족뿐만 아니라 조직의 성과에도 긍정적인 영향을 준다. 따라서 일선 관리자들은 증가하는 여성 인력을 효율적·효과적으로 활용하고, 그들의 건강증진을 위하여 근로자 여성들에 대한 근무 형태 또는 근무 시간을 유연하게 조정하고, 직장 내 별도의 보육시설을 설치하는 등의 노력을 기울일 필요가 있다.

셋째, 근로자 여성에 대한 혜택 부여는 고용주들의 부담이 될 수 있다. 그러나 일선 관리자들은 근로자 여성에게 복지 혜택을 제공하는 데 관여할 필요가 있다.

정부는 근로자 여성들을 위한 실질적 대안을 개발함과 더불어, 이미 존재하는 관련 제도의 존재를 적극적으로 기업 관리자들에게 홍보하려는 노력이 필요하다. 기존 제도의 적극적 홍보는 일선 관리자들의 부담을 낮추고 근로자 여성들의 복리를 증진하는 데 긍정적으로 기여하게 된다.

(2) 결혼이주여성의 건강에 미치는 영향 요인

결혼이주여성은 보건의료 환경이 열악한 국가 출신이 많다. 그리고 결혼과 동시에 한국 생활에 적응하기 전에 임신, 분만, 산욕(産褥) 기간을 거치면서 다양한 건강 문제를 겪을 위험성이 높다. 또한 문화적응 문제, 고립, 사회적 지지의 부족, 부부 갈등, 배우자 가족과의 갈등, 자녀양육의 어려움, 경제적 어려움 등의 건강 위험요인을 가지고 있다(Kim, 2013).

우리나라에 유입되는 결혼이주가 급속히 증가한 지 30여 년이 경과한 현 시점은, 결혼이주여성의 연령 상승으로 만성질환 위험의 증가, 자녀의 성장, 배우자의 고령화로 이어지는 역동적인 변환기를 맞이하고 있다. 그러나 우리나라의 결혼이주여성을 위한 건강정책은 주로 이주 초기 및 자녀 출산양육에 초점이 맞추어져 있다. 그러므로 국내 결혼이주여성의 변화에 맞추어 적절한 건강지원 정책을 수립하는 것은 건강 형평성 제고 및 장래의 질병 부담에 대처하기 위한 중요한 과제이다. 이를 위해서, 결혼이주여성의 건강실태를 파악함으로써 결혼이주여성의 건강에 미치는 영향 요인을 다차원적인 관점에서 다루어야 한다(채덕희・강경화, 2021; Kim, 2013).

그리고 결혼이주여성의 건강을 위해서는 한국생활 정착과 적응, 출산양육을 돕기 위한 정책뿐만 아니라 연령, 체류기간, 출신국가를 고려한 세분화된 건강정책이 필요하다. 특히 중년기 이후 결혼이주여성의 건강이 급속히 악화되는 것을 예방하기 위해, 보건소, 다문화가족지원센터, 정신건강복지센터를 연계한 적절한 공공 정신건강 서비스 제공, 결혼이주여성의 정신건강 문제에 대한 인식 개선 활동 등을 포함한 정신건강 지원 대책을 마련해야 한다.

또한, 의료기관 이용 접근성을 높이기 위하여, 결혼이주여성의 건강정보 이해 및 활용 능력 제고와 보건의료인 및 의료기관의 문화 역량 제고가 필요하다. 또한 간호사는 결혼이주여성을 대상으로 생애주기에 따른 특성뿐만 아니라 이주민으로서의 특성을 고려하여 요구에 부응하는 건강관리 프로그램 및 간호를 제공하여야 한다(채덕희・강경화, 2021).

3) 여성 생애주기별 건강 상태

2009년에 WHO에서 발표한 여성과 건강이라는 보고서에서는 여성건강에 대한 정의를 내리지 않았다. 하지만 이 보고서에서는 인생과정 접근법(life-process approach)을 이용하여 여성 청소년건강과 생식건강, 성인 여성건강, 노인 여성의 건강을 다루면서 여성 생애주기별로 여성건강이란 성건강과 생식건강의 문제 이상이라는 입장을 고수하였다(차지영, 2013).

(1) 여성 청소년건강과 생식건강

여성 생애주기별 건강에서, 청소년 시기의 여성건강과 생식건강에 대하여 살펴보면 다음과 같다(서경, 2016).

① 여성 청소년건강

2015년 9월 27일에 박근혜 대통령은 유엔 개발정상회의 기조연설에서 한국은 가장 취약한 상황에 처해 있는 개도국 소녀들을 위해 보건 · 교육 ODA(최근 공적개발지원: Official Development Assistance) 사업인 '소녀들의 보다 나은 삶' 구상을 공식 출범하겠다고 하였다. 이에 따라서 KOICA(한국국제협력단)는 중장기전략(SDG KOICA)에서 5대 브랜드 프로그램 중 하나로 '소녀들의 보다 나은 삶(Better Life for Girls)'을 제안하였다.

그리고 개발도상국의 조혼 및 여성의 높은 출산력은 국가의 급격한 피부양 인구의 증가를 유발함으로써, 경제성장의 저해 요인으로 작용하였다. 한국의 경우, 적절한 경제개발 계획과 동시에 국가 차원의 강력한 가족 계획 정책을 도입하였다. 한국은 노동인구를 증가시키면서 피부양 인구를 감소시킨 인구학적 배당(demographic dividend) 효과로 경제성장의 견인차 역할을 경험한 국가에 속한다. 따라서 한국이 주도하는 BLG(Better Life for Girls) 구상은 국가의 미래 경제성장을 촉진시킬 수 있는 인구학적 배당 효과를 유도함으로써, 궁극적으로 협력국의 빈곤을 퇴치하는 효과적이고 지속가능한 접근 방법이 될 수 있다.

② 여성 청소년의 생식건강

개발도상국 인구의 20% 이상을 차지하고 있는 여성청소년 집단은 개발도상국 사회에서 건강(보건), 교육, 빈곤, 인권 등에서 가장 취약한 집단이다. 이런 개발도상국 여성청소년의 생식건강 문제는 크게 여성청소년 임신 및 출산, 불안전 임신중절(unsafe abortion), 여성폭력, HIV(인간 면역결핍 바이러스: Human Immunodeficiency

Virus)/AIDS를 포함한 성매개질환, 유해한 관습(harmful traditional practices), 영양장애, 사고 등이다. 이러한 생식건강 문제는 여성 청소년의 보다 나은 삶을 성취하기 위하여 해결해야 할 가장 핵심적인 문제이다.

여성 청소년의 임신은 고위험 임신의 하나로서, 모성과 신생아의 사망 및 질병 부담을 증가시키는 요인이다. 나아가 개발도상국의 여성 청소년은 10대에 조혼 및 출산으로 교육이 중단된다. 이것은 개인의 사회경제적 역량을 강화할 기회를 갖지 못하게 하는 요인이 되는 동시에, 계속되는 출산 및 육아의 부담으로 빈곤의 덫에서 빠져나올 수 없게 만드는 요인이 되고 있다.

이러한 상황에서, WHO는 2011년에 보건학적 측면에서 여성 청소년의 생식건강을 위해 임신을 예방하기 위한 여섯 개 지침을 다음과 같이 제시하였다.

첫째, 18세 미만의 결혼을 감소시킨다.
둘째, 20세 미만의 임신을 감소시킨다.
셋째, 필요한 피임 사용을 증가시킨다.
넷째, 강제 성행위를 감소시킨다.
다섯째, 불안전한 임신중절을 감소시킨다.
여섯째, 임신, 분만, 산후관리를 증가시킨다.

이렇게 여성 청소년의 생식건강 서비스를 위하여 청소년 친화적 서비스(youth-friendly service)를 제공하는 것이 필요하다. 이런 청소년 친화적 서비스가 잘 운영되기 위해서는, 전반적인 성 및 생식건강 내용을 포함하되 프라이버시를 존중하고 상담하는 기능이 강조되면서 무엇보다도 필요한 적절한 의료적·법적 후송 서비스체계를 마련하여야 한다.

(2) 성인 여성건강

현대사회의 의료체계적 접근성의 어려움으로 주목받지 못하는 성인 여성건강 문제, 과도한 약물 사용과 출산의 의료화, 낮은 모유 수유율에 대하여 살펴보면 다음과 같다(이은주, 2001).

① 의료체계적 접근성의 어려움과 주목받지 못하는 건강 문제들

현대사회의 성인 여성건강과 관련하여 의료적인 체계는 주로 산과와 부인과 중심으로 구성되어 있다. 더구나 예방관리가 부족한 현 체계에서는 재정적인 문제로 인하여 여성들의 건강 증후가 급성화되기 전까지는 도움을 제공하지 못하고 있다. 그 결과, 현대사회 성인 여성의 건강이 위험해지고 있다.

빈곤층 여성의 경우에는 불균형한 영양 섭취, 주거와 열악한 주변 환경, 예방적 건강관리의 부족으로 인하여 불안과 우울을 동반한다. 그리고 이런 증세는 정서적 장애와 고혈압 등의 신체 기능장애로 연결된다. 이런 상황에서는 의료체계 접근성의 어려움으로 건강관리를 제공받을 수 없는 경우가 많다.

그리고 취약계층 여성의 외래 이용도는 전체적으로 볼 때 낮지 않다. 하지만 의료기관 유형별로 보면 소득수준이 낮고 농어촌에 거주하는 여성들은 종합병원 등과 같은 상급의료기관 이용이 한정될 수 있다. 이런 경우, 성인 여성들은 그 지역에 있는 보건소를 쉽고 편하게 많이 이용하게 된다.

성인 여성건강의 경우, 여성 특유의 건강 문제 중 하나로 생리통과 함께 생리증후군이 있다. 이 때문에, 생리 시작과 폐경에 이르기까지 약 40여 년간 많은 성인 여성은 진통제를 습관적으로 복용한다. 이로 인한 증상은 개인차에 따라서 다르지만, 생리 중인 여성 약 10%는 최소한 월 평균 1~2일 정도는 평상시와 같은 행동이 어렵다. 이러한 사실은 사회생활과 노동현장 그리고 의료현장에서도 종종 무시된다.

② 과도한 약물 사용, 출산의 의료화, 낮은 모유 수유율

성인 여성은 구강 피임제와 에스트로겐, 진통제 등 남성보다 더 많은 약물을 소비하도록 권장되고 있다. 이러한 방법들은 성인 여성들이 계속적으로 이런 약물에 의존하도록 함으로써 약물남용의 발생을 높이게 된다.

우리나라 병원에서의 분만율은 1975년에는 57.2%였다. 그리고 1997년 이후에는 99%가 거의 병원에서 분만이 이루어지고 있다. 대부분 병원에서는 초음파술과 전자 태아 감시기 등을 통해서 여러 가지의 복잡한 기술을 거의 보편적으로 이용하고 있다. 또한 자궁절제 수술은 여성들에게 가장 흔하게 행해지는 수술이다. 반면에 병원에서의 분만율이 높아지면서, 모유 수유율은 14%로 세계 최저수준에 도달해 있다.

우리나라는 예로부터 뿌리 깊은 남아선호사상으로 인하여 여성은 출생 이후부터 노인이 될 때까지 성폭력과 가정폭력의 위협에 노출되었다. 그리고 취업과 결혼을 위해서 날씬해야만 하였고, 예뻐지기 위해서 굶거나 성형이라는 수술을 감수해야 했다. 또 여성들은 남성보다 더 오래 살면서 더 오래 병마로부터 고통을 받는다. 따라서 단지 건강이 아닌 여성 건강이라는 관점에서, 우리나라 성인 여성들의 삶에 근거한 상호보완된 정책이 필요하다.

(3) 노인 여성건강

현대사회의 노인 여성에 대한 건강을 살펴보면 다음과 같다(송민선 · 이은주 · 양남영, 2021; Kim, 2020; KOSIS, 2020; Korea Centers for Disease Control & Prevention, 2017; Jang et al., 2016; Choi & Han, 2020; Lee, Yang, & Woo, 2018; Ministry of Health and Welfare & Korea Health Promotion Institute, 2020).

첫째, 현대사회의 노인 여성은 노인 남성에 비해서 불리한 신체적 조건에 놓여 있다고 볼 수 있다. 그리고 경제활동 측면에서 볼 때, 전업주부로 살아왔던 기간이 길었기 때문에 경제적으로 독립할 수 있는 가능성이 낮다는 점에서, 노인 여성은 노인 남성에 비해 더 큰 경제적 어려움에 처할 가능성이 있다. 또한 기대 수명도 여성은 86.3세이고 남성은 80.3세로서, 여성이 길다. 이렇게 노인 여성은 노인 남성에 비해 평균수명이 길어서 사별 이후에도 배우자의 부재로 인하여 주관적인 삶의 질을 낮게 인식하고 정신적으로도 불리하게 된다.

둘째, 노인 여성의 근육량 유지를 위해서는 규칙적인 운동이 필요하다. 하지만 노인 여성은 유산소 신체활동과 근력운동 실천율이 노인 남성에 비해서 낮은 수준이다. 그리고 노인 여성의 경우에는 폐경으로 인하여 호르몬의 변화가 생기게 되면서, 신체적으로나 정신적으로 건강에 대한 위협을 받게 된다. 예를 들어, 실제 근육량이 5.2 kg/m^2 이하로 근감소증이 발생하면서, 건강이 나빠지는 확률이 2.2배나 증가한다. 따라서 노인 여성이 건강한 삶을 도모하기 위해서는, 균형 능력과 더불어 장애나 상해를 예방하기 위한 기능 체력을 향상시킬 필요가 있다. 그리고 정신적으로는 삶의 질에 대한 감소를 방지하는 데 도움을 줄 필요가 있다.

셋째, 국내에서는 2007년도부터 사회, 문화, 경제적 건강 취약 계층(노인 여성 포함)의 건강관리를 위해서, 지자체별로 보건소에서 방문건강관리 사업을 운영하고 있다. 방문건강관리 사업은 건강 형평성 제고와 취약계층 건강수명 연장방문 건강관리 사업에 도움을 주고 있다. 방문건강관리 사업의 경우, 취약계층의 건강에 대한 인식 제고, 자기건강 관리에 대한 능력 향상, 건강상태 유지 및 개선을 목적으로 노인 여성의 건강문제를 포괄적・적극적으로 파악하여 건강관리서비스를 제공 및 연계하고 있다.

그러므로 초고령사회에 대비하기 위해서는, 노인 여성건강에 대한 생애주기별 예방 차원에서 건강생활실천 및 질병 예방에 대한 프로그램을 제공할 필요가 있다. 그리고 취약한 노인 여성 인구 집단의 건강증진을 도모하기 위해, 사망률 및 입원율 감소 등의 건강수준 향상, 옷 입기, 목욕 등 일상생활 활동수준 개선, 건강에 관련된 삶의 질 증가 등에 대하여 지역사회를 통해 건강 행태 및 건강관리를 개선할 필요가 있다(Lee et al., 2018; MHW & KHPI, 2020).

2. 여성의 정신적 건강 문제

현대사회의 많은 여성은 스트레스와 우울 등의 정신적 건강의 문제를 해결하기 위해서 자기계발서를 탐독하고, 강연을 듣고, 인터넷을 검색하고 있다. 여성의 정신적 건강 문제 중에서 대표적인 몇 가지를 알아보면 다음과 같다.

1) 우울증

2012년의 지역사회건강조사에서 서울시민의 우울증 경험률을 살펴보면, 모든 연령층에서 젠더 격차가 발생하였다. 청년기 여성의 우울증의 경험률은 같은 연령대 남성과 비교해서도 가장 큰 격차(5.1%p)가 나타났다. 그리고 2012년의 국민건강영양조사에서도 노년기 여성의 우울증 경험률은 60대에서는 18.4%였고, 70대 이상에서는 22.3%로서 연령이 높아질수록 높게 나타났다.

우울증의 경우, 청년기 여성들은 가족관계를 비롯하여 친밀한 관계에서 어려움을 겪기 때문에, 취업과 결혼 등에 대한 생애 전망이 어려워지고 있는 것으로 나타났다. 또한 청년 여성들의 정신건강 문제에서 우울증은 위험한 요소로 작용하고 있는 것으로 나타났다. 종교 및 고향 모임 등 사회적 관계망이 활발하게 작동하거나 사회복지사와 긴밀한 관계를 맺을 경우, 우울증은 감소할 수 있다(이성형 · 송은이, 2014).

2) 불안장애

불안은 인간이 낯선 환경에 적응하려고 할 때 나타나는 가장 기본적인 반응이다. 통상적으로는 '마음이 편하지 않고 조마조마한 상태'를 '불안'이라고 한다. 하지만 정신의학에서 '불안'은 '근원이 확실하지 않은 큰 위험이 닥쳐올 것 같은 예감 때문에 생기는 걱정, 긴장, 불편함'을 의미한다. 정상인들도 위험이나 고통을 예상할 때 불안감을 느낀다. '불안장애'는 이러한 불안이 병적으로 과도하게 나타나는 경우를 말한다. 그리고 사회불안장애는 다른 사람들로부터 평가받는 사회적 상황에 대한 과도한 불안과 공포를 말한다(김청송, 2016; 유상희, 2017).

현시대를 불안의 시대라고 말하기도 한다. 지속적인 경제발전에도 불구하고, 오늘날의 인간은 여전히 의식주에 대해 걱정하고 불안해한다. 청소년과 그 부모는 자녀가 학교에 잘 적응할지, 왕따를 당하지 않을지, 성적을 잘 받고 대학에 갈 수 있을지, 취업과 결혼은 할 수 있을지 등에 대해 걱정한다.

20~30대에서 퍼져 있었던 3포 세대(연애, 결혼, 출산을 포기하는 세대)라는 표현은, 이제는 대인관계와 집까지도 포기한다는 5포 세대, 무한한 포기를 해야 한다는 n포 세대라는 표현으로 확장되었다. 그리고 이는 더 이상 20~30대만의 표현이 아니다. 이러한 현상은 이 시대를 살아가는 이들에게 삶의 희망이나 꿈보다는 절망과 무기력감 등이 더 많음을 말해 주며, 삶의 매 순간 무엇인가를 걱정하고 염려하는 불안이 생애과정 전반에 확산되고 있음을 보여 준다.

이러한 불안을 경험할 때, 개인과 집단은 불안에 대처하기 위한 방법을 찾게 된다. 그러나 이에 대해 적절히 대처하지 못하고 불안이 가중되고 지속될 때, 불안장애에 해당하는 증상들을 보이기도 한다(김희경, 2013).

한국 사회는 오랫동안 불안한 사회, 경제, 정치적 국면을 경험했다. 500년 역사를 언급하지 않더라도, 동시대를 살아가는 세대들은 전쟁과 군사정권, IMF와 지속적 경제위기, 정치적 혼란과 분열 등의 불안정성을 지속적으로 경험했다. 지역감정, 성차별, 전쟁 위기 등 사회문화적 위기는 여전히 지속되고 있다. 이러한 사회문화적 위기 속에서 한국인들은 오랫동안 불안의 시대를 경험하고 있다. 불안한 삶에서 벗어나기 위해 목표 지향적이고 성공 지향적인 삶을 추구한 탓에 짧은 기간 동안 급진적 경제성장을 이루었지만, 여전히 불안을 느끼고 있다(유상희, 2017).

3) 알코올 사용 장애

한국 사회에서 알코올에 따른 폐해가 큰 사회문제로 대두된 지는 오래이다. 가장 대표적으로는 알코올에 따른 신체적 건강 문제를 들 수 있다. 보건복지부에서 2016년에 알코올 사용 장애를 조사한 바에 따르면, 국내 알코올 사용 장애자의 평생 유병률은 여성이 6.4%이고 남성이 18.1%였다. 이것은 전체 12.2%로, 남성 다섯 명 중 한 명은 알코올 사용 장애를 경험한 적이 있는 것으로 나타났다. 그리고 남성이 여성에 비해서 2.8배 높았다. 또한 알코올 사용 장애 환자 수는 139만 명 이상으로 추정되었다. 이 중에서 여성이 2.1%이고 남성은 5.0%로서, 남성이 여성보다 약 2.4배 높았다. 일본이 1.6%, 호주가 2.9%, 프랑스가 0.5%, 벨기에가 1.7%인 점과 비교해 볼 때, 한국의 유병률은 다른 국가들에 비해 높은 수준임을 알 수 있다(보건복지부, 2016; 강경화, 2018).

알코올중독자들에 관한 연구에 따르면, 여성들의 삶에서 높은 비중을 차지하고 있는 학대와 외상(trauma) 경험이 여성들의 역량 위축을 초래하고 알코올중독까지 유발할 수 있다. 그리고 알코올중독은 남성의 문제로 인식되었지만, 최근에 와서는 여성 알코올중독 문제에 관심이 높아지고 있다. 이것은 여성이 술을 마시는 것을 부정적으로 보지 않는 사회적 분위기와 여성의 사회참여 확대로 여성 음주자가 증가했기 때문이다. 그러나 여성 알코올중독자는 남성보다 신체적으로 알코올에 훨씬 높은 민감성을 갖는다. 그러므로 짧은 기간의 음주에도 여성은 남성과 달리 급속하게 신체적 손상을 입게 된다(우재희, 2013; 홍미연·조미경, 2016; 홍미연, 2017).

여성 알코올중독자에 대한 연구에 따르면, 여성 알코올중독의 문제는 심리적 단절로 인한 상처보다는 소외로 인한 고통 회피의 음주에서 비롯되었다. 그리고 알코올중독자의 회복 경험은 자조모임(Alcoholics Anonymous: A.A)을 통해 영적으로 성숙해지는 기회를 제공하였다. 또한 여성 알코올중독자의 중독과정에는 어릴 적의 심리적 상처 경험, 가족과의 갈등, 타인과의 물리·심리적 교류 단절, 경제적 어려움 등이 작용하였다(신영주, 2008; 천덕희, 2010; 김혜자, 2015).

최근 우리나라에서는 코로나 블루를 넘어 코로나 레드라는 신조어가 등장하였다. 이는 코로나19의 장기화로 인해 우울한 감정이 분노로 확산되는 현상을 보여 주고 있다. 특히 다른 연령대에 비해 20대와 30대가 우울, 불안, 스트레스 등 심리・정서적 고통을 더 많이 느끼고 있다(Ministry of Health and Welfare & Korean Society for Traumatic Studies, 2020; Kim, 2021). 또한 코로나19 이후 20대와 30대의 고위험 음주 비율은 각각 66.9%와 70%로, 예전보다 증가한 것으로 조사되었다(Ministry of Food and Drug Safety, 2020). 이러한 고위험 음주는 자동차 사고, 자살, 정신건강 악화, 원치 않는 성 행동 및 상해 등의 다양한 문제를 발생시키면서, 알코올 사용 장애를 유발할 가능성이 크다(Dawson, 2011).

3. 젠더와 건강상의 문제

1995년에 북경에서 열린 제4차 세계여성대회는 여성에 대한 폭력과 여성의 인권 등을 포함하는 의료보호에서의 불평등 개선을 향후 각국의 여성발전의 주요 12개 관심 분야의 하나로 채택하였다. 하지만 국내 여성건강 정책은 아직도 여성의 건강을 가임기라는 특정 시기에 국한시키는 문제점을 극복하지 못하고 있다. 즉, 여성 자신의 건강 문제가 다루어지는 것이 아니라, 이른바 모자보건의 영역에서 재생산의 수단으로서 여성의 몸에 초점을 맞추고 있다. 여성 자신의 건강 문제에 대한 전인적인 접근을 위해서는, 가임기의 건강 문제처럼 여성의 생애주기에 따른 특수한 건강 문제와 함께 여성의 전 생애를 관통하는 다양한 건강 결정요인에 대한 관심이 필요하다. 특히 노동환경은 거의 모든 여성이 일생에 걸쳐 노출되는 건강위험 요인에 해당되고 있다. 따라서 노동환경은 중요하게 관심을 가져야 할 영역에 속하고 있다.

그리고 여성의 경제활동 참여가 늘어나고 있지만, 여성은 남성보다 덜 유해한 작업을 수행한다는 편견이 확고하게 자리 잡고 있다. 이는 여성의 건강을 소홀하게 하는 결과를 초래하고 있다. 노동의 성별 분업은 전 세계에서 공통적으로 나타나는 현상 중 하나이다. 여성은 대개 사무, 서비스, 판매직에 집중되어 있으며, 같은 직업군 내에서도 여성이 종사하는 직업 분포가 남성과는 매우 다른 것을 확인할 수 있다. 이를테면, 보건의료전문가로 분류된 직업군 내에서도 여성은 간호직에 편중되어 있으며, 사무직 내에서는 보조나 지원 업무에 주로 종사하고 있다. 또한 서비스 분야에서는 조리 및 음식 분야를 여성이 주로 맡고 있고, 판매직 분야에서는 방문 및 이동판매를 여성이 주로 맡고 있다. 기능직의 경우도 중공업 쪽은 남성이, 섬유의류 쪽은 여성이 주로 종사하고 있다. 단순노무직에서 여성은 가사 및 청소 업무에 특히 집중되어 있다. 이러한 작업은 반복적이거나 신체 부위의 손상을 가져오기 때문에, 여성은 근골격계질환의 유병률이 남성보다 높다. 하지만 이는 흔히 남성의 작업으로 알려지고 있는 중량물 취급과 관련된 요통만큼 주목받지 못하는 경향이 있다(김현주, 2015).

이제 여성의 건강 문제는 특히 코로나19라는 신종 전염병에 대한 두려움으로 더 커지고 있다. 2020년 1월 20일에 코로나19 첫 확진자가 보고된 이후, 지금까지 코로나 팬데믹 현상은 계속되고 있다. 이러한 사회적 불확실성 속에서 여성의 건강은 가정과 사회, 나아가서는 국가를 지키는 중요한 부분이 될 것이다.

Family and Gender | chapter

08

모성과 돌봄

1. 모성에 대한 논의
2. 가족과 돌봄과 젠더
3. 모성과 돌봄에 대한 새로운 인식을 향하여

Family and Gender | chapter 08

모성과 돌봄

1. 모성에 대한 논의

1) 모성에 대한 논의의 중요성

오늘날 가족을 구성하는 데 모성은 중요한 역할을 담당하고 있다. 인류가 유지될 수 있었던 것은 부모와 자식이라는 인연 속에서 모성이라는 본성을 바탕으로 자식들을 키워 냈기 때문이다. 이처럼 인간은 가족을 통해서 삶을 영위하고 발전해 나가고 있다.

오랫동안 여성은 모성과 자연스러운 관계 속에 위치해 있었으며, '모성(母性)'은 '어머니와 아이의 관계'에서 구성되는 '어머니 됨'의 속성으로 인식되어 왔다. 19세기 이래 어머니가 되는 것은 여성의 중요한 사명으로 찬미되어 왔으며 여성을 정의하는 중요하고 영예로운 것이었다. 어머니와 자녀의 유대는 중요시되었고, 애정적 보살핌, 자기희생, 이타주의라는 특성은 어머니다움의 본질로 정의되었으며, 여성다움의 특성으로 정의되었다. 19세기 이후에는, 여성이 일차적 자녀양육자라는 것을 당연시했을 뿐 아니라 모성의 이상화된 이미지를 도덕적 정화를 위한 기초로 삼았다(심영희 · 정진성 · 윤정로, 1999).

그러나 최근 들어서 모성은 임신, 출산, 수유와 같은 생물학적 요소뿐만 아니라 양육 및 모성 이데올로기라는 사회적 요소까지 포함하는 복합적인 개념이라고 보는 방향으로 나아가고 있다. 과거에는 모성을 생물학적 기능이라는 차원에서만 파악하여 자연스러운 속성 혹은 불가피한 것으로 파악하는 수준에 머무르거나 혹은 아예 논의의 대상으로도 취급하지 않았다. 그러나 모든 생물학적 어머니는 강력한 모성애를 본능적으로 갖는다는 관념은 근대를 통해 구성된 것이라는 주장이 대두되었다. 즉, 여성들의 경험을 통해 볼 때, 어머니 되기 과정은 자연적인 것이 아니라 사회적이고 문화적 과정이라는 것이다(이진옥, 2020; 정현숙 외, 2020).

또한 결혼생활에서 여성의 돌봄은 아주 오랫동안 보이지 않는 노동이었다. 돌봄 노동의 대상은 보통 아동, 고령자, 환자 등인데, 가족원에 대한 돌봄 노동은 여성의 역할이라고 당연시되었다. 이러한 인식의 기초가 되는 '모성 이데올로기'는 개인의 자아실현과 직업적 성취를 통한 독립된 개인, '자유와 평등'이라는 현대 정치 이념과 모순되는 것이다. 따라서 이러한 모성 이데올로기와 이로 인해 야기되는 출산과 관련된 다양한 이슈를 살펴볼 필요가 있다.

2) 모성과 모성 이데올로기의 개념

(1) 모성의 개념

사전에서의 정의에 따르면, 모성(motherhood)은 여성이 어머니로서 갖는 정신적, 육체적 성질 또는 본능을 의미한다(국립국어원 표준국어대사전, 2021). 또한 모성은 여성이 출산과 입양을 통해 아이의 보호자가 되고, 가족과 사회를 구성하는 일원으로 아이가 성장할 수 있도록 책임지고 보살피는 양육과 관련한 자질, 경험 또는 그것을 수행하는 상태 등을 의미한다(두산백과, 2021).

그리고 학자들은 모성은 남녀의 성별 차이뿐만 아니라 성에 대한 이해나 태도, 행동, 규범, 가치관과 관련된 사회문화적 제도가 결합된 개념으로서, 생물학적 성(sex)과 사회적인 성(gender)을 포함하는 광의의 개념으로 보았다. 이 경우에는 모성을 어머니의 정체성(identity), 성성(sexuality), 그리고 어머니 노릇(mothering)이라는 모든 역할 수행을 포괄하는 개념으로 설명한다(류보영, 2020).

이처럼 모성은 일차적으로 생물학적 과정을 통해 만들어지지만, 점차 사회문화적 제도의 구성물로 변화하게 된다. 시대의 흐름에 따라 끊임없이 변화한 모성은 사회문화적인 측면에서 어머니의 역할과 올바른 어머니상에 관한 신념을 만들어 냈다. 좋은 어머니에 대한 신념은 문화적으로 보편적이며 사회적 규범으로 받아들여진다(Brown, Small, & Lumley, 1997). 그래서 모성은 중요하지만, 산업화로 인해 오늘날 시대에서는 때로는 그것이 왜곡되어 자식의 생존은 물론 양육 문제도 야기시키고 있는 것이 현실이다. 모성은 어머니로서 자녀에 대해 당연히 가지는 본능적 성질이다(이보선, 2015; 류보영, 2020).

(2) 모성 이데올로기의 개념

모성 이데올로기란 여성이 있어야 할 자리는 가정이며 가정에서 여성의 역할은 자녀를 돌봄과 동시에 교육하고 가족 구성원에게 심리적 안정을 제공하며 보살피는 데 있다고 보는 이데올로기를 말한다. 모성 이데올로기에 따르면, 가족은 곧 여성의 이해이며, 가장으로서 돈을 버는 아버지, 육아를 담당하는 어머니로 구성된다. 여성의 이런 역할은 남녀의 구별에서 정당화된다. 성별분업에서 서로 다른 역할은 상호보완을 위해 불가피하다는 논리이다. 그러므로 결혼한 여성이라면 취업을 했든 안 했든 가사노동, 자녀의 양육 및 교육, 그리고 결혼에 이르기까지 일차적인 책임을 맡게 된다(심영희 외, 1999; 류보영, 2020).

모성 이데올로기에 대한 개념은 다양하다. 하지만 여성은 임신, 출산, 수유라는 생물학적 과정을 바탕으로 양육자인 어머니로서 책임을 다해야 하며, 자녀에게 정서적 안정을 주어야 한다는 믿음이 공통적이다. 이것은 남성과 여성의 역할을 양극으로 나누고 효율적인 역할 수행을 어렵게 하는 이분법적인 성역할 태도이다(배새롬, 2019).

모성 이데올로기란 여성의 중요한 위치는 어머니로 대표되는 가정이며 가정 내에서 여성의 역할은 가족 구성원을 돌보고 이들에게 심리 정서적 안정을 제공하는 것이라는 사회적 통념으로 설명할 수 있다. 기혼여성의 취업률 상승과 자녀양육의 질에 대한 관심은 현대사회에서 날로 높아지지만, 우리 사회에 뿌리 깊이 박힌 모성 이데올로기 때문에 현대 여성들은 모성과 직업이라는 양 갈래 위에서 끊임없이 망설이게 된다(오유미, 2015; 류보영, 2020).

자녀양육에 관한 집중적인 기대와 신념은 집중적인 모성 이데올로기로 설명할 수 있다. 현대에 들어 여성들의 사회진출이 활발해지지만, 자녀는 어머니의 집중적인 돌봄이 필요하다는 인식은 여전히 당연시되면서 어머니의 역할은 더욱 강조되고 있다. 여성들은 '좋은 어머니'가 되기 위해 자기의 내면과 행동을 사회적으로 제도화된 규범에 맞추도록 노력하는 경우가 많다. 이런 모성에 대한 제도화된 규범을 '모성 이데올로기'라고 볼 수 있다(이보선, 2015; 류보영, 2020).

(3) 보살핌과 모성 윤리

여성윤리학자 길리건(Gilligan)은 여성의 도덕발달에서 인간관계의 보살핌, 애착, 책임을 강조하는 대인지향적 도덕성을 설명하기 위해 여성의 도덕발달 단계를 제시한다. 여성들은 인간관계 속에서 자신을 규정하고 보살핌의 능력을 기준으로 자신을 측정하는 한편, 남성의 발달단계는 독립적이다. 이것은 개인화와 밀접한 관련을 가진다. 길리건은 여성의 도덕적 문제에 대한 단계에서 자신의 생존을 확보하기 위한 보살핌의 단계를 다음과 같이 설명한다(심지은, 2007; 최주원, 2016).

첫째, 선은 인간관계에 있어서 보살핌과 동일시하며 보살핌은 다른 사람을 위한 것이 아니라 자신을 위한 보살핌이다. 첫 단계인 자신만을 위한 보살핌은 이기적이며, 자기비판을 통해서 자신의 자아와 타인에 대한 관심으로 보고, 도덕적 추론 수준을 향한 도약이라고 할 수 있다. 여기서 배려하고 보호하는 여성의 역할에 따라서 여성의 가치가 달라진다.

둘째, 책임감과 자기희생 단계에서 여성은 다른 사람들에 대한 책임을 강조하게 되며, 자기에게 의존하는 사람과 자기보다 열등한 사람들을 보살피고자 하는 모성적 도덕을 선택하고, 선행을 다른 사람을 보살피는 행위로 규정한다. 이 단계에서 여성은 무조건적인 보살핌과 순응을 행위의 원리로 채택하고 자기희생을 도덕적 이상으로 하지만, 다른 사람들 간의 불평등을 야기시키고 여성은 희생과 보살핌을 혼돈하게 된다.

셋째, 자아와 타자의 상호의존 관계이다. 이러한 상호의존 관계로 타자와 자아의 연결에 대한 새로운 이해를 통해서 이기심과 책임감의 대립을 해소한다. 여성은 자신에 대해서도 부당한 착취와 가해를 막아야 한다. 그것은 자신에 대하여 책임감을 가지고 보살피는 것이다. 보살핌의 원리를 도덕 판단의 보편적인 원리로 한다.

문화적 페미니스트는 모성을 중심으로 여성적 정체성을 보살핌의 윤리로 한다. 남성들은 개체화와 독립성을 우선시하지만 여성들은 인간관계 속에서 자신을 규정하는 관계적 관점을 가진다. 여아들은 어머니와의 지속적인 애착관계를 통해 자신의 자아를 형성해 가기 때문에 관계를 지향한다. 성인이 되면 여성은 남성의 생애주기에서 양육자, 보호자, 보조자로서의 역할을 수행하는데, 이러한 여성의 경험은 어린 시절 형성된 여성적 정체감을 강화시킨다. 관계지향성으로 보는 시각에 의하면, 여성의 모성은 협동적, 박애적, 평화적인 생활양식에서 나타난다(이연정 · 배은경, 1999; 최주원, 2016).

(4) 출산과 관련된 젠더 이슈

대부분의 문화권에서는 결혼한 여성의 출산에 대한 압력이 매우 크며, 출산은 개인의 성숙이나 성취와 관련이 있다고 가정한다. 또한 어머니가 된다는 것을 여성의 생애과정에서 '정상적'인 것으로 간주하며, 문화에 따라서는 임신에 대해 의문을 가지지 않을 뿐만 아니라 무자녀가족을 이루는 것이 다양한 삶의 하나라는 점을 인식하지 못하기도 한다.

그리고 출산의 압박은 개인적인 관계망에서뿐만 아니라 취업, 교육, 종교적으로도 영향을 받고 있다. 누가 출산을 결정하는가는 시대에 따라 많은 변화가 있었다. 전통적으로 우리나라에서 조선시대까지는 아들을 못 낳는 것은 칠거지악의 하나로 이혼의 원인이 되었고, 혼인의 이유가 출산을 통한 가문의 계승으로 인식되기도 하였다. 젠더적 관점에서 출산과 관련된 논의를 살펴보면 다음과 같다(김채윤 · 김용화. 2017).

① 자기결정권으로서의 임신 · 출산권의 보장

정부가 저출산 문제 해결을 위해 지역별 가임기 여성의 통계를 공개하는 것은, 결국 가임기임에도 '출산을 하지 않는 여성'에 대한 사회적 비난을 내포하는 동시에 여성을 임신 · 출산의 도구로서 관리하려는 몰성적 태도를 드러낸 것이다. 이처럼 '여성은 아이를 낳아야 한다'는 사회적 인식은 기존 부계주의, 순혈 · 혈통주의 등 가부장제를 통하여 강화되었으며, 이를 통해 여성의 사회적 지위를 가정 내 출산 · 양육자로 한정시킨다. 또한 여성의 임신 · 출산을 도덕적으로 강요하며 남성의 적장자 출산 요구에 따른 정절과 순결 같은 성도덕 관념을 강제하였다(송소민 역, 2016).

② 임신 · 출산권의 의미

임신 · 출산권이란 임신 · 출산과 관련된 여성의 자기결정권이다. 그동안 임신 · 출산권은 국제사회에서 임신 · 출산 과정에서 발생하는 여러 가지 불평등 문제 및 여성의 자율성 회복 등 다양한 권리를 포섭하여 재생산권(reproductive rights) 개념으로 제시되어 왔다(이호용, 2010). 사회학적 개념인 재생산권은 임신 · 출산 및 양육까지 포괄하는 광의의 개념으로, 사회구성 기초단위인 개인을 생물학적으로 재생산(再生産)하는 과정에서 여성 스스로 안전하고 효과적이며 적절한 방법을 결정할 수 있는 권리를 일컫는다. 여기서 재생산 개념이란 성관계, 임신 · 출산 및 양육이라는 인간의 재생산 과정의 모든 생리적 · 경제적 · 사회적 측면을 의미한다(변해철 외, 2015). 임신 · 출산권은 피임, 임신, 임신중단, 출산과 관련된 소극적 · 적극적 권리가 모두 포함되는 자기결정권이다. 여기에는 '원치 않는 임신을 회피할 수 있는 권리'인 피임권, '건강하게 임신하거나 임신을 유지'할 수 있는 임신권, '건강하게 출산할 권리'인 출산권, '출산하지 않을 권리'로서 임신중단권이 포함된다. 이 모든 권리가 보장될 때 비로소 여성의 자기결정권으로서의 임신·출산권이 보장된다(김채윤·김용화, 2017).

③ 임신하지 않을 권리: 피임권

피임권이란 자연적·인공적인 피임방법으로 원치 않는 임신을 예방하거나 임신 자체를 회피할 수 있는 사전적 행위에 대한 결정권을 말한다. 개인의 성적 자기결정권에 따른 성행위는, 당사자가 원하든 원하지 않든 결과적으로 임신 수반 가능성이 있다. 성에 대해 보수적이며 미혼모·미혼부에 대한 편견이 강한 우리나라의 경우, 임신으로 인한 사회적·도덕적 비난은 여성의 인격권과 자율성을 침해한다. 따라서 임신을 할 것인지 아니면 이를 회피할 것인지에 대해서는 성행위 전에 여성 스스로 결정할 수 있도록 보장되어야 한다. 누구나 자신의 신체에서 발생하는 모든 상황에 대하여 자율적인 결정을 할 수 있어야 한다. 또한 여성이 피임을 통해 임신·출산에 대한 통제권을 갖는다는 것은, 여성 자율권 확대라는 의미와 더불어 여성을 단순히 임신·출산의 도구로 여기던 기존의 고정관념을 깨뜨린다는 점에서도 중요하다(장수정, 2005).

④ 임신할 권리: 임신권

자기결정권으로서 임신권은 타인이 그 결정을 강요·침해하거나, 현실적인 장애물로 인하여 실현이 방해되어서는 안 된다. 법원에서 '임신할 권리'를 명확하게 제시한 것은 아니지만, 이와 관련해 대법원은 '한센병 환자들에 대한 강제 단종 수술 및 임신중절시술에 대한 손해배상 사건'에서 다음과 같이 결정하였다(김채윤·김용화, 2017).

첫째, 헌법 제10조와 제12조 제1항은 헌법이념의 핵심인 인간의 존엄과 가치 구현을 위한 가장 기본적인 자유로, 모든 기본권 보장의 전제조건임을 천명하였다. 특히 신체의 자유의 하나로 이해되는 '신체를 훼손당하지 않을 권리'는 그 성질상 생명권과 더불어 인간생존의 기본적 권리이다.

둘째, 헌법 제36조를 통하여 종국적으로 임신·출산과 관련된 권리는 천부인권의 하나로 인간의 존엄과 가치 및 행복추구권에 기인하는 자기결정권이며, 이를 방해 또는 침해하는 행위는신체의 자유에 대한 부당한 침해이자 임신·출산에 대한 국가의 보호 의무를 위반한 것이다.

셋째, 부부가 동거하고 자녀를 갖는 것은 인간본연의 욕구이자 천부적인 권리이기 때문에, 이를 제한하는 것은 합법적 절차에 의하였다 하더라도 이는 결코 좌시될 수 없는 행복추구권의 기본적인 내용을 침해한 것이다.

결국 법원은 국가가 개인이 향유하는 기본적인 천부인권의 하나인 임신·출산권의 본질적인 침해는 허용될 수 없는 것으로, 국가에 의한 강제적인 단종 시술과 임신중절시술에 대해 국가의 배상책임을 인정하였다. 이는 국가의 정책적 판단에 의한 합법적 제한이라 하더라도, 개인의 임신할 권리처럼 인간의 근본적인 영역의 문제에 대한 침해는 허용될 수 없다는 것을 확인한 것이다(김채윤·김용화, 2017).

⑤ 출산할 권리: 출산권

출산권이란 건강하고 안전한 출산을 선택하거나 출산하지 아니할 권리를 포함한다. 먼저, 출산(出産) 또는 분만(分娩)이란 '자궁 내 태아와 태반을 포함한 그 부속물이 만출력에 의해 산도를 통과하여 모체 밖으로 배출되는 현상'이다. 즉, 출산권이란 여성 건강의 변화 및 위험성에 대한 각별한 주의 및 충분하고 안전한 의료서비스하에 출산할 권리와 출산하지 않을 권리를 포함한다. 이에는 여성 스스로 임신을 중단할 수 있는 임신중단권 역시 포함된다(김채윤·김용화, 2017).

과거 참여정부 시대에 저출산과 관련된 논의에서 정부는 '출산에 대한 개인과 가족의 의사결정을 존중하며, 양육 환경 개선을 통한 저출산·고령화에 대응하는 출산율

회복 정책을 추진'했는데, 이는 출산을 여성과 가족, 즉 상대방 배우자의 결정의 시각에서 결국 여성의 자기결정권보다 가족 또는 공동체적 관점을 중시하는 듯한 태도를 보여 준다. 이렇게 여성의 임신 · 출산은 도덕적으로 강제되거나 국가의 인구정책 통제 수단으로 이용되어 왔다(신경아, 2010).

또한 정책적 판단에 따라 여성의 신체를 통제함으로써 여성이 임신 · 출산의 도구가 되는 문제가 나타나고 있다. 출산에 대한 권리는 개인이 언제. 어떤 조건하에서 부모가 될 것인가를 스스로 결정하는 것을 의미한다. 그러나 부모 역할의 어려움 때문만이 아니라, 혼인의 자연스러운 과정 혹은 의무적인 과정이 아니라, 여성의 삶에 대한 선택권 관점에서 출산이 고려되어야 할 것이다.

⑥ 출산하지 않을 권리: 임신중단권

임신중단권이란 건강하고 안전하게 출산하지 않고 임신을 중단할 권리이다. 임신기간 중 임신을 유지하지 않고 출산에 도달하지 아니함을 뜻하는 임신중단(termination of pregnancy)은 주로 태아의 생명권과 임부의 결정권이라는 기본권이 충돌하므로 쟁점이 되어 왔다. 임신은 출산으로 종료되기 때문에, 임신중단은 유일한 출산 전 임신 종료 방법이다. 또한 임신중단은 근대적 피임법이 보편화되기 이전 가장 일반적이며 오래 사용되어 온 출산조절 방법이다. 원치 않는 임신과 출산이 여성에 삶에 미치는 영향을 고려할 때, 여성의 신체적 통합(bodily integrity)성과 자기결정권 보장으로 임신중단 역시 인정해야 한다.

임신중단권을 여성의 고유 인권이자 기본권으로 수용하려는 시도는, 여성 스스로 임신 상태에 대한 유지나 중단을 결정할 수 있게 함으로써 여성의 자율성과 인격적 존중 보장을 가능하게 한다(이희훈, 2014). 이와 같은 임신중단권은 출산 이외 임신을 종료할 수 있는 유일한 방법이므로, 임신 · 출산과 관련된 여성의 기본 인권으로 존중되어야 한다. 이는 안전한 임신중단을 보장함으로써 여성의 건강 보호를 위해서도 필요하다. 아직 자녀를 가지지 않았거나, 자녀를 가진, 혹은 갖기 원치 않는 여성 모두를 '자녀를 가져야만 하는 생물학적 운명'의 관점에서 재단하고 통제하는 것은, 여성에 대한 임신·출산의 도덕적 의무를 강제하고 종속적이고 차별적 지위를 강화하는 것이다(송근화, 2015).

2. 가족과 돌봄과 젠더

돌봄은 생존의 문제이다. 갓 태어난 신생아는 물론이고 질병이나 장애 또는 노화의 과정에서 스스로를 돌보지 못하는 인간은 돌봄에 의존하여 생명을 유지할 수밖에 없다. 우리 모두는 스스로에 대한 돌봄과 가족을 비롯하여 타인에 대한 돌봄의 욕구를 충족시키는 과정에서 일시적이든 항구적이든 돌봄을 필요로 하고, 다양한 형태의 돌봄을 경험한다. 돌봄 대상자이면서 제공자인 각자가 보편적이고 순환적인 관계를 기반으로 서로 의존하는 돌봄 관계의 특성에 대해 학자들은 '인간의 삶에서 가장 본질적인 관계'라고 규정하기도 한다(박세경, 2021).

한국 사회에서 보살핌 노동으로서의 어머니 역할과 가사노동은 선택의 여지없이 여성 삶의 당연한 부분으로 간주되어 왔으며, 따라서 여성의 사회활동은 부정적인 것으로 인식되어 왔다. '남성=가족부양자', '여성=가사전담자'라는 전통적 성별분업체계는 여성의 경제활동에 대한 국가 개입을 최소화하였다. 그리고 여성노동에 대한 정책적 개입은 여성의 필요와 요구에 따라 결정되기보다는 시장경제의 필요에 따라 결정되었다(김미경, 2008).

여성의 경제활동이나 사회활동의 증가에도 육아와 가사노동, 고령 수발과 같은 돌봄 노동은 여전히 여성의 몫으로 남아 있으며, 많은 여성은 비정규직으로 채용되고 있는 현실이다. 또한 여성의 결혼은 여전히 퇴직으로 인식되고 있다. 이러한 사회에서 여성의 결혼 기피와 출산 기피는 현실로 나타나고 있다. 전통적인 핵가족에서 남성의 역할은 도구적인 역할, 여성에게는 표현적인 역할이 기대되어 왔다. 이런 성에 따른 가족에서의 역할 중 여성에게 부과된 가장 중요한 과업 중 하나가 돌봄 노동이다. 자녀 돌봄, 손자녀 돌봄, 노인의 돌봄 노동의 현황과 문제점을 살펴보면 다음과 같다(정현숙 외, 2020; 윤자영, 2018; 이지영, 2021).

1) 돌봄 노동의 개념

돌봄(care)은 인간의 삶에서 결정적인 중요성을 갖는다. 출생에서 죽음에 이르는 삶의 전 과정에서 인간은 타인이 제공하는 돌봄에 의존하며, 타인의 돌봄에 의존하지 않는 독립적인 삶의 시간은 길지 않다. 따라서 의존은 독립과 서로 분리되어 있는 것이 아니라 독립을 위한 전제조건이기도 하다(Kitei, 2016).

또한 돌봄에 대해서는 여성이 집 안에서 수행하는 '사랑의 행위(act of love)'라는 인식(Romero & Pérez, 2016)이 지배적이다. 즉, 돌봄의 제공자는 여성, 돌봄의 수행공간은 집 안, 돌봄의 성격은 사랑이라는 인식이 지배적이다.

페미니스트 경제학자 Nancy Folbre에 따르면, 돌봄 노동은 다른 사람의 역량(capabilities)을 발전시키기 위한 대인 서비스의 특성을 갖는 노동이다. 주류 노동경제학이 인적 자본(즉, 인지적 능력)에 초점을 맞춘다면, '역량'이란 대상자의 건강, 지식과 기술, 감정 능력 등 육체적, 정신적, 정서적 측면을 포괄한다(윤자영 역, 2007). 특히 무급으로 수행되는 돌봄 노동은 공적 영역에서 행해지던 '생산'적 노동에 대비된 노동으로서, 가정이라는 사회적 관계에서 여성이 주로 수행하던 노동이다. '노동'은 본질적으로 비효용적이다. 즉, 노동은 심리적, 육체적 에너지를 소모하고 불쾌감을 유발한다. 따라서 보상은 이러한 비효용을 상쇄시키기 위한 대가인 것이다(윤자영, 2018).

'돌봄'이라는 행위는 스스로 돌볼 수 없는 사람을 돌보는 것으로, 환자나 노인, 어린아이들을 돌보는 활동과 관계로 정의될 수 있다(Daly, 2002). 돌봄은 그 대상이 누구인지에 따라 특성이 달라진다. '자녀'를 돌보는 것은 스스로 생활하기 힘든 아이에게 기본적인 의식주를 제공하는 것뿐만 아니라, 자녀와 감정적인 애착을 형성하는 과정이자, 자녀의 적절한 발달과업을 충족시키기 위한 투자의 시간이기도 하다(이지영, 2021).

한편, '노인'을 돌보는 행위는 쇠약해진 신체활동을 보조하기 위한 목적이 강하고, 부차적으로 노인과의 정서적 교감이 이루어지는 의미도 있다. 또한 가족 중 누군가가 아프거나 장애를 가진 자를 돌보는 행위는 일시적 혹은 영구적으로 간병을 위한 목적으로 수행되며, 노인 돌봄과 마찬가지로 감정적인 상호작용은 자녀를 대상으로 돌봄 행위를 하는 경우보다는 미약하다고 할 수 있다(박미진, 2020). 돌봄은 의무와 헌신, 신뢰에 기반을 둔 개인적 유대가 중요하며, 돌봄 제공자-돌봄 수혜자(caregiver-care receiver)의 관계가 유지되어야 제공될 수 있다(Daly & Lewis, 2000). 가부장적 성별 분업 이데올로기는 여성들로 하여금 가족 내에서 필요한 돌봄 노동을 수행하도록 요구하였다. 이로 인해 돌봄은 그동안 여성이 담당해 왔던 고유의 역할이자 여성 특정적인 윤리와 노동을 대변하는 개념으로 설명되어 왔다.

2) 그림자 노동으로서의 돌봄 노동

돌봄 노동(care work)은 '우리의 삶과 노동을 매일 같이 재구성할 수 있게 해 주는 관계와 활동의 복합체'로, 집안일이나 가사노동 같은 재생산노동을 포함하는 활동으로 이해된다. 그러나 다른 한편으로는 '독립적으로 일상생활을 영위하기 어려운 자를 돌보는 활동', 혹은 '환자, 노인, 어린이와 같은 의존자를 돌보는 모든 활동'으로, 즉 돌봄을 받는 의존자의 존재를 명확하게 전제하는 개념으로 이해된다. 이로 인해 의존자의 존재 여부가 돌봄 노동의 개념을 정의하는 데 있어 중요한 지렛대로 작용하기도 한다(강이수 · 신경아 · 박기남, 2015). 돌봄 의존자의 존재 여부를 기준으로 삼아 가사노동을 돌봄 노동에 포함시키지 않을 경우, 가사노동이 돌봄 노동의 기초라는 점을 잊게 된다. 예를 들면, 어머니가 자녀를 돌보는 경우, 자녀를 위한 요리, 세탁, 청소와 같은 가사노동은 돌봄에 반드시 포함될 수밖에 없다. 따라서 가사노동과 돌봄 노동은 서로 분리된 활동이라기보다는 서로 연결된 활동으로 바라보는 것이 더 타당할 것으로 보인다.

돌봄 노동은 한 사회의 유지와 발전에 있어 필수불가결하다. 누군가가 음식을 준비하지 않는 한, 누군가가 아이를 양육하지 않는 한, 누군가가 환자와 노인을 간호하고 보살피지 않는 한, 한 사회의 유지와 발전의 가장 중요한 전제인 사회구성원의 재생산 자체가 불가능하기 때문이다. 그럼에도 여성이 가정이라는 사적 공간에서 수행하는 돌봄 노동은 최근까지도 '진짜 노동(real work)'으로 인식되지 않았고, 여성들이 어머니, 아내, 딸 혹은 며느리라는 이름으로 수행하는 '사랑의 행위'로 불렸다. 따라서 돌봄 노동은 보수를 지불할 필요가 없는 무급의 활동으로만 간주되어 온 것이 현실이다(Romero & Pérez, 2016). 가정 내에서의 돌봄 활동이 노동으로 인정되지 않는 것은, 특히나 오늘날의 자본주의 사회가 생산비용의 절감을 위해 재생산비용의 절감을 필요로 한다는 점과 밀접하게 관련되어 있다. 오스트리아의 철학자 이반 일리치(Ivan Illich)는 무급노동을 그림자 노동으로 보면서 다음과 같이 비판한다(Illich, 2015).

첫째, 남성은 기본적으로 생산자이며 여성은 기본적으로 사적-가정적이라는 관념에 기초한다.

둘째, 여성이 하는 일을 노동이 아닌 것(non-work)으로 규정한다.

셋째, 여성의 일로 알려진 돌봄 노동은 '그림자 노동(shadow work)'으로 남게 된다.

넷째, 자본가와 관료 모두 임금 노동보다는 그림자 노동에서 더 많은 이익을 얻는다.

이처럼 돌봄 노동이 그림자 노동으로 간주되는 상황에서, 여성주의 학자들은 돌봄 노동을 가시화하고 돌봄 노동의 가치를 부각하기 위한 시도를 해 왔다(윤홍식 · 송다영 · 김인숙, 2011).

첫째, 돌봄이 '사랑의 행위'가 아니라 '노동'이라는 점을 새롭게 부각하는 것은 1970년대에 '가사노동 논쟁'이 대표적이라 할 수 있다. 노동과 임금이 동의어처럼 사용되는 사회에서 가사노동에 대해 임금을 지불하지 않는다는 사실에 직면하여, 가사노동을 담당하는 여성들이 가사노동에 대해 임금을 지급하라고 요구하기 시작한 것이었다.

둘째, 다른 하나의 커다란 흐름은 여성의 노동시장 진출을 위해 가사노동을 탈가족화하려는 것이었다. 탈가족화는 가사노동의 상품화와 가사노동의 사회화라는 두 가지 방향으로 전개되었다. 상품화는 가사노동을 시장에서 구매가 가능한 상품으로 전환하는 것으로, 가사노동의 가격이 시장에서의 수요와 공급의 원칙에 따라 정해지는 가사노동의 시장화를 의미하는 것이었다. 사회화는 가족 내에서의 돌봄 노동을 보육시설, 공공 세탁소와 매점, 지역 식당 등처럼 국가가 부담하는 서비스를 통해 공공화하는 것이었다.

그러나 돌봄 노동의 가시화를 위한 이러한 노력에도 불구하고, 전 세계적으로 발견되는 하나의 공통점은 돌봄 노동 제공자의 대부분이 여전히 여성이라는 점이다. 돌봄을 여성의 책임으로 간주하는 기본 전제에 대한 근본적인 비판으로까지는 나아가지 못하면서, 돌봄은 오늘날에도 여성의 문제로 간주되는 경향이 강하다. 일차적으로 여성이 돌봄의 책임을 맡는다고 가정한 채로 여성이 일터에서의 유급노동과 가정에서의 무급노동을 동시에 수행할 수 있는 방안이 주로 논의되어 왔기 때문이다. 그럼으로써 '돌봄 노동의 여성화'에 근본적으로 문제 제기를 하는 방향으로까지는 나아가지 못하고 있는 것으로 보인다(안숙영, 2017).

종합적으로 보면, 1970년대 이후로 여성주의 학자들은 그림자 노동으로 간주되는 돌봄 노동의 중요성을 가시화하는 한편으로, 여성들이 집 안에서의 돌봄 노동의 부담으로부터 벗어나 집 밖에서의 유급노동에 참여할 수 있도록 돌봄 노동의 탈가족화를 위한 노력을 기울여 왔다. 탈가족화는 사회화의 형태이든 시장화의 형태이든 여성의 노동시장 진출을 용이하게 만들었다. 하지만 한 여성이 집을 떠나 일터로 진출할 때 다른 여성이 그 여성의 집 안으로 들어와 유급의 돌봄 노동을 수행하게 되면서, 여성과 여성 간 격차의 확대라는 문제점도 발생했다. 상층의 중간계급 여성이 가사 노동자를 고용하여 자신의 경력을 쌓게 되면서, 여성과 여성 간의 이러한 돌봄 분담이 사회적 불평등을 강화하는 것은 아닌지, 사회정의를 향한 여성주의적 노력에 도덕적 문제(moral problem)를 제기하는 것은 아닌지와 같은 새로운 질문이 모습을 드러내게 되었다(Tronto, 2002).

특히 우리나라의 경우, 맞벌이가 일상화된 현실에서 여성들은 임금 노동과 무급 돌봄 노동 양립을 요구받고 있는 현실이다. 반면, 여성들이 임금 노동시장에 진출한 만큼 남성들은 무급 돌봄 노동으로 진출하지 않았다. 통계청의 '2019년 생활시간 조사 결과'에 따르면, 평일 중 남성의 가사 노동시간은 48분, 여성은 3시간 10분이었다. 여성의 평일 가사 노동시간은 남성의 네 배 수준이다.

통계청이 발표한 '2019년 가계생산 위성계정(무급가사노동가치 평가)'을 보면, 무급 가사 노동의 가치가 490조 9천억 원으로 우리나라 국내총생산(GDP) 대비 25.5% 수준으로 조사되었다. 아마도 코로나로 인해 가정으로 돌아온 돌봄 노동을 합산하면 이 가치는 더욱 늘어날 것이다(백선희, 2017; 안숙영, 2017).

시장화된 돌봄 노동은 이러한 무급 돌봄 노동의 저평가 탓에 함께 저평가되고 있다. 시장화된 돌봄 노동의 저평가는 다시 노동시장에서의 여성의 노동 전체에 대한 차별로 이어진다. 여성의 역할을 무급 돌봄 전담자로 한계지우는 고정관념은 노동시장의 성차별을 강화한다. 이는 이성애 정상가족을 전제로 출발하여 남성 생계부양자 이데올로기로 연동된다.

그리고 여성은 가장이 아니라는 이유로 노동시장에서의 저임금과 불안정 고용을 강요당한다. 이렇듯 그림자로 존재하는 무급 돌봄 노동과 저평가된 유급 돌봄 노동, 노동시장의 성차별은 순환구조를 만들며 여성을 이등 시민으로 전락시킨다.

돌봄 노동은 코로나19 재난을 계기로 다시 성찰되고 논의되어야 한다. 모든 시민이 노동자이자 돌봄자이자 시민으로서의 균형 잡힌 다중 정체성을 발현할 수 있어야 한다. 코로나19 재난은 전 지구적으로 거대한 패러다임 전환을 요구하고 있다. 성장 중심, 일

중심, 소비 중심 사회에서 벗어나 삶과 돌봄, 그리고 우리가 살고 있는 지구 환경과의 공존 계획을 수립하고 실행해야 한다. 이것은 전시 체제에 준하는 실천을 요구한다.

3) 자녀 돌봄

우리 사회에서 '아이를 키우는 것은 엄마 일'이라는 양육 규범은 당연하게 받아들여진다. 하지만 고학력과 취업 기회의 확대에도 불구하고, 여성을 가장 이상적인 자녀양육 담당자로 보는 가부장적인 모성 통념이 여성들로 하여금 자신의 정체성에 대해 분열적으로 느끼도록 하는 문제는 해결될 필요가 있다. 유자녀 여성들은 성평등한 사회적 인식과 성불평등한 사회적 현실 사이에서 자신을 통합적 주체로 인식하지 못하게 되면서 갈등과 긴장을 경험한다(백소영, 2013).

사회문화적으로 구성된 엄마에 대한 이상적 규범과 이상적 규범을 따를 수 없는 현실의 장벽으로 여성은 자신의 정체성이 통합되지 못하는 분열을 경험한다. 과연 어떤 엄마가 좋은 엄마일까? 현재의 사회문화적 맥락 속에서 엄마이지만, 개별 인간으로서 소명을 좇아서 일을 하고 싶어 하는 여성들의 엄마 노릇(mothering)이 일탈로 느껴지지 않는 대안적 규범은 없을까? 파월(Powell)은 여성주의 모성(feminist mothering) 논의의 핵심은 엄마의 죄책감(mommy guilt)을 극복하는 문제이며, 여성주의 모성은 공통적으로 여성을 남성에게 종속시키는 '제도로서의 가부장적 모성 실천'에 도전한다고 지적한다(Powell, 2008).

돌봄 노동은 생산적 활동으로 경제에 기여하지만 그러한 노동을 수행하는 당사자에게는 비용과 불이익을 초래한다. 남녀가 비대칭적으로 무급 노동을 수행하고 있는 현실은 돌봄 노동의 불이익과 자녀양육 비용을 여성에게 떠넘기고 있는 셈이다. 이에 따라 공적 영역에서 이루어지는 유급 돌봄 노동은 무급 가사노동의 변형으로서 여겨졌고, 고유한 기준과 훈련요건, 급여 체계를 가진 임금노동으로서 인정받지 못했다(윤자영, 2018).

오랜 기간 자녀양육 및 돌봄의 책임은 여성에게 있음을 상정하고 이러한 성별 분업을 지원하는 방식으로 사회의 법과 제도, 행정, 교육 등이 맞춰져 왔다는 것은 문제가 있다. 돌봄 노동은 특히나 노동이 아닌 사랑의 표현이자 여성성의 수행으로 간주되는 경향이 있었기 때문이다(Daly & Lewis, 2000). 돌봄을 진정한 일로 인정할 필요가 없다고 인식하거나(Duffy, 2011), 혹은 돌봄 관계 형성이 여성에게 본성적인 것으로 인식되기도 하였다. 이러한 인식은 결국 돌봄 노동의 숙련을 인정하지 않고, 유급 돌봄 노동의 저임금으로 이어지기도 한다(류임량, 2016).

결혼을 선택하지 않거나 미루고 결혼 후 자녀출산을 연기 또는 최소화하는 오늘의 추세는, 결국 결혼과 자녀출산이 개인의 삶의 기회를 크게 제약하는 사회 현실에 기인한다. 특히 전 생애적인 직업경력을 바라는 여성들에게, 현재와 같은 사회환경 속에서 결혼하고 자녀를 낳고 키우는 일은 무모한 도전일 수밖에 없다. 맞벌이 부부가 일과 가정생활을 동시에 꾸려 나가면서 경험하는 갈등과 마찰이 얼마나 첨예한 것인가는 모두가 아는 사실이다. 정보화로 무한경쟁의 사회에서 아이돌봄을 위해 수시로 동원되는 유무형의 노력과 자원은 경쟁적인 직업 지위의 유지와는 갈등적일 수밖에 없다. 이러한 갈등을 해결하기 위해서는 일-가족양립을 지원하는 가족친화적인 사회환경을 조성할 필요가 있다(백선희, 2017; 박귀영 외, 2020).

비록 정해진 시점에 반드시 결혼해야 한다는 사회적 통념은 깨졌지만, 그렇다고 결혼할 필요가 없다는 부정적인 결혼관이 증가한 것은 아니다. 하지만 과거와 달리 남녀를 떠나 모든 개인은 안정적인 직업경력을 추구하며, 노동시장의 불안정성이 심화될수록 남녀와 세대를 초월하여 직업이 요구하는 다양한 경력 쌓기와 이력 관리의 투자를 요구받게 된다. 이러한 상황은 개인으로 하여금 일과 가정생활을 쉽게 넘나들기 어렵게 만드는 것이다. 이와 관련된 측면을 살펴보면 다음과 같다(정현숙 외, 2020; 박귀영 외, 2020).

첫째, 개인이 결혼과 출산을 자연스럽게 선택할 수 있는 사회환경으로의 전환은 매우 중요한 저출산 해법이 아닐 수 없다. 일과 가족생활의 양립을 지원하는 새로운 환경으로서 직장과 지역사회의 질적 전환이 필요하며, 이를 위한 법과 제도의 마련은 매우 긴요하다. 요행히 2007년 「남녀고용평등과 일·가정 양립지원에 관한 법률」과 「가족친화 사회환경의 조성 촉진에 관한 법률」이 마련되어 있으므로, 이제는 관련 법률이 실효화될 수 있는 다양한 노력이 시도되어야 할 것이다. 특히 일-가정양립에 있어 가족친화적인 기업의 제도 마련과 문화 조성은 매우 중요하지만, 이윤추구가 보장되지 않는 한 가족친화적인 기업환경 조성은 소홀할 수밖에 없다는 점에서 기업의 문화관행을 개선하는 강력한 유인책이 마련되어야 한다.

둘째, 직장 못지않게 개인의 삶의 영역인 지역 역시 개인의 일과 가족생활, 여가생활을 배려하는 환경으로 탈바꿈할 필요가 있다. 아동을 양육하고 노인을 보살펴야 하는 돌봄자를 배려하고 아동과 노인의 욕구에 부합하는 서비스 인프라를 구축함은 물론, 이들의 접근성과 편의성을 높여 주는 '공간의 재구성'은 지역사회 차원에서 적극 추진되어야 한다. 이를 위해서는 무엇보다 가족, 지역, 직장에서 여성과 돌봄 노동에 대한 인식 전환이 필요하다. 특히 제도적 결혼과 강한 가족주의, 여성에게 가사노동 및 자녀 돌봄을 전담하는 한국 고유의 가족문화는 출산율이 높아지는 것을 막는 큰 장애물이다. 따라서 가족친화 사회환경 조성과 더불어 가족 돌봄의 부담이 여성에게만 편중되지 않는, 즉 돌봄 노동의 성별 공유가 자연스럽게 이루어지는 가족문화 조성을 위해 함께 고민하고 행동하는 실천전략이 매우 중요하다.

결국, 육아에 대한 부모-사회-정부의 파트너십이 필요하다. 이제 육아는 부모-사회-국가의 공동 책임이다. 부모역할을 할 수 있도록 지원하는 제도(육아휴직, 부모교육 등), 가정에서도 함께 돌보는 육아(남성의 육아 참여), 기업에서의 가족친화적 기업 운영(육아휴직, 탄력근무제, 차별 철폐 등), 기타 다양한 국가적 지원이 포괄적으로 이루어져야 한다.

4) 손자녀 돌봄 노동

(1) 손자녀 돌봄 노동의 실태

최근 여성의 사회진출로 손자녀를 돌보는 돌봄 노동도 많은 비중을 차지하고 있다. 손자녀를 돌보는 것은 자녀가 직장생활을 하는 것을 도와준다는 점에서 부정적인 측면보다는 긍정적인 측면이 더 클 수 있다. 손자녀를 돌보는 것은 노년기의 조부모에게 소일거리를 주기도 한다. 또한 자신의 자녀를 양육할 때와 비교하여 손자녀를 돌볼 때 더 많은 시간과 주의를 기울이게 되기 때문에, 만족감과 즐거움을 오히려 더 많이 느낄 수도 있다. 어떤 조부모는 부모역할을 다시 하는 것을 기대하기도 한다.

그러나 손자녀 돌봄 노동은 많은 이유에서 부정적인 영향을 나타내기도 한다. 조부모는 돌봄 노동과 관련된 부담으로 인해 스트레스를 받는다. 특히 전일제로 손자녀를 돌 볼 경우, 돌봄 노동과 관련된 책임 때문에 더 많은 스트레스를 받을 수 있다(김은정 · 정순둘, 2011; 조윤주, 2012).

(2) 손자녀 돌봄 노동과 관련된 이론

돌봄 노동 연구에는 학자에 따라 역할 이론, 생애주기 이론, 스트레스 이론 등이 사용되고 있다(이소정, 2013).

① 역할 이론

역할 이론은 역할변화, 원하지 않은 역할획득(즉, 역할속박)의 측면에서 조부모의 돌봄 노동을 본다. 조부모의 획득된 부모역할이 조부모 개인의 복지에 미치는 영향을 강조한 역할 이론에 의하면, 역할요구에 대한 자원부족으로 역할갈등이 생기며 이로 인한 역할긴장이 생긴다(Goode, 1960).

역할 이론에 의하면 조부모는 발달단계에서 '시기에 맞지 않게' 손자녀를 돌보는 역할을 하게 되는데, 이는 원하지 않은 역할이므로 조부모에게 역할속박이 되거나 역할갈등을 느끼게 할 수 있다(Landry-Meyer & Newman, 2004).

② 생애주기 이론

돌봄 노동 연구는 조부모가 부모경험을 형성하는 현대사회의 환경적 상황을 강조한다. 생애주기 이론에 의하면, 조부모의 부모역할은 역할이론과 떼놓을 수 없는 것이지만 조부모의 두 번째 부모역할 경험은 자신들의 나이, 사회경제적인 상황, 이전의 부모경험, 사회의 양육 행동의 영향을 받는다. 특히 조부모의 부모역할은 '시기에 맞지 않는' 조부모 역할 수행으로 인한 영향으로 설명될 수 있다.

③ 스트레스 이론

스트레스 이론은 심리적 측면의 이론과 사회적 측면의 이론으로 구분할 수 있다. 심리적 측면의 스트레스 이론은 스트레스의 원인을 환경과 개인의 거래에 의한 영향으로 보고, 스트레스와 대처자원의 측면에서 돌봄 노동과 대처자원의 관계를 본다(Lazarus & Folkman, 1984). 부모역할 수행은 조부모에게 스트레스원으로 작용하며, 이러한 스트레스원을 해소하기 위해 대처자원을 사용하고 있다. 이 이론에서는 조부모의 성격이나 특성, 돌봄 상황, 돌봄 파생 스트레스원을 해결할 수 있는 대처자원 등을 파악하고 있다. 그러나 심리적 스트레스 이론은 극복전략에 대한 개인의 인지와 평가의 중요성을 강조하고 있다.

5) 노인 부부 무급 돌봄 노동

노인의 무급노동 젠더 불평등에 관한 최근 국외 연구는 생애과정접근을 주로 활용해 왔는데 은퇴가 가사노동 분배에 미치는 영향을 분석해 왔다.

(1) 지속가설

은퇴 이후 가사노동 분배는 은퇴 이전의 불평등 상태의 지속이라고 주장한다. 이러한 주장은 사회화된 성역할론에 그 근거를 둔다. 소득과 가용시간과 전통적인 성역할 인식을 가지고 있을 경우, 불평등한 분배가 강하게 발현됨을 발견하였다. 은퇴는 가용시간을 증가시키기 때문에, 은퇴 전에 평등한 성역할 인식을 가지고 있는 남성은 은퇴 이후 가사노동을 증가시킬 것이라 예측한다. 그러나 진보적인 성역할 인식을 가진 남성은 은퇴 이후에 더 많은 시간을 가사노동에 할애하지 않는다는 연구 결과가 있다.

(2) 수렴가설

은퇴 이후 가사노동의 젠더 격차는 감소한다고 주장하는데, 그 원인으로 은퇴에 따른 가용시간의 변화에 주목한다. 일하는 아내와 사는 은퇴한 남편은 남성적 가사노동(집수리하기, 정원관리 등)에 더 많은 시간을 보내는 것으로 나타났다. 또한 전업주부와 사는 일하는 남편에 비해, 전업주부와 사는 은퇴한 남편은 가사노동에 더 많은 시간을 할애하는 것으로 나타났다.

6) 돌봄 노동의 탈여성화를 향하여

집 안에서나 집 밖에서 돌봄 노동의 제공자가 대부분 여성이라는 현실에서 무엇보다 시급한 과제는 이러한 현실을 변화시키기 위한 방안을 모색하는 일이다. 이와 관련하여 미국의 사회학자 폴라 잉글랜드(Paula England)는 돌봄 노동을 둘러싼 다섯 개의 프레임워크(framework)를 제시하고 있다(England, 2005).

(1) 가치절하 프레임워크

돌봄 노동이 저임금을 받는 이유를 다음과 같이 설명한다.

첫째, 노동을 주로 여성이 수행하기 때문에 돌봄 노동의 임금을 낮추고, 이에 대한 국가의 지원을 제한하려는 문화적 편견이 나타나고 있다.

둘째, 여성과 남성이 서로 다른 직업에 종사하기 때문에 나타난다. 교육조건, 숙련도, 작업조건에서의 측정 가능한 차이들을 조정하고 나면, 여성이 지배적인 직업에서의 임금이 남성이 지배적인 직업에서의 임금보다 낮기 때문이다.

셋째, 이러한 현상은 여성이 지배적인 직업에 종사하는 여성과 남성 모두에게서 나타난다. 그러나 이러한 직업에 여성이 불균형적으로 많이 종사하고 있기 때문에, 이와 같은 불리한 상황은 임금에서의 젠더 격차로 이어진다.

(2) 공공재 프레임워크

돌봄이 돌봄의 직접적인 수혜자뿐만 아니라 사회의 다른 사람들에게도 간접적인 이득을 가져다준다고 강조한다. 그러면서 돌봄의 이득에 관한 질문에 답변할 뿐만 아니라, 돌봄 노동자에게 이러한 공공의 이득에 상응하는 임금을 지급하기가 왜 어려운가를 설명하고자 한다. 유급과 무급의 돌봄 노동은 다른 종류의 노동에 비해 훨씬 더 비간접적으로 사회에 이득을 가져다준다. 따라서 모든 종류의 돌봄 노동은 공공재를 창출한다고 볼 수 있다.

예를 들어, 아이를 낳아 기르는 것은 아이들에게 이득을 주는 이상으로 사회의 다른 구성원에게도 이득을 준다. 돌봄 노동은 당장 소비되는 생산품보다는 인간의 능력 개발에 아주 높은 수준으로 투자를 한다. 모성에 대한 임금 패널티에서 대표적으로 알 수 있듯이, 돌봄 노동의 낮은 임금은 돌봄 노동이 공공재를 산출한다는 것을 보여주는 비간접적 증거라 할 수 있다.

(3) 사랑의 포로 프레임워크

돌봄 노동의 이타주의적 동기와 그에 따른 고유한 보상의 측면을 강조하면서, 이것이 돌봄 노동자에게 저임금을 받아들이게 하는 원인으로 작용한다고 본다. 사랑의 행위라는 돌봄 노동의 성격으로 인해 저임금이 초래된다고 보는 것이다. 때때로 돌봄이라는 단어는 모티브나 도덕적 명령을 기술하기 위해 사용되기도 한다. 돌봄 노동이란 것이 그 일을 하고 싶지 않음에도 불구하고 단지 돈을 벌기 위해 한다는 전통적인 경제적 관점과는 완전히 다른 방식으로 수행되는 특징을 갖기 때문이다. 즉, 단지 돈을 벌기 위해서가 아니라 그 일이 불편하기는 하지만 반드시 필요한 일이라서 하는 경우가 종종 있기 때문이다. 이 경우에 돌봄을 제공하는 것은 도구적 과제(instrumental task)와 교감적 관계(affective relation) 양자를 포함하는 활동이 된다.

(4) 감정의 상품화 프레임워크

돌봄이 상품이 되었을 때 일어나는 일에 관심을 기울인다. 시장을 통한 돌봄의 제공이 돌봄을 제공하는 사람들에게 해를 끼친다고 본다. 임금을 받고 하는 서비스 노동이 자신의 진정한 감정으로부터 노동자들을 소외되게 만든다고 주장한다. 새로운 서비스 경제에서의 많은 일자리가 노동자들에게 그들이 실제로 느끼지 않는 감정을 표현하고, 그에 따라 행동할 것을 요구하기 때문이다. 사랑의 포로 프레임워크 이타주의가 갖는 고유한 보상에 초점을 맞춘다면, 이 프레임워크는 감정노동으로서의 돌봄 노동이 다른 어떤 노동보다 노동자들을 더 강하게 소외시킨다고 본다.

(5) 사랑과 돈 프레임워크

시장은 원래 협소한 이기주의에 의해 지배당하는 반면, 가족, 공동체, 비영리 기관들 및 국가의 행동이야말로 진정한 돌봄의 원천이라고 가정하는 이원론에 반대한다. 즉, 사랑의 영역과 사리를 도모하는 경제활동 간의 이분법이라는 아이디어를 거부한다. 사랑의 포로 프레임워크와는 달리, 저임금은 돌봄 노동에 대한 이타주의적 보상의 필수불가결한 결과가 아니라고 강조한다. 또한 감정의 상품화 프레임워크에도 반대하며, 돌봄을 포함하는 노동이 원래 다른 노동보다 더 소외를 불러온다는 데도 동의하지 않는다. 따라서 이 프레임워크는 보수나 이윤 그리고 돌봄 간의 적대적 관계를 가정하기보다는, 이 양자 간의 균형을 잡을 수 있는 방안을 모색해야 한다고 강조한다.

3. 모성과 돌봄에 대한 새로운 인식을 향하여

출산과 돌봄은 자연스러운 인간의 과정인데, 이 과정에 어떠한 인식이 개입되었느냐 하는 것이 젠더적 관점에서 문제가 된다. 따라서 공동체적 관점에서 성에 관계없이 평등적 역할 수행이 이러한 문제에 대한 대안이 될 수 있다. 또한 저출산 고령화로 인한 문제 및 맞벌이가족 증가 등으로 가족의 돌봄의 범위를 넘어서는 부양에 대한 사회와 국가적 책임도 중요하게 다루어져야 할 것이다. 가정을 넘어, 사회 전체의 젠더 인식이 바뀌어야 할 과제를 제시하면 다음과 같다(김혜영, 2009; 백선희, 2017; 정현숙 외, 2020).

첫째, 가정을 넘어서, 사회 전체도 젠더 인식이 바뀌어야 한다. 기혼 남성은 생계부양을 위해 야근을 마다 않고 열심히 일하는 모습, 기혼 여성은 경제 활동 여부에 관계없이 가정에 충실하는 어머니의 이미지를 깨야 한다.

둘째, 방송 프로그램, 드라마, 영화, 음악 등의 매체에서는 남성과 여성이 가정 및 직장에서 주로 하는 역할에 대한 이미지를 구분하는 경우가 많다. 그러나 성 차별적인 시각을 보여 주는 장면에 불편함을 호소하는 사람이 더 늘어나야 한다.

셋째, 학교나 보육기관 등 교육 시설에서도 엄마에게만 연락하는 등의 행동을 지양해야 한다. 녹색어머니회, 반별 어머니회, 급식 모니터링, 시험 감독 등 학교에서 학부모의 참여를 요구하는 경우가 많은데, 직장을 다니면서 이에 참여하는 것은 큰 부담임을 인지하고 최소화해야 한다.

모두가 내 몫의 돌봄을 수행하고 다시 타인을 돌보는 돌봄 중심 사회로의 전환이 요구되는 때이다. 무급 돌봄 노동의 평등하고 민주적인 분배와 유급 돌봄 노동의 재평가가 시급한 오늘이다.

09

노동과 젠더

Family and Gender | chapter 09

노동과 젠더

1. 여성노동의 현황

경제협력개발기구(OECD)는 코로나19로2020년 고용 전망을 대공황 이후 최악의 일자리 위기로 보며, 빈곤과 불평등이 확대될 것으로 예상하였다. 이 경우, 사회적 위험과 자연 재난의 위험은 차별적으로 노동시장 취약계층에서 집중되어 나타난다. 그리고 한국의 성별 임금 격차는 OECD 국가 중에서 꾸준히 1위를 차지하고 있다. 이런 상황에서, OECD는 코로나19로 인하여 실직과 임금손실 등 고용에서 오는 충격이 여성노동에 집중되어 나타남으로써, 그 격차가 더욱 커질 것으로 예측하였다.

그리고 한국에서 코로나19가 본격적으로 확산된 2020년 3월부터 10월까지 고용률은 하락하고, 실업률은 상승하였으며, 취업자 수는 감소하고, 비경제활동인구와 일시휴직자는 증가하였다. 따라서 전년 동월 대비 고용동향의 모든 지표에서 여성노동은 남성노동보다 충격을 더 크게 받은 것이 확인되었다. 1997년 국제통화기금(IMF) 사태 때와 2008년 글로벌 금융위기 때에도 노동시장에서 여성노동의 충격이 더 크게 나타났다(김난주, 2020).

전태일 50주기 국제포럼(2020년 11월 10일)에서는 코로나19와 여성노동의 현황과 과제에 대해서 논의하였다. 이 국제포럼에 따르면, OECD는 코로나19는 빈곤과 불평등을 확대시키며, 코로나19의 영향은 앞으로 수년간 계속될 것으로 전망하였다.

OECD는 코로나19로 인한 위기 첫 3개월의 고용 및 근로시간에 대한 부정적 영향이 2008년 글로벌 금융위기와 비교하여 볼 때, 10배 이상인 것으로 보았다. 한국 역시 코로나19 발생 2개월 차, 3개월 차와 글로벌금융위기 2개월 차와 3개월 차를 비교했을 때, 고용 및 근로시간이 10배 이상 감소한 것으로 나타났다.

OECD는 코로나19로 인하여 노동시장에서 취약계층이 위기에 직면해 있다고 분석했다. 특히 봉쇄기간(lockdown) 동안에도 이동의 제약을 받지 않고 필수 서비스를 제공하는 저임금노동자들은 코로나19 감염의 위험이 크다고 보았다. 이런 상황 때문에 비정규직과 자영업자는 큰 타격을 받았으며, 청년층이 취업이나 인턴십을 확보할 기회는 크게 감소하였다. 그리고 여성은 보육시설과 학교 폐쇄로 인하여 자녀 돌봄이 가중되었다. 특히 이전의 경제 위기와는 다르게, 남성보다 여성노동에 대한 고용이 더 줄어들었다.

2020년 상반기에 딜로이트(Deloitte)는 코로나19 대유행 직후의 산업 전망에서 여성노동 종사 비율이 높은 '항공업, 여행업 및 호텔업' 분야가 전 세계적으로 막대한 영향을 받을 것으로 예측하였다(연합뉴스, 2020년 4월 2일). 이와 관련해서, 통계청은 2020년 9월 산업활동 동향에서 생산 · 소비 · 투자는 3개월 만에 '트리플 증가'를 하였으나, 산업별로 보면 숙박업 · 음식업, 예술 · 스포츠 · 여가, 교육 등의 대면서비스 업종의 생산은 전월 대비해서 감소가 개선되지 않았다고 하였다(연합뉴스, 2020년 10월 30일).

이러한 통계는 여성노동에 대한 상황이 코로나19 확산으로 더욱 더 가중될 수밖에 없는 환경을 만들어 주고 있음을 보여 준다. 이러한 환경에서 여성노동의 현황을 조금 더 구체적으로 살펴보면 다음과 같다.

1) 여성노동의 비정규직화

경제위기 시 여성이 남성보다 타격이 더 크다는 것은 한국의 두 번의 경제위기를 통해서 확인할 수 있었다. 한국은 1997년 IMF 구제금융위기와 함께 2008년 글로벌 금융위기를 경험하면서 정규직과 비정규직 사이에 그리고 대기업과 중소 영세기업 노동자 사이에 임금, 고용 안정성, 복지, 교육훈련의 기회 등에서 격차가 심화되었다. 그리고 여성노동의 고용 상황은 더욱 악화되었다.

통계청의 자료에 따르면, 비정규직 노동자 중에서 여성노동의 비율은 2008년 50.4%에서 2009년에는 53.5%로 3.1%p 증가하였다. 그리고 그 후에 꾸준히 2019년까지 크게 상승하고 있다.

그리고 2019년 비정규직 노동자는 여성이 412만 5천 명, 남성이 335만 6천 명으로 전체 비정규직 중 여성이 차지하는 비율은 55.1%이었다. 비정규직 중 여성이 차지하는 비율은 2008년에 50.4%으로 처음으로 절반을 넘어섰고, 이후 2019년까지 50%를 상회하는 수준에서 계속 유지되고 있다.

이러한 상황에서 노동조합 조직률은 1977년 25.4%에서 1986년까지 지속적으로 하락하였다. 그러다가 1987년 18.5%로 전년 대비 1.7%p 상승하였고, 1989년 19.8%까지 상승한 이후에는 하락 추세가 지속되고 있다. 이러한 부분은 2004년 10%대로 진입한 이후 2017년까지 10%대를 유지하였다. 그러다가 2018년에 11.8%로, 2003년 11.0% 이후 15년 만에 11%대로 진입하였다.

그리고 1997년 IMF 구제금융위기 직후 전년 대비 노동조합원 수는 여성이 3만 6천 명(12.4% 감소)이고 남성이 4만 6천 명(3.9% 감소)으로, 여성노동이 남성보다 감소 비율이 3배 이상 커졌다. 이러한 상황은 2008년 글로벌 금융위기 직후에도 나타난 바 있다. 이 당시 노동조합원 수는 전년 대비 여성이 2만 1천 명(5.6% 감소), 남성이 5천 명(0.4% 감소)으로 감소 인원과 감소 비율 모두 여성이 남성을 상회하였다. 두 번째 경제위기 직후에도 동일하게 전체 노동조합원 수에서 여성이 차지하는 비율이 하락하였다('97년에는 19.5% → '98년 18.1%. '08년에는 22.5% → '09년 21.6%).

이러한 통계를 통해서, 경제위기 때마다 여성노동은 남성노동보다 더 많은 악조건에서 정규직보다는 비정규직화되고 여성노동이 줄어들고 있는 것을 알 수 있다.

2) 성별 직업 분리와 저임금

앞에서 언급했듯이, 1997년의 IMF 구제금융위기와 2008년의 글로벌 금융위기 직후에 전체 노동조합원 수에서 여성이 차지하는 비율은 하락하였다. 경제위기 직후 여성 노동자 노동조합 가입 감소와 여성 비정규직 확대는 동일한 시기에 발생했다. 한국의 노동조합은 대기업, 공공부문 정규직 위주로 조직되어 있고, 여성노동자는 영세 사업장 종사 비율이 높다. 따라서 노동조합이 있는 사업장에서 종사하고 있는 여성의 비율은 남성보다 낮았다.

그리고 통계청의 자료에 의하면, 노동조합이 없는 사업장에 종사하는 노동자 비율은 2019년에 여성이 79%이고 남성이 70.9%로, 여성이 8.1%p 높았다. 그리고 글로벌 금융위기 이후인 2009년에 여성은 78.3%로, 2008년의 79.6%에서 1.3%p 하락하였다. 동일 시점에 남성이 0.1%p 하락한 것에 비하면, 10배 이상 하락한 것이었다.

이런 상황에서 2021년에 여성가족부는 여성고용률이 56.7%(2020년 기준)로 전년 대비 1.1%p 감소하였고, 남성고용률은 0.9%p 감소하였다고 하였다. 그리고 여성취업자는 1,152만 명(2020년 기준)으로 전년 대비 약 14만 명 감소하였고, 남성은 약 8만 명 감소하였다고 하였다. 이렇게 여성에 대한 고용률과 취업 감소는 노동시장에서 누적되어 온 성(性) 격차의 결과 때문에, 코로나19에 따른 고용 충격은 여성에게서 더욱 크게 발생할 것으로 예상된다.

3) 여성노동의 정책 과제

코로나19 때문에, 대공황 이후 빈곤과 불평등이 확대되면서 여성고용에 최악의 근로 위기가 예상되고 있다. 이런 상황에서 여성가족부는 여성노동에 성평등한 정책 과제를 다음과 같이 발표하였다.

(1) 성평등한 노동시장 조성 및 여성 일자리 기반 강화 측면

① 성별 다양성 확보 및 성과 확산 추진

공공 및 민간 성별 다양성을 확보하고 성과 확산을 추진하기 위한 과제로 다음과 같은 것이 있다.

첫째, 공공성 분야에서는 매년 3.8세계여성의날 및 양성평등주간(9. 1.~9. 7.)과 연계하여 공공부문 여성 대표성 제고 주요 성과 및 정책집중 홍보를 3월과 9월 두 차례 한다.

둘째, 민간성 분야에서는 기업 성별임원 현황 개선도 조사공표를 8월에 하고, 여성 임원 확대 선진사례 공유를 위한 콘퍼런스 개최를 9월에 진행한다.

셋째, 여성인재풀에서는 다양한 분야에서의 여성인재풀을 확보하고 공공부문에서도 여성인재를 추천하는 것을 적극적으로 활용하여 추진한다.

② 여성고용 확산을 위한 현황 파악 및 정책적 기반 구축

여성고용 확산을 위한 현황을 파악하고 정책적 기반을 구축하기 위한 과제로 다음과 같은 것이 있다.

첫째, 여성노동 고용정책 개선을 민・관 정례 협의체를 통해서 개최한다.

둘째, 코로나19로 드러난 여성노동 일자리 취약성 해소와 대응력 제고와 관련하여 '포스트코로나 시대 여성일자리 대책'을 위한 수립을 3월에 진행한다.

셋째, '여성가족형 예비사회적기업'의 경쟁력 강화를 위해서 상품·서비스에 대한 개발 지원 및 '여성·가족 분야 사회적경제 활성화 대책'을 하반기에 수립한다.

넷째, '양성평등 임금의 날'의 최초 시행 계기와 노동시장 성별 임금 격차에 대한 조사와 발표를 9월에 하고, 기업 등에 대한 '성평등 현황 공시제' 연구를 12월까지 추진한다.

(2) 사각지대 없는 여성노동 고용 안전망 구축 측면

① 재직 여성노동에 대한 맞춤형 경력단절 예방 및 일 경험과 계속 고용 연계

재직 여성노동에 대한 맞춤형 경력단절 예방 및 일 경험과 계속 고용을 연계하기 위한 과제로 다음과 같은 것이 있다.

첫째, 재직 중에 있는 여성의 임신부터 시작해서 출산 후 회사 복귀까지 생애주기별 경력단절 예방과 직장 복귀를 지원하는 경력단절 예방 서비스 지원기관을 2021년에는 75개소로 증가시켜(예방 전담팀 7개소 시범 운영) 지원체계를 강화한다.

둘째, 새일여성인턴 참여자의 장기 고용 유도를 위해 '새일고용장려금'을 통해서 인턴을 정규채용하는 기업에 대해 정규채용 후 6개월 경과 시 80만 원을 신규 지급하는 것을 신설한다.

② 수요자 중심 취업 지원으로 빠른 재취업과 일자리 미스매치 해소

수요자 중심 취업 지원으로 빠른 재취업을 하고 일자리 미스매치를 해소하기 위한 과제로 다음과 같은 것이 있다.

첫째, 다부처 협업을 통해서 전문직업훈련(과학기술부, 환경부 등 8개 부처) → 일 경험·취업연계(여성가족부) → 사후관리(여성가족부), 각 부처의 전문인력 양성과정을 수료한 경력 단절 여성에게 일 경험과 취업을 연계해 주고 고용유지를 위하여 사후관리 등 원스톱 지원을 한다.

둘째, 국민취업지원제도와 연계(고용부 협업)하여 저소득 취업 취약계층 여성에게 구직기간 동안 소득지원과 함께 새일센터의 맞춤형 취업지원서비스를 제공한다.

③ 비대면 중심 사회 변화 대응, 서비스 접근성 제고를 위해 온·오프라인 융합 학습 환경 조성 및 여성 전문인력 양성 강화

비대면 중심 사회 변화에 대응하고, 서비스 접근성 제고를 위해 온·오프라인 융합 학습 환경을 조성하고 여성 전문인력 양성을 강화하기 위한 과제로 다음과 같은 것이 있다.

첫째, 전국 새일센터(158개소) 이용자를 위한 경력단절여성 특화 온라인 직업훈련 콘텐츠 개발(무역, 공연예술, 직무소양, 창업 등 23개 특화과정 개발, 원격훈련 지원) 및 온라인 학습관리시스템(Learning Management System: LMS)을 3월부터 구축 운영한다.

둘째, 포스트 코로나 신규 일자리 창출 분야(헬스케어, 재난 방역) 및 디지털 신기술(빅데이터, AI) 등 미래 유망직종 직업훈련 과정을 확대한다.

셋째, 청년여성 특화 장기훈련(6개월 이상, 고급 난이도) 및 무급휴직자 등 위기 사업장 종사자의 직무역량과 이·전직 훈련 지원을 신설한다.

④ 실직 등으로 인한 20·30대 여성 자살예방 실행

실직 등으로 인한 20·30대 여성 자살을 예방하기 위한 과제로 다음과 같은 것이 있다.

첫째, 수립 및 이행을 점검한다.

둘째, 1인 가구 사회관계망 형성지원과 정신건강검진도구 및 맞춤형상담·사례관리매뉴얼개발 등을 활용한다.

2. 여성노동의 장애 요건

현대사회에서 여성노동의 역할은 중요해지고 여성노동자의 지위는 점점 높아지고 있다. 그러나 결혼과 동시에 출산 및 육아로 인한 경력단절을 겪게 되는 것 또한 부인할 수 없는 현실이다. 다니엘(Daniel)는 저서 『새로운 미래가 온다』에서 "다가오는 21세기는 여성이 주도하는 시대가 될 것이다."라고 주장하였다.

최근 들어서 노동집약적인 제조업 중심의 산업 사회는 점진적으로 사라지고, 지식과 정보 및 데이터 그리고 창의력이 중시되는 사회로 변모하고 있다. 이러한 시대에는 남성보다 감성적이며 섬세함이 강점인 여성의 능력이 더욱 빛을 발하게 되어, 여성 주도적 사회가 도래하게 된다고 볼 수 있다(Daniel, 2012; 모정희・김금란, 2018; 한운옥, 2020; 박순정・하규수, 2021).

현대사회에서 여성노동은 점점 증가해 가는 추세이지만, 한국 여성노동의 경제활동에 대한 참여율은 지속적인 증가에도 불구하고 여전히 현재 50% 정도 수준에 불과하다. 이것은 주요 선진국에 비해서 상대적으로 낮은 수준에 머물러 있는 것이다. 그리고 여성노동의 경제활동에 대한 참여율은 그 나라의 경제성장률과 삶의 질의 향상을 나타내 주는 지표가 되고 있다. 이러한 부분은 여성 개인뿐만 아니라 국가 경쟁력 제고 측면에서 매우 중요하다고 볼 수 있다. 한국의 경우 여성들이 취업하고자 하는 의지가 높음에도 불구하고, 여성노동의 경제활동 참여율이 50% 수준에 머물러 있다는 것은 큰 문제가 아닐 수 없다.

이 문제는 남성에 비해서 여성노동의 경제활동에 대한 참여율이 낮은 데다가 경제활동에 참여하는 여성들조차도 전문직이나 관리직 등 장기적인 커리어를 전망할 수 있는 직종에 종사하는 경우가 소수인 점 등은 문제점으로 지적되고 있다. 따라서 우리나라의 고용시장이 가진 구조적 측면과 연관시켜 볼 때, 여성노동의 경제활동은 어려운 현실임을 알 수 있다(조혜선, 2003; 손정연・한경혜, 2014; 한운옥, 2020).

전 세계적으로도 여성노동의 중요성 및 활용에 대한 관심이 계속 증가하고 있고 우리 사회도 여성노동의 경제활동이 늘어나고 있으나, 여성의 경제활동 증대는 가정뿐 아니라 사회에서도 쉽지 않은 것이 현실이다. 더구나 코로나19 발원과 디지털의 급속한 발전은 여성노동을 크게 변화시키고 있다. 이러한 사회경제 및 환경적 요인은 한국 노동시장의 고용 취약계층인 여성들에게 큰 악영향을 초래하는 결과를 가져왔다.

이렇듯 가정과 노동시장에서 여성노동이 처해 있는 불리한 상황은, 여성들이 취업현장에 소극적이거나 취업을 포기하는 결과로까지 이어지고 있다. 2008년 12월에 「경력단절여성등의 경제활동 촉진법」이 시행되었다. 이 법은 여성들의 경제적인 자립과 더불어 자아실현 및 국가경제의 지속적 발전에 이바지하기 위해서 2008년에 제정되었고, 제정된 이후 노동환경에 많은 변화를 가져다주었다.

특히 가족 구성과 함께 가구 형태의 변형으로 인하여 여성들의 1인 가구가 증가하였으며, 여성가구주도 늘어나게 되었다. 또한 청년여성들의 혼인 기피와 늦은 결혼으로 인하여 저출산의 흐름도 나타나고 있다. 여성의 임신과 출산이라는 생애사적 특성으로 인하여 노동시장으로 진입하기 어려운 부분을 제도적으로 지원하여야 하나, 현실은 그렇지 못한 실정이다. 비정규직, 저임금 등 여성의 성차별적 구조 역시 노동시장에 있어서 본격적으로 가시화되고 있고, 디지털시대로 인하여 노동시장은 새로운 변화에 직면해 있다. 결국, 코로나19의 타격 때문에, 여성노동의 장애가 되는 요건들이 더 높아진 것이다(선한승, 2010; 박선영, 2020).

3. 가사노동과 젠더

1) 가사노동의 가치평가

가사노동의 가치평가는 2020년 7월 13일에 「가사근로자의 고용개선 등에 관한 법률안」이 국회에 제출되면서 더 많은 관심을 받고 있다. 정부가 최근 플랫폼노동종사자에 대한 기본 보호 입법을 통해서 「플랫폼 종사자 보호 및 지원 등에 관한 법률」의

제정을 추진하여 의원입법 형식으로 국회에 발의했다.[1] 하지만 놀랍게도 플랫폼 노동 분야에서는 플랫폼을 통해 매개되는 가사노동 종사자 보호를 위한 입법 추진이 가정 먼저 시도되고 있다. 여러 플랫폼 노동의 분야 중에서 무슨 이유로 가사노동 종사자와 관련한 입법이 가장 빠르게 시도되고 있는지는 알 길이 없다. 그러나 가사노동 종사자, 그중에서도 가사 사용인에 대하여 「근로기준법」의 적용이 제외된 것은 1953년의 제정 당시부터였다. 그리고 가사 사용인에 대한 「근로기준법」 적용 필요성에 대한 논의가 상당히 오랜 시간 제기되어 왔다는 점에서 알 수 있듯이, 플랫폼으로 매개되는 가사노동 종사자 보호 입법이 가장 먼저 추진되고 있는 것을 납득하지 못할 것도 아니다. 이러한 내용은 1953년 「근로기준법」 입법자의 적용에서 제외되는 결정은 잠정적인 결정으로 장차 사회 변화의 상황에 따라서 적용 범위를 조정할 수 있는 문제였다.

그러나 「근로기준법」 적용 여부에 대한 사회적 합의와 공감대가 형성되는 속도보다 기술의 발전과 시대의 변화가 더욱 빠르게 전개되었다. 그리고 과거에 제정한 「근로기준법」이 대상으로 했던 가사 사용인 이외에 다양한 계약관계를 맺고 다양한 방식으로 노동을 제공하는 새로운 유형의 가사노동 종사자들이 매우 빠른 속도로 등장했다. 원래의 문제를 해결할 틈도 없이 새로운 쟁점들이 무수히 더해진 상황이라고 할 수 있다. 우리 사회가 가사 사용인에 대한 「근로기준법」 적용 제외 문제에 대한 논의를 진행하는 동시에, 새롭게 등장하는 가사노동 매개 방식을 통한 가사노동 종사자들의 규범적 보호 문제까지 함께 해결해야만 하는 매우 복잡하고 어려운 과제에 직면하고 있다고 할 수 있다. 따라서 정부가 가사노동 종사자의 보호를 명분으로 가사근로자 고용개선법안을 제출하고, 2017년 당시와 유사한 내용을 규정한 의원 안들이 함께 국회에 발의되어 있는 것은 문제해결을 위한 논의를 통해 해결책을 제공하고 있다는 점에서 긍정적으로 평가할 수 있다(이준희, 2021).

1) 플랫폼 종사자 보호 및 지원 등에 관한 법률안(장철민 의원 대표발의), 의안번호 2108908, 2021. 3. 18. 발의.

그리고 통계청은 2018년 무급 가사노동에 대한 가치평가를 실시하였다. 그 내용을 살펴보면 다음과 같다.

첫째, '가계 생산 위성계정 개발 결과(무급 가사노동 가치평가)'에서 2014년 무급 가사노동에 대한 가치는 360.7조 원으로, 5년 전에 비해서 33.3% 증가하였다. 그리고 2014년 명목 GDP 대비로는 24.3% 비중을 차지하였다. 명목 GDP 대비 가사노동 가치 비율을 보면, 2004년(23.0%)은 5년 전에 비해 2.1%p 하락하고, 그 이후 2009년(23.5%)과 2014년(24.3%)은 상승하였다. 그리고 2014년에 1인당 무급 가사노동 가치는 710.8만 원으로 5년 전에 비해 29.5%로 증가되었다.

둘째, 행동 분류별 무급 가사노동 가치평가에서는 2014년 가정관리 부문 평가액이 5년 전에 비해 36.1% 증가하였고, 가족 · 가구원 돌보기 부문 평가액 비중은 1999년부터 감소세로 접어들었다.

셋째, 성별 무급 가사노동 가치평가에서는 2014년에 남성은 5년 전에 비해 38.5%, 여성은 31.7% 각각 증가하였다. 그리고 남자 평가액 비중은 지속적으로 증가하고 있는 반면, 여성은 감소세에 접어들었다.

넷째, 연령대별 무급 가사노동에 대한 가치평가에서는 2014년 50세 이상 평가액이 5년 전에 비해 크게 증가하였다. 그리고 50세 이상 평가액 비중은 지속적으로 증가하고 있고, 15~39세는 감소세로 접어들었다.

다섯째, 가구원수별 무급 가사노동에 대한 가치평가에서는 2014년 1인 가구 평가액이 5년 전에 비해서 60.2% 증가하였다. 그리고 4인 가구 이상 평가액 비중은 지속적으로 감소하고 있다.

여섯째, 취업여부별 무급 가사노동에 대한 가사평가에서는 2014년 취업자 평가액이 5년 전에 비해 36.6%, 비취업자는 30.7%로 각각 증가하였다. 그리고 취업자 남자 평가액 비중은 1999년부터 지속적으로 증가하고 있다.

일곱째, 혼인상태별 무급 가사노동에 대한 가치평가에서는 2014년 미혼 평가액이

5년 전에 비해 47.0%, 기혼은 32.2%로 각각 증가하였다. 그리고 기혼 남성 평가액 비중은 1999년부터 계속 증가하고 있고, 기혼 여성은 감소세로 접어들었다.

2) 가정과 일 양립을 위한 기본계획

2018년 6월에 감사원의 감사보고서 「일 · 가정 양립 지원제도 운영실태」에 의한 기본계획에서, 고용부는 2008년 이후 「남녀고용평등과 일 · 가정 양립 지원에 관한 법률」 제6조의2의 규정에 따라 2차에 걸쳐 제4차(2008~2012년) 및 제5차(2013~2017년) '일 · 가정 양립 기본계획'을 수립하고,[2] **[표 9-1]**과 같이 다양한 일 · 가정 양립 지원정책을 추진하며, 2017년까지 여성 고용률 60% 달성 및 남성 일 · 가정 양립 제도 활용률 20%를 달성하겠다는 목표를 제시하였다.

[표 9-1] 일 · 가정 양립 관련 기본계획

구분	제5차 일 · 가정 양립 기본계획 (2013~2017년)	제3차 건강가정기본계획 (2016~2020년)	제3차 저출산 · 고령사회기본계획 (2016~2020년)
근거 법규	「「남녀고용평등과 일 · 가정 양립 지원에 관한 법률」」 제6조의2	「양성평등기본법」 제7조	「저출산 · 고령사회기본법」 제20조
주관 부처	고용부	여가부	복지부
정책 목표	여성고용률 제고 및 남성 일 · 가정 양립 확대	다양한 가족의 삶의 질 향상 및 남녀 모두 일 · 가정 양립 실현	합계출산율 제고 및 노인빈곤율 완화
주요 내용	• 남성 육아참여 확대 주요 내용 • 장시간 근로관행 개선 • 직장맘을 고려한 사회정책	• 일 · 가정 양립 제도 정착 • 남성의 일 · 가정 양립 지원 강화 • 기업의 일 · 가정 양립 실천 촉진	• 양성이 평등한 일 · 가정 양립 • 중소기업 · 비정규직도 아이 키우기 좋은 환경

출처: 감사대상기관 자료 재인용.

2) 고용부는 2017년에 관계부처 합동으로 발표한 '여성 일자리 대책'을 '제6차 남녀고용평등과 일 · 가정 양 립 기본계획'으로 공표하였다. 주요 대책으로는 성차별적 고용관행 개선, 임신노동자 지원, 남성육아 활성화, 육아기 근로시간 단축 활성화 및 대체인력 지원 강화 등이 있다.

3) 일 · 가정 양립 지원사업 추진체계

일 · 가정 양립 지원사업을 추진하는 체계는 다음과 같다.

첫째, 고용부 등은 일 · 가정 양립 확산과 정착을 위해 「남녀고용평등과 일 · 가정 양립 지원에 관한 법률」, 「근로기준법」, 「고용보험법」[3] 등에 따라 [표 9-2]와 같이 출산전후휴가 및 육아휴직을 이용한 근로자와 사업주에 대한 지원, 직장보육시설 설치 등 지원, 근로시간 단축제도 운영 및 근로감독, 가족친화인증제도 운영 등 다양한 일 · 가정 양립 지원사업을 추진하고 있다.

[표 9-2] 일 · 가정 양립 지원사업 추진체계

생애주기	근로자 보호 및 지원	사업주 지원 및 감독	소관부처
임신 · 출산기	**출산전후휴가**	**출산육아기 고용안정장려금** (비정규직 재고용)	고용부
	유산 · 사산휴가 임신기 근로시간 단축	시간선택제 일자리(전환형)	
영 · 유아기 (육아기)	**육아휴직**	**출산육아기 고용안정장려금** (육아휴직 등 부여, 대체인력지원금)	고용부
	육아기 근로시간 단축	시간선택제일자리(전환형)	
		직장어린이집 설치 등 지원	고용부, 복지부
전 연령대	가족돌봄휴직	**시간선택제 일자리**(신규창출형, 전환형)	고용부
		장시간 근로감독	
		가족친화인증제도	여가부

주: 음영표시된 사업은 이번 감사에서 지적된 문제점과 관련된 사업임.
출처: 고용부, 「일 · 가정양립 실태조사」(2016년) 및 「일 · 가정 양립 지원 업무편람」(2017) 재인용.

3) 일 · 가정 양립 지원법, 「근로기준법」은 각 지원제도와 관련한 사업주의 의무와 근로자의 권리를 규정하고 있고, 「고용보험법」은 사업주와 근로자에 대한 정부의 재정 지원 근거를 규정하고 있다. 이 세 가지 법률을 흔히 '모성보호 3법'이라고 부른다.

둘째, 고용부는 「남녀고용평등과 일・가정 양립 지원에 관한 법률」 제6조의2의 규정에 따라 5년마다 일・가정 양립 기본계획[4]을 수립하고 있다. 「남녀고용평등과 일・가정 양립 지원에 관한 법률」에는 시행계획 수립과 성과평가 등에 대한 명시적인 규정이 없다. 그러나 제4차 일・가정양립 기본계획의 추진 전략에 따르면, 일・가정 양립 기본계획의 실효성을 확보하기 위하여 추진 일정에 따라 소관 부처의 매 연도 사업계획에 해당 정책과제를 포함하여 추진하고, 연도별 시행계획을 수립한 후 향후(2~3년 후) 경제상황 등을 반영하여 일・가정 양립 기본계획을 수정・보완하도록 되어 있다.

셋째, 「정부업무평가 기본법」 제2조 제6호의 규정에 따르면 '성과관리'란 정부업무를 추진함에 있어서 중・장기 목표, 연도별 목표 및 성과지표를 수립하고 집행과정 및 결과를 관리하는 일련의 활동이다. 그리고 같은 법 제5조 및 제6조의 규정에 따르면, 중・장기 계획을 수립하는 때에는 그에 기초하여 당해 연도의 성과목표를 달성하기 위한 연도별 시행계획을 수립・시행하되, 성과목표를 측정할 수 있는 성과지표를 포함하여야 하고, 연도별 시행계획에 대해 반기별로 이행상황을 점검하여야 한다.

넷째, 유사한 정책 목적을 가진 '저출산・고령사회 기본계획', '양성평등정책 기본계획', '건강가정기본계획'의 경우 **[표 9-3]**과 같이 관련 법령에 따라 5년마다 기본계획을 수립하면서 연도별 시행계획을 수립・시행하고, 시행계획에 따른 추진실적을 평가하여 정책에 반영하도록 되어 있는 등 해당 기본계획에 대한 체계적인 성과관리가 이루어지고 있다.

4) 2008년에 「남녀고용평등법」을 「남녀고용평등과 일・가정 양립 지원에 관한 법률」로 개정하면서, 종전의 '남녀고용평등 기본계획'도 일・가정 양립 기본계획으로 수립되었다.

[표 9-3] 부처별 기본계획의 성과관리체계

계획명 (소관부처)	관련법령	기본계획 수립	시행계획 수립	성과평가
저출산·고령사회 기본계획 (복지부)	「저출산·고령사회 기본법」	5년마다 수립 (법 제20조)	매년 수립·시행 (법 제21조)	시행계획에 따른 추진실적을 평가하여 그 결과를 저출산·고령사회 정책에 반영(법 제21조)
양성평등정책 기본계획 (여가부)	「양성평등기본법」	5년마다 수립 (법 제7조)	매년 수립·시행 (법 제8조)	연도별 시행계획 추진실적을 종합하여 평가(법 제8조)
건강가정기본계획 (여가부)	「건강가정기본법」	5년마다 수립 (법 제15조)	매년 수립·시행 (법 제16조)	매년 시행계획을 평가 (법 제16조)

출처: 2018년 감사보고서「일·가정 양립 지원제도 운영실태」에서 '남녀고용평등과 일·가정 양립 기본계획 성과관리 미흡' 재인용.

4) 가정과 일 양립을 위한 정책적 제안

2021년 5월 20일에 여성가족부는 '여성 고용유지를 위한 일·가정(생활) 균형 지원제도 활성화 방안 모색'이라는 간담회를 개최하였다. 이에 따르면, 지난 4년 동안 여성과 남성 임금근로자 모두 유연근무제 활용이 두 배 이상 증가하였다. 다만, 여성은 기혼, 남성은 미혼이 많이 활용하였으며, 성별에 따른 차이가 존재하였다. 그리고 모성보호제도 실효성 제고 및 육아휴직 복귀 이후 고용유지 방안에 대한 정책적 모색이 필요하다고 하였다. 또한 기업의 일·가정(생활) 균형 제도 도입 지원을 위해서 '재직여성 고용유지 지원사업 모델'을 개발할 예정이라고 하였다.

'여성 고용유지를 위한 일·가정(생활) 균형 지원제도 활성화 방안 모색' 간담회에 대한 결과 보고를 간단히 살펴보면 다음과 같다.

첫째, 「2017~2020년 경제활동인구조사 근로형태별 부가조사」를 분석한 결과, 지난 4년간 유연근무제 활용이 급속히 확산되고 있음을 확인했다.

둘째, 2017년부터 2020년까지 4년간 여성과 남성 임금근로자 모두 유연근무제[5] 활

5) 근로시간 단축근무제, 시차출퇴근제, 선택적 근무시간제, 재택 및 원격 근무제, 탄력적 근무제 등을 말한다.

용 비율이 두 배 이상 증가하였다.

셋째, 여성 임금근로자는 2017년에 4.9%에서 2020년에 12.0%로 2.4배 증가하였고, 남성 임금근로자는 2017년에 5.5%에서 2020년에 15.9%로 2.9배 증가하였다.

넷째, 특히 '재택 및 원격근무제'는 2017년부터 2019년까지 활용 비율이 여성과 남성 임금근로자 모두 8% 미만이었으나, 코로나19 영향으로 2020년에 처음으로 15%를 넘어섰다.

다섯째, 2017년부터 2020년까지 임금근로자가 가장 많이 활용한 유연근무제 유형은 '시차출퇴근제'였고, 2020년에 가장 크게 증가한 유형은 '재택 및 원격근무제'였다.

여섯째, 임금근로자의 혼인상태별로 분석하면, 여성은 기혼이, 남성은 미혼이 유연근무제 활용 비율이 높았다.[6)] 유연근무제의 활용 이유가 성별에 따라 다르다는 점을 시사한다.

일곱째, 산업별로는 '전기, 가스, 증기 및 수도사업', '정보통신업', '금융 및 보험법', '전문, 과학 및 기술 서비스업', '공공행정, 국방 및 사회보장 행정'에서 2020년에 여성과 남성 임금근로자 모두 유연근무제 활용 비율이 20%를 넘었다.[7)]

한편, 「2017~2020년 상반기 지역별고용조사」를 분석한 결과, 18세 미만 유자녀 기혼여성의 고용이 코로나19로 큰 타격을 받았다. 그리고 2020년에 15세 이상 54세 이하 기혼여성 중 18세 미만 유자녀 기혼여성의 취업자 수와 고용률은 전년대비 각각 156천 명, 1.5%p 감소하였고, 막내 자녀 기준으로 3세 이상 4세 이하의 자녀를 둔 기혼여성의 고용률이 가장 크게 감소(전년 대비 3.0%p)하였다. 이는 어린이집 등의 휴원으로 인한 돌봄 공백이 발생하면서 돌봄 책임이 여성에게 전가되었기 때문인 것으로 보인다(2020년에 15세 이상 54세 이하 전체 여성의 고용률은 1.3%p 감소하였다).

6) 2020년의 혼인상태별 유연근무제 활용 비율: (여성) 기혼 14.4%, 미혼 11.1% (남성) 기혼 13.7%, 미혼 16.9%
7) 여성 또는 남성 임금근로자(모집단)가 1만 명 미만인 '국제 및 외국기관'은 제외

10

성(양성)평등한 결혼문화

1. 결혼을 보는 관점
2. 성평등한 결혼문화
3. 결혼과 부부관계

Family and Gender | chapter 10

성(양성)평등한 결혼문화

1. 결혼을 보는 관점

세계적으로 유래를 찾아볼 수 없이 빠른 속도로 초저출산국에 진입한 우리나라는 저출산고령사회 기본계획을 통해 이에 대응하고자 노력하여 왔다. 특히 출산과 양육의 사회적 책임 강화, 일-가정 양립가능시스템 구축, 가족친화, 양성평등 사회문화조성 등이 출산과 양육에 유리한 환경조성 정책의 주요 과제로 설정되어 구체적인 사업들이 진행되어 왔다(Ministry of Health & Welfare, 2014).

결혼을 보는 관점에 대한 연구를 살펴보면 다음과 같다.

첫째, 가족 가치관은 개인이나 집단이 가족에 대해 가지는 바람직하고 적절한 부분과 좋은 부분 등에 대한 지속적인 신념으로, 가족관과 결혼관을 보면 알 수 있다. 가족관은 전통적 성역할에 대한 태도와 다양한 가족 형태 수용에 대한 견해와 관련이 있다. 전자에 대한 태도가 부정적이고 후자에 대한 견해가 긍정적일수록, 이상적인 결혼연령이 늦어지고 희망하는 자녀 수가 적어질 가능성이 크다는 것이다.

그리고 최근 결혼관은 결혼이라는 제도적 절차 없는 혼전 동거 등을 결혼의 어떤 형태로 보는가에 대한 변화된 견해를 반영하는 추세이다. 그 결과, 보수적인 결혼관에 비해 개방적인 결혼관을 가질 경우에는 결혼에 대한 당위성을 낮게 인식하게 된다고 하였다(Chung & Choi, 2010; Yu, 2012; Baek & Kim, 2013).

둘째, 가족관계 만족도와 가족 가치관 변화에 따른 결혼을 보는 관점에서는 30대 미혼 여성의 결혼 견해에 영향을 미치는 요인의 파악이 중요하다. 이것은 30대에서 결혼과 출산 기피 현상이 두드러지게 나타나고 있기 때문이다. 이러한 현상은 30대 미혼 여성 중 35세를 전후로 결혼을 보는 관점에서 당위성에 대한 인식에 현저한 차이가 있었고, 35세를 전후로 여성은 발달 단계의 경계선상에 있어 결혼 및 출산과 관련된 지각이 어느 정도 변화하고 있다고 하였다(Jang, 2009; Kim, Sun, & Kim, 2010; Lee, 2006; Joo et al., 2013).

셋째, 30대 미혼여성의 결혼 견해에 영향을 미치는 요인을 파악한 결과, 이혼에 대한 견해가 부정적이고 재혼에 대한 견해가 긍정적일수록, 결혼 찬성 견해가 뚜렷하였다. 그리고 개방적 결혼관을 가질수록 결혼 반대 견해가 강하였다. 특히 35~39세 미혼 여성이 경제활동을 할수록 결혼에 대한 찬성 생각이 더 많다고 하였다(이성희 · 권현수, 2015).

이러한 연구를 통해 20대에서 30대 이후로 점점 더 결혼 시기가 늦어지고 있음을 알 수 있다. 즉, 직장과 생활에서의 안정을 찾은 후 결혼해야 한다는 관점이 더 늘어가고 있는 것이다.

2. 성평등한 결혼문화

현대사회에서 성평등한 결혼문화를 살펴보면 다음과 같다.

1) 성평등

성평등에서 근래에 가장 문제가 된 부분은 '미투(Me Too)'라는 사회적 운동일 것이다. 미투는 수많은 사건과 보도를 통해 언론과 일반인 모두에게 젠더 감수성(gender sensitivity)과 성평등한 보도가 무엇이고 이는 어떻게 구현 가능한지에 대해 생각해보는 계기를 제공하였다. '미투'가 사회적 운동이 될 수 있었던 기반은 사회관계망서비스(SNS)를 통해 피해자들이 자신의 피해 경험을 직접 드러낼 수 있었기 때문이다. 이렇게 직접적으로 드러내는 것은 강력한 주목 효과가 있다. 따라서 언론은 상업성을 위해 저널리즘 원칙을 희생하기도 했으며, 때로는 저널리즘 원칙 속에서 피해자를 타자화하기도 하였다(장은미 · 최이숙 · 김세은, 2021).

'미투' 관련 보도에 대한 수많은 논의는 공적 영역의 대표 주자로서 언론이 사회의 새로운 움직임을 포착하고 이를 반영할 뿐 아니라, 이를 어떻게 의제화하는가에 따라 변화의 방향성이 달라질 수 있음을 극명하게 보여 주었다(김세은 · 홍남희, 2019; 김수아, 2019; 김혜정, 2019; 이나영, 2018; 전가영 · 유세경, 2020).

2018년의 '미투' 운동 이후에 한국 사회는 페미니즘의 부상과 그에 대한 반격(backlash)을 동시에 경험하고 있다. 2015년 전후에 '여성혐오'에 대한 저항에서 시작된 '페미니즘 리부트'는 '강남역 여성혐오 살인사건'을 통해 광장의 저항으로 확장되었다. 이를 주도한 젊은 여성들은 해시태그 행동주의를 기반으로, 낙태죄 폐지 운동, 탈코르셋, 디지털 성폭력 아웃 등 온라인을 통한(주로 트위터) 페미니즘의 제4물결을 만들면서 페미니즘 논쟁을 가속화시키고 있다. 이러한 페미니즘의 재부상 경로를 통해 디지털 페미니스트 액티비즘, 대중문화 영역에서의 소비자 페미니즘, 그리고 거리와 광장에서 일어난 애도와 저항이 등장하고 있다(손희정, 2017; 김보명, 2018; 김은주, 2019).

성평등을 둘러싼 정치적 역동성이 그 어느 때보다 두드러진 상황에서, 페미니즘의 존재와 그것이 갖는 정치성과 페미니즘의 언어를 차용한 진화된 여성혐오도 이제는 '부인할 수 없는 현실'이 되었다. 이와 관련된 논의가 사회적으로 주목받게 되면서 출판, 영화, 드라마에서 중산층 여성이나 전문직 여성 중심적 콘텐츠가 봇물을 이루었다(중앙일보, 2018년 12월 25일; 국민일보, 2020년 12월 31일). 이러한 상황들은 페미니즘이 긍정적이든, 부정적이든 대중의 시선을 끄는 하나의 상품이 되었음을 보여준다. 이렇게 급변하는 젠더지형 속에 저널리즘이 놓여 있었다. '미투' 운동 이후 여성주의 의제뿐 아니라 젠더갈등, 남혐 논란은 레거시 미디어[1)]를 경유하면서 확산될 수 있었다. 혼종적인 미디어시스템하에서 페미니즘을 지향하는 온라인 플랫폼 또는 전통적인 혐오 커뮤니티가 어젠다를 형성하고 토론하는 1차적인 관문이었다면, 레거시 미디어는 이를 증폭시키며 사회적 의제, 대중의 이슈로 구성해 왔다. '미투' 이후 저널리즘(journalism)[2)]이 새롭게 부상하는 젠더에 대한 이슈에 어떻게 다가섰는가에 대한 논의는 지난 3년 동안 다양한 방법으로 다루어져 왔다(이희은, 2018; 김세은·홍남희, 2019; 한희정·정의진, 2019; 김보명, 2020).

2015년에 제정된 「양성평등기본법」 제3조에서는 성평등은 성별에 따른 차별, 편견, 비하 및 폭력 없이 인권을 동등하게 보장받고 모든 영역에 동등하게 참여하고 대우받는 것이라고 정의하였다. 따라서 균형 잡힌 성평등사회는 질적으로 높은 수준의 삶을 유지하고 살아갈 수 있는 환경으로서 더욱더 강조되어야 할 것이다.

성평등한 환경은 미래의 국가와 경제, 지역사회의 경쟁력을 높인다. 특히 한국 국민의 특성을 잘 나타내 주는 관계 문화를 중심으로 성평등은 우리 모두의 삶의 질을 높일 것이다.

1) 레거시 미디어(legacy media)란 '과거의 유산'을 뜻하는 레거시(legacy)라는 단어에서 알 수 있듯이, 전통적인 언론을 말한다. 전통 매체로 분류되는 TV, 신문, 잡지, 라디오 방송 등이 이에 속한다.

2) 저널리즘(journalism)이란 신문과 잡지를 통하여 대중에게 시사적인 정보와 의견을 제공하는 활동을 말한다.

2) 결혼문화

(1) 결혼문화에 대한 부정적 인식과 작은 결혼식(스몰웨딩)의 등장

여성가족부는 2012년 9월부터 건전 혼례문화 실천 1,000명 릴레이 약속, 내 힘으로 하는 참 혼인식 100쌍 캠페인, 작은 결혼 릴레이 서명운동 등을 통해 정부 부처의 장・차관, 지자체, 언론계, 종교계, 민간단체 등과 일반 시민들의 캠페인 참여를 독려하였다. 그리고 여성가족부는 작은결혼정보센터 사이트[3] 운영, 작은 결혼식을 치를 수 있는 전국의 공공시설 공간 개방 및 확대를 추진해 왔다(최유진 외, 2015).

소비자의 라이프 스타일 변화에 따라 예식 형태도 다양한 변화가 나타났는데, 웨딩 시장의 큰 변화 중 하나가 바로 예식 장소인 웨딩홀이다. 과거에는 대형 웨딩홀을 선호하였고, 평균 하객 수도 250~300명 수준이었다. 그러나 현재는 예전과 달리 많은 하객을 초청하지 않고 일가친척과 가까운 지인들만 초대해 프라이빗한(private, 사적인) 결혼식을 진행하려는 소비자가 증가하고 있는 추세이다. 이에 작은 결혼식(스몰웨딩)을 진행할 수 있는 웨딩홀이 인기를 끌고 있다(이병연・강철희, 2020).

오늘날에는 과거에 비해서 혼인율이 낮아지긴 했지만, 혼례는 여전히 많은 사람에게 인생에서 가장 중요한 의례로 여겨지고 있다. 하지만 현대 한국 사회의 결혼식은 과도한 상업화와 획일화로 인해 문제를 가지고 있다는 지적 역시 많은 공감을 얻어 왔다. 그러다 보니 결혼 예비부부가 감당하기에 부담스러운 비용과 형식, 그리고 혼례를 치르기 위한 일련의 과정들이 부정적으로 비추어지게 되는 경우가 많아졌다.

실제 조사 결과를 보면, 1인당 결혼 비용으로 주택자금 마련을 제외하고도 평균 수천만 원이 사용되고 있다. 한 결혼 컨설팅 업체의 2018년 조사에 따르면, 예식장 마련에 소요되는 비용이 평균 1,324만 원에 달했다. 여기에 전통 한국의 혼례에서 양가 간에 오가는 예단 비용 1,457만 원과 예물 비용 1,429만 원, 그리고 혼수비용이 1,200만 원 등을 포함하면, 결혼에 소용되는 비용이 상당한 수준임을 알 수 있다.

3) 작은결혼정보센터 사이트는 http://www.smallwedding.or.kr이다.

이런 상황에서 대안적 방법으로 나타난 것이 작은 결혼식(스몰 웨딩)이다. 이것은 경제적 부담이 적고, 결혼의 의미를 살릴 수 있으며, 예물・예단 부담이 없는 결혼식이다. 기존의 획일적인 부분에서 벗어나 상대적으로 비용 부담이 적게 들고 자신만의 개성을 살릴 수 있는 결혼식을 올리고자 하는 움직임이 등장한 것이다. 이처럼 작은 결혼식에 대한 수요가 생기면서, 웨딩 업계에서도 관련 상품들을 선보이며 발 빠르게 대응하기 시작하였다. 이에 정부도 국민을 대상으로 작은 결혼식에 대해 많은 홍보에 나섰다.

그러나 코로나 팬데믹(pandemic) 현상으로 언론과 웨딩 업계의 큰 주목과 정부의 많은 홍보에도 불구하고 예식의 규모만 대규모에서 소규모로 달라졌을 뿐, 비용은 그대로이거나 오히려 늘어나는 현상도 나타났다. 즉, 사회적으로 결혼 자체가 감소 추세에 있는 상황에서, 비용이 더 들어도 조용하고 고급스러운 분위기를 연출하는 예식장을 많이 찾게 되었다. 이러한 분위기 때문에, 규모만 작아졌지 실제로 비용은 적지 않은 '작은 결혼식'이 된 것이다. 그리고 축의금 전달이 중요한 한국의 결혼문화에서, 작은 결혼식은 하객 수의 제약 탓에 비용을 보전하지 못하는 측면이 있다. 이런 측면은 작은 결혼식의 확산과 정착을 가로막는 이유의 하나로 지적되고 있다(정헌목, 2021).

(2) 현대사회 결혼문화에 대한 탈정형화를 추구하는 의미

기존의 결혼문화에 대한 대안으로 등장한 작은 결혼식의 특징은, 형식이 정해져 있지 않다는 점에 있다. 상업화되고 획일적인 고비용의 결혼문화가 문제라는 사실에는 사회적 공감대가 형성되었지만, 그에 대한 대안이 어떤 형태여야 하는지에 대해서는 따로 기준이 정립되어 있지 않다. 누가 보아도 인정할 만한 작은 결혼식의 형식을 택한 사례뿐만 아니라, 기존의 틀을 벗어난 여러 가지 시도 역시 예식의 탈정형화 추구라는 측면에서 나름의 의미를 가진다고 보아야 할 것이다.

이처럼 본인의 뜻을 온전히 반영한 예식을 행하기 힘든 현실에서, 다양한 방식으로 대안을 찾는 움직임이 등장하고 있는 것이 결혼문화를 둘러싼 현대 한국 사회의 풍경이다. 양가의 체면과 자존심 등으로 인해 자녀 세대가 쉽게 개입하기 힘든 예물과 예단 등과 달리, 예식 당일의 절차는 그래도 크고 작은 변화를 시도할 수 있는 요소일 것이다. 그렇다면 대안적인 예식문화인 작은 결혼식에 대한 양식이 정립되지 않은 상황에서, 이처럼 나름의 방식으로 예식의 탈정형화를 추구하는 시도는 어떻게 이해되어야 할까?

이것은 우선 세계화의 영향으로 서구 문물에 대한 이해도가 높아졌다는 점을 보여준다. 앞서 언급한 것처럼, 일반적인 예식장에서 연출되는 '키치'화 된 한국의 결혼문화 형태를 부자연스럽고 촌스럽게 인식하는 이들이 나타나기 시작한 것이다. 이러한 움직임은 주례 없는 결혼식 증가와 신부대기실에 대한 인식 변화에서도 살펴볼 수 있다. 서양의 기독교식 결혼 의례에서 주례가 종교적 절대자의 대리인으로서 혼례를 집전하는 역할을 수행하는 것을 한국의 현대적 결혼문화 형식에서 모방하였다. 하지만 결혼 당사자가 종교인이 아님에도 주례자를 세우는 한국의 일반적인 결혼문화는 다소 애매한 요소가 된다. 주례뿐 아니라 신랑이 먼저 입장하고 신부가 아버지 손을 잡고 천천히 입장하는 행위를 포함한 예식 절차 중 상당수 요소도 어떤 절대적 모델에 의한 것이 아니다. 다수의 젊은 세대에서는 이런 '키치'적인 요소들을 부자연스러움으로 여긴 것이다.

여기서 하나 주목할 점은, 이러한 변화의 양상 가운데서도 작은 결혼식의 대두를 야기한 본래 취지인 비용 절감이나 규모 축소라는 요인은 크게 고려되지 않고 있다는 사실이다. 이는 여전히 결혼에 '체면'이라는 요소가 크게 작용하는 한국 사회의 현실이 반영된 결과이다. 특히 결혼식에서 혼주 역할로서 양가부모가 예식에 초청하는 하객의 범위는 쉽게 양보하기 어려운 문제가 된다. 이를 잘 보여 주는 대목이 작은 결혼식을 모색하는 예비부부라면 반드시 겪게 되는 예식장 선정을 둘러싼 갈등이다. 여전히 결혼을 개인의 일이기 이전에 집안의 큰일로 여기는 한국 사회에서, 결혼식 장소는 친족을 비롯한 손님들이 어렵지 않게 모일 수 있는 공간이어야 한다. 따라서 신랑과 신부의 견해를 고려해 선정한 작은 결혼식을 위한 소규모 예식장은 부모가 받아들이기 어려운 선택이 된다. 이렇듯 개인과 가족 간의 감정적 이해관계가 상충하는 지점에서 자녀 세대는 양보할 수밖에 없고, 주례의 생략이나 신랑과 신부의 동시 입장 등 상대적으로 충돌이 작은 지점에서 변화를 꾀하게 되는 것이다.

결국, 작은 결혼식의 본래 취지인 비용 절감은 실제 준비 과정에서 후순위로 밀리게 되는 경우가 많다. 앞에서 이미 지적한 것처럼, 작은 결혼식을 치르는 비용이 더 드는 경우가 잦다는 사실도 무시할 수 없다. 이런 상황을 고려하면, 경제적 비용에 초점을 맞춰 작은 결혼식에 접근하는 기존의 정책 담론 역시 한계를 가진다. 결혼을 둘러싼 한국의 사회문화적 환경에서 작은 결혼식 내지 예식의 탈정형화를 추구하는 이들에게 더욱 중요한 것은, 결혼식을 통해 신랑과 신부 당사자가 결혼의 의미를 얼마만큼 살릴 수 있느냐이기 때문이다.

한편, 2000년대 중반 이후부터 한국 사회의 전반적인 부분에서 본격적으로 모습을 드러내기 시작한, 획일적이고 주류적인 삶의 방식에서 벗어나고자 하는 사회적 흐름의 등장도 고려해 봄 직하다. 이런 반획일적인 삶의 방식에 대한 추구는 결혼문화에도 충분히 영향을 미칠 수 있다. 반드시 결혼해야 한다고 생각하는 젊은 세대의 비중이 감소하고 있는 현실에서, 어차피 하게 될 결혼이라면 자기 뜻대로 치르고자 하는 이들이 점차 증가하기 때문이다. 이렇게 결혼을 포함한 삶의 방식 전반에서 탈정형화를 추구하는 사람들의 등장과 관련하여, 학력이나 경제적 계급과 같은 요인의 작용 역시 감안해야 할 것이다.

이처럼 다양한 조건이 작용한 결과, 오늘날 한국 사회에서 결혼식은 변화의 전기를 맞이하고 있다. 결혼 자체를 꼭 할 필요가 없다고 생각하는 사람들이 과거보다 훨씬 많아진 현실에서, 어떤 형태의 결혼식을 치를 것인가는 선택의 영역에 속한다. 어차피 결혼을 한다면 '내 결혼식만큼은 남다르게 하고 싶다.'는 생각을 지닌 젊은 세대와 여전히 전통을 강조하는 기성세대 간의 갈등과 타협은 앞으로 더 빈번해질 것으로 보인다(정헌목, 2021).

3) 성평등한 결혼문화

(1) 대학생

오늘날 현대사회에서는 예전보다 훨씬 학업 이수 시간이 길어진 반면에 사회로 진출하는 시기는 늦어져, 대학생이라는 과도기적 기간을 오랜 시간 보내고 있다. 이에 따라서 발달 과업에 대한 중요성이나 수행과정에서 오는 의미 도출을 다르게 해석하고 있는 실정이다. 이에 남 · 여 대학생의 성평등한 결혼문화를 살펴보면 다음과 같다(박선향, 2019).

첫째, 2018년에 혼인 건수는 25만 8천 건으로 최저의 기록을 남겼다. 또한 결혼에 대한 생각도 부정적이어서 '결혼을 해야 한다'고 인식하는 사람의 비율이 2018년 48.1%로, 절반 이하로 감소하였다.

그리고 '결혼은 해도 좋고 또는 하지 않아도 좋다'에 15세 이상 여성은 43%, 남성은 34.4%가 응답하였다. 이것은 결혼이 더 이상 우리 삶에 있어서 반드시 꼭 해야만 하는 것으로 인식되지 않는다는 것을 보여 주고 있다. 이와 같은 맥락에서 저출산이 주요 원인으로 여러 가지 요인이 최근 새롭게 제기되고 있는 가운데, 양성평등의식(gender equality consciousness)과 결혼문화에 대한 가치관이 부각되고 있다(Lee, 2019).

둘째, 양성평등의식이란 여성 또는 남성에 대한 능력, 역할 등에 대하여 성차별적 의식이 아니고 특정 성의 편견에서 자유로운 것, 나아가 그동안의 여성의 인권 또는 권리에 반하는 차별적인 행동을 승인하지 않고 사회의 성차별을 수정하기 위한 제도, 정책의 필요성을 인정하는 태도라 할 수 있다(Park, 2012). 이것은 사회구조가 다원화되면서 여성 역할에 대한 전통적 인식이 변화하고 성적 구별 없이 누구나 각자 가지고 있는 능력이 중요시되는, 양성평등 사회에서 부각 중인 중요한 가치관인 것이다. 대학생들에게 이러한 양성평등의식의 향상은 중요한 발달 과업이며, 양성평등적인 성역할에 따라 올바른 가치관과 태도를 형성하는 것 또한 중요한 것이다(박선향, 2019).

셋째, 결혼관은 결혼에 대해 개인이 지향하고자 하는 사고와 행동유형을 결정하는 데 영향을 주는 근거 또는 지침을 말하며, 이는 개인적 환경과 사회·문화·경제적 환경에 따라 변화하는 것이다. 이러한 환경에 깊이 영향을 받는 것이 가치관이다. 특히 우리나라 젊은 계층의 결혼가치관은 계속 변화하고 있다. 그리고 이러한 결혼관의 변화는 제도나 규범을 벗어나, 결혼의 여부나 시기 등 개인의 선택과도 관련이 있는 것으로 나타나고 있다(Lee, 2019).

(2) 예비교사

양성평등의식은 포괄적인 개념으로서, 근본적으로 여성과 남성의 능력, 속성, 역할 등에 대해 어떠한 고정관념을 가지지 않는 것을 의미한다. 또한 특정성에 대해 자유로우며 고정된 성차별을 수정하기 위한 정책과 제도를 필요로 한다. 양성평등교육을 받았다는 것은 고정관념으로 세상을 보는 것이 아니라 상황에 따라 유연하게 대처하는 것을 의미하며, 또한 다른 사람을 도와주고 배려하고, 이제까지 지니고 있던 성에 대한 고정관념에서 벗어나 자신의 삶을 자유롭게 결정하는 것을 의미한다. 앞으로 우리 사회가 필요로 하는 인간상은 이러한 모습을 지니고 있어야 하며, 양성평등교육이 실천적으로 제시되기 위해서는 교육의 주체인 교사의 양성평등의식을 조사할 필요가 있다. 교사의 성역할 정체감과 양성평등교육에 대한 인식은 교수 학습과정을 통해 직간접적으로 학생들에게 영향을 미치게 됨을 강조할 필요가 있다(교육부, 1999).

결혼에 대한 가치관은 개인, 사회, 문화, 그리고 경제적인 측면에 따라 영향을 받으며, 산업화 이후 우리나라 젊은 계층의 결혼 가치관은 변화하고 있다. 황혼이혼 등과 같이 부모 세대의 이혼율 증가와 더불어, 젊은 세대 또한 동거를 선호하는 식으로 법적 결혼을 기피하고 있다. 또한 독신율도 계속적으로 증가하고 있는 추세이며, 다양한 결혼문화가 생성되어 결혼가치관이 혼란스러워지고 있다. 따라서 새로운 가정의 시작을 알리는 결혼은 전반적으로 예측하기 어려운 상황이다(주영희·정은숙·심문숙, 2013; 박재순·염순교, 2015).

이와 같이 결혼에 대한 가치관이 변화하는 것은, 결혼의 여부나 시기를 결정하는 데 영향을 미치고 있고 또한 상황을 고려한 개인의 선택에 영향을 미치는 것으로 나타나고 있다. 결혼에 대한 가치관이 사회 변화와 더불어 변화하고는 있지만, 아직까지도 가정 내에서뿐만 아니라 사회에서 남녀차별의식과 역할 부담에 대한 고정관념은 부분적으로 존재하고 있다. 따라서 결혼에 대한 이미지가 부정적인 것은 결혼에 대한 계획 시기에도 부정적인 영향을 미치게 될 것이고, 이에 따라 결혼에 대한 필요성도 약화시키게 된다. 결혼에 대한 가치관 형성은 시간을 두고 지속적으로 노력할 때 가능하다고 판단되기 때문에, 학교에서 올바른 가치관 확립을 위한 교육이 필수적이다. 무엇보다도 교육은 교사의 활동을 통해 구체적으로 실현되므로, 학교 교육에서 교사의 교육활동이 중요하고 학생의 가치관 형성에 큰 영향을 끼치게 될 것이다(문선희, 2012; 유종열, 2012; 양정혜, 2015).

이제까지 사회의 변화와 교육을 통하여 양성평등에 대한 가치관은 변화되어 왔으나, 아직까지도 남성 위주의 가치관은 가정뿐만 아니라 사회적 갈등의 원인으로 제기되고 있다. 따라서 바람직한 결혼가치관을 형성하는 것이 무엇보다도 중요하다. 교사의 양성평등교육과 결혼에 대한 가치관 형성은 단기적으로 형성되는 것이 아니다. 그러므로 앞으로 교육 현장에서 교수학습과정을 통해 직간접적으로 학생들에게 영향을 미치게 됨을 고려해 볼 때, 예비교사의 양성평등의식과 결혼가치관을 살펴보는 것은 저출산 시대 학교 현장에서의 올바른 교육 실현과 앞으로의 전개 방향을 알 수 있는 교육적 자료로 사용될 수 있다. 또한 교사 양성 기관의 교육과정에서도 체계적이고 조직적인 양성평등 교육과 결혼에 대한 올바른 가치관 형성을 위한 교육내용이 제시되어야 할 것이다. 따라서 저출산 시대에 미래 학교 교육에서 학습자들의 가치관 교육을 담당하게 될 예비교사를 대상으로 양성평등의식과 결혼가치관은 아주 중요한 부분을 차지하고 있는 것이다(정미라 · 장영희, 2007; 이은희, 2019).

(3) 미혼여성

산업사회로 이행하면서 가족제도가 변화되고 여성의 사회진출이 증가함에 따라서, 결혼과 가족에 대한 인식이 변화되었다. 이에 우리나라에서 세계 최저수준의 저출산 상태가 초래되었다(박재순 · 염순교, 2015).

이런 저출산 경향은 자녀양육에 대한 비용부담, 고용과 소득의 불안정, 일과 가정의 양립 곤란 등 다양한 사회경제적 제약요인에 따른 것이다. 그 구조적인 원인을 가족제도나 결혼제도와 관련해서 가치관적 측면에서 보면, 대졸여성의 경제활동 참가율의 증가, 공무원 공채시험의 높은 여성합격자 비율과도 관련이 있다(서울신문, 2014년).

이것은 여성의 경제활동이 증가하면서, 전통적 결혼관은 남성에게는 밖의 일과 가족의 중요한 결정 및 집안의 대를 이어 가야 하는 책임을 부여하였다. 그리고 여성에게는 가정일, 순종적 태도, 청혼 주체 및 성관계 요구에서의 후순위, 남편 성공에의 대리만족, 직업여성의 안정된 가족관계를 요구하였다. 이러한 요구는 남녀평등의식이 높을수록 가부장적 가족제도 등의 가치와는 상반되는 태도라 할 수 있다.

이렇듯 미혼여성에 대한 성평등한 결혼관은 남녀평등의식과 함께 어떤 제도나 지원보다 더 우선시되어야 한다. 이를 통해 저출산 문제의 일부를 해결할 수 있는 궁극적이고도 지속적인 국가정책의 기초를 계획할 수 있어야 한다.

그렇다고 해서, 현대사회의 미혼여성들이 비혼이나 만혼을 고수하겠다는 것은 아니다. 다만, 가정과 사회 내의 가부장적 관념들로 인해 결혼의 불평등과 불합리성이 미혼여성들에게는 저항적 태도로서 성평등한 결혼관의 배경에 내재되어 있을 수 있다. 이제는 미혼여성들에게 있어서, 결혼과 출산에 관한 문제를 산업사회로 이행하면서 파생되는 사회 · 경제적 문제만으로 전가하기보다는 남녀불평등적 정서를 소멸시키기 위한 사회적 노력을 더욱더 하여야 하는 시기이다.

3. 결혼과 부부관계

1) 결혼 초기의 부부관계

결혼 초기의 부부가 부부관계에 대해 비합리적이거나 비현실적 신념을 가지게 되면, 장기적으로 결혼생활에서 안정성이 낮아지고 부부관계를 악화시킬 가능성이 커진다. 따라서 부부관계에서 서로에 대한 믿음을 공유하면서 현실적이고 합리적 신념을 가지면, 안정적이고 만족스러운 결혼생활을 유지할 수 있을 것이다.

또한 부부관계와 관련된 신념에 대한 상호조절이나 적절한 적용은 가족치료의 접근 방법에서 부부간 갈등 원인을 고려해야 할 필요가 있다. 항상 갈등 원인은 상담과정에서 문제 예방을 위해서 상호 간의 신념 정도에 대한 고려와 결혼에서의 적용 가능성 등을 포함시켜야 한다. 이것은 결혼 전 흔히 가질 수 있는 결혼에 대한 소망을 직면할 수 있게 하여 현실적인 안목을 가질 수 있도록 하고, 결혼 이후에 생길 수 있는 실망이나 회의감을 감소시키는 것이 중요할 것이다.

결혼 초기 부부들은 보통 결혼생활을 시작할 때 결혼의 현실적 의미와 어려움을 예측하기 쉽지 않다. 더욱이 요즘 사회는 결혼 자체의 중요성보다는 형식이나 겉모습에 치중되어 있다. 그러다 보니 결혼 전에 결혼에 대한 신념이나 각자 남편과 아내로서 서로의 신념을 공유하지 않는다. 또한 합리적인 공동 신념 형성이나 추구 방향 등을 고민하고 준비하지 않는다. 따라서 결혼 초기 부부 또는 예비부부 대상의 부부교육 및 부부 상담 과정을 통해, 부부관계를 원만하게 유지하고 결혼 만족도를 높일 수 있도록 해야 한다. 즉, 각자 부부관계에 대해서 어떠한 신념을 지각하고 있는지, 또 서로 유사하게 지각하고 있는 신념과 상이한 신념이 무엇인지를 확인하고 적절하게 조절해야 한다.

그러므로 남편과 아내 모두에게는, 자신이 갖는 부부관계 신념과 그 신념이 실제 결혼생활에 적용되는 정도가 배우자와의 관계를 유지하는 데 중요한 기준이 될 수 있다. 이런 배우자와의 관계를 강화하기 위한 행동이 적절히 평가되고 긍정적 상호교환을 하기 위해서, 결혼 초기의 부부관계는 자신이 배우자에게 하는 행동 자체에만 집중해서는 안 된다. 배우자가 가지고 있는 부부관계에 대한 믿음이나 서로에 대한 배려와 이해, 그리고 서로를 인정할 수 있는 기준의 형성과정과 정도를 파악하는 것부터 접근하는 것이 필요하다(임현선・박정윤, 2015).

2) 중년 부부관계

중년 부부관계는 원가족 부모의 부부 갈등으로 자녀의 결혼 이미지와 기혼자녀의 부부관계 및 결혼 안정성과 질에까지 영향을 미칠 수 있다. 따라서 원가족에서 경험한 부모의 부부 갈등이 중년이 된 기혼자녀의 결혼 만족도에도 영향을 미치는 중요한 요인이 될 수 있다. 이렇게 자녀는 부모를 모델링하여 갈등에 대한 대처 방법을 배움으로써 타인과의 갈등 상황에도 대처한다. 따라서 부부 갈등에 자주 노출된 자녀는 부모의 갈등이 부정적인 방식으로 처리되는 것을 경험하게 된다. 이렇듯, 갈등 국면에서 중년 부부관계는 서로에 대한 존중을 바탕으로 양측의 욕구를 동시에 충족시키기 위한 갈등 해결 전략을 사용할 수 없게 된다. 그리고 결국에는 결혼에 있어서 중년 부부관계의 만족도가 저하된다(장희숙, 2002; 김경주・김영혜, 2015; 조하늬・최연실, 2018; 박찬미・설경옥, 2017; 박세란, 2015).

중년 부부관계에 대한 대처 방안을 살펴보면 다음과 같다(홍지희・김보영, 2021).

첫째, 부모의 부부 갈등을 높게 지각하는 기혼자녀의 결혼 만족도를 높이기 위해서는, 원가족 부모의 부부 갈등에 대한 탐색을 통해 현재 부부간 갈등 대처방식의 원인을 이해하는 과정이 필요하다. 또한 갈등의 원인을 이해하고 타협하는 부부 대화 프로그램 등 부정적인 대처를 합리적인 대처방식으로 바꾸는 교육 및 상담 개입이 필요하다.

둘째, 생애주기상에 있어서 많은 변화에 노출되어 결혼 만족에 위기를 겪는 시기인 중년기 부부에게까지 원부모의 부부 갈등은 영향을 미친다. 따라서 중년기 부부관계에 대한 상담 시 부모의 부부 갈등에 대한 지각을 살펴보고, 이를 통해 부부 갈등 상황에서 자신이 사용하는 갈등 대처방식에 대한 인식을 높일 필요가 있다.

셋째, 상담자는 부부 갈등을 겪는 내담자에게 자신이 스스로를 대하는 태도가 배우자에게 취하는 태도에 영향을 줄 수 있음을 인식하도록 한다. 그리고 무비판적 자아성찰, 인간의 보편적인 고통에 대한 통찰을 향상시키는 훈련 및 부정적 사건을 맞닥뜨렸을 때 겸허한 마음을 가지도록 돕는 자기자비(自己慈悲) 개입을 적용할 필요가 있다.

넷째, 자기조절 전략을 통해 스스로를 보살피게 되고 자신의 나약하고 취약한 모습까지도 인정하고 수용하게 된다. 그러므로 배우자와의 갈등 상황에서도 상대를 돌보는 마음으로 이해하고 받아들여서 회피적으로 표현하기보다는 자신의 의사를 이성적으로 분명하게 표현하는 대처전략을 선택하도록 개입하여 결과적으로 결혼 만족도를 높일 필요가 있다.

11 가족복지정책과 젠더 관점

1. 가족복지정책
2. 젠더 관점에서 본 가족복지정책의 개념
3. ‘with 코로나’와 함께하는 가족정책과 일상생활

Family and Gender | chapter 11

가족복지정책과 젠더 관점

1. 가족복지정책

여성가족부는 「건강가정기본법」 제15조에 의거하여 매 5년마다[1] 가족 내에서의 평등과 일·생활 균형을 지향하며 가족 구성원 모두 행복하고 평등한 사회를 만드는 데 중점을 둔 종합 대책을 수립하여 현재까지 추진해 오고 있다.[2]

1) 가족의 변화와 전망

(1) 가족의 구성과 형성 방식 다양화

우리나라의 경우, 현대사회로 오면서 1인 가구가 2010년 23.9%에서 2019년 30.2%로 급격히 증가하였다. 그리고 전형적인 가족으로 인식했던 부부와 미혼자녀는 2010년 37.0%에서 2019년 29.8%로 가구 비중이 감소하였다.

1) 제1차('06~'10), 제2차('11~'15), 제3차('16~'20) 건강가정기본계획을 수립함.

2) 이 장에서는 여성가족부의 「제4차 건강가정기본계획(2021~2025) '2025 세상모든가족함께'」를 중심으로 가족복지정책을 살펴본다.

그리고 혼인의 감소, 만혼화 현상의 고착화, 결혼 후 자녀 출산을 꺼리는 경향 등으로 가족을 구성하는 사례가 줄어들고 있다. 이러한 현상은 2020년의 통계청 자료에서 그대로 나타나고 있다. 예를 들어, '결혼하면 자녀를 가져야 한다'에 대한 응답이 20대는 47.5%, 30대는 59%, 60세 이상은 87.9%로 나타났다.

또한 가족의 개념은 전통적인 혼인 · 혈연 중심에서 확장되고 있다. 이것은 비혼 출산 · 동거 등 가족 형성의 다양화에 대한 인식이 커지는 경향을 보여 주는 것이다. 2020년도 여성가족부 통계에 따르면, '혼인 · 혈연 관계가 아니어도 생계와 주거를 공유하면 가족이다'에 대해 69.7%가 그렇다고 응답하였다.

가족의 돌봄 · 부양 기능의 약화, 코로나19로 인한 팬데믹의 지속, 돌봄의 공백, 돌봄 부담의 여성 회귀, 저소득층 가족의 경제적 어려움과 부담 등의 가중으로 가족의 기능이 더욱 보완되어야 할 것이다.

(2) 가족 내 개인 가치의 부각과 젠더 갈등의 지속

2020년 통계청 자료에 의하면, '결혼에서 가족관계보다 당사자가 우선'이라고 답한 경우가 20대는 56.8%, 30대는 52.8%, 60세 이상은 40.2%로 나타났다. 이것은 확대가족에 기반한 집단으로서의 가족 중심 문화에서 벗어나, 가족 구성원 개인의 권리에 대한 인식이 증대됨을 보여 주고 있다.

2020년 통계청 사회조사에 따르면, 청년세대에서 남녀 모두 생애 과업 1순위가 '일'이라고 답한 경우가 남성은 35.9%이고, 여성은 36.2%로 나타났다. 그리고 '부부가 공평하게 가사를 분담해야 한다'라는 조사에서는, 2010년에는 남성이 31.2%이고 여성이 42.2%이었으나, 2020년에는 남성이 57.9%이고 여성이 67.0%로 나타났다. 또한 맞벌이 부부의 성별 가사노동시간을 1일 평균으로 했을 때, 여성 3시간 7분, 남성 54분으로 나타났다.

이런 통계는 남성과 여성 모두 일을 중시하며, 가족 내 성역할 인식은 평등을 지향하는 반면에 가사 · 돌봄 분담에서의 불평등은 여전하고 이러한 부분은 남녀 갈등으로 지속되고 있다. 따라서 가족복지정책을 계획할 때 행정적 부분에서는 지원하고 복지적 차원에서는 남녀 균등하게 이루어져야 할 부분인 것이다.

(3) 가족의 시간과 일·생활 균형에 대한 욕구 증대 및 돌봄 부담의 감소

우리나라의 통계청과 한국은행과 금융감독원에서 조사한 결과, 지니계수(가처분소득기준)가 2011년에는 0.388이었으나 2018년에는 0.345로 나타났다. 그리고 가구 유형별 연평균소득이 전체는 5,828만 원, 한부모가구는 3,661만 원, 조손가구는 3,795만 원으로 나타났다. 또한 부모 부양의 주체가 '가족'이라고 보는 비율은 2012년에는 33.2%이었으나 2020년에는 22.0%로 나타났다. 이러한 통계는 소득 분배의 불평등은 완화되고 있으나, 가족 유형별 경제적 격차는 여전하고 또한 가족의 부양기능이 약화되고 있음을 보여 준다.

2020년 육아정책연구소의 자료에 따르면, 어린이집·유치원의 휴원기간에 따른 돌봄 공백 경험이 36.2%(맞벌이는 49.4%, 외벌이는 21.2%)로서 휴원·휴교, 돌봄시설 축소 운영 등에 따른 자녀돌봄의 공백이 나타났다. 그리고 2020년 통계청 자료에 따르면, 가구당 월평균 근로소득 변화가 하위 20%는 3.3% 감소하고 상위 20%는 2.6%로 증가하였다. 이는 실직·휴업 등 일자리 불안으로 저소득층 가족 소득이 감소하였기 때문이다. 이러한 통계는 코로나19로 인한 팬데믹 현상의 지속과 함께 가족의 돌봄 문제와 경제적 어려움 등이 가중되었음을 보여 준다.

그러므로 가족복지정책에서는 가족의 시간과 일·생활 균형에 대한 욕구 증대와 돌봄 부담을 균형 있게 보완할 필요가 있다.

통계청의 사회조사에 따르면, '일을 우선으로 한다'에 대해서 남성은 2011년에는 54.4%, 2019년에는 42.1%로 나타났다. 그리고 여성은 2011년에는 42.4%, 2019년에는 33.9%로 나타났다. 또한 '일·가정은 비슷해야 한다'에 대해서 남성은 2011년 29.3%이고 2019년 40.3%로 나타났다. 그리고 여성은 2011년 41.2%이고 2019년 49.5%였다. 이러한 통계는 일을 우선시하던 사회에서 일과 가정의 균형을 중시하는 사회로 변화하면서, 남성과 여성 모두 일과 가정이 비슷하게 중요하다는 비중이 증가함을 보여 준다.

그리고 노인돌봄의 주 행위자의 경우 2017년도에는 가족원이 87.4%이었다([그림11-1] 참고). 그리고 2020년 고용노동부의 가족돌봄휴가 비용 지원은 여성이 62%로 나타났다. 또한 연평균 노동시간을 비교해 보면, OECD 국가는 평균 1,734시간이고 한국은 2018년을 기준 1,967시간으로 나타났다.

이러한 통계는, 돌봄 인프라와 일·생활 균형을 위한 지원 확대에도 불구하고 장시간 근로와 육아휴직 등의 제도 활용의 어려움(중소기업, 비정규직 등)으로 가족(주로 여성)의 돌봄 부담이 높아진 실정임을 보여 준다.

그러므로 가족복지정책에 있어서는 가족의 시간과 일·생활에 대한 균형 욕구 증대, 돌봄 부담 체감을 사회활동에 맞추어서 가정과 사회 그리고 노동 현장에서의 여성의 부담을 줄일 수 있는 균형 잡힌 분배적 사회 시스템이 가동되어야 할 것이다.

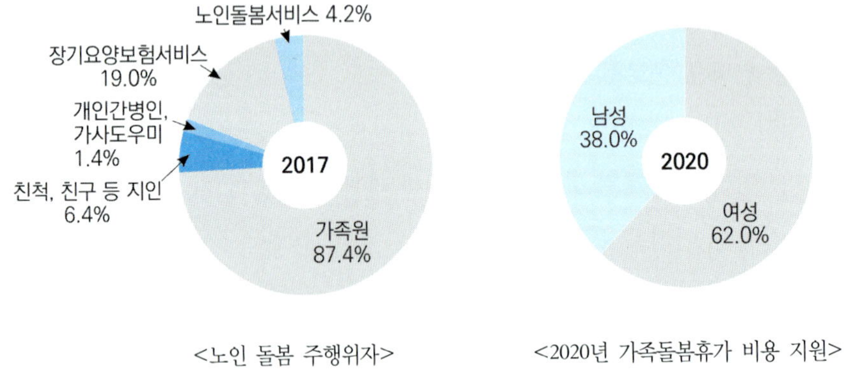

[그림 11-1] 노인돌봄 주 행위자와 가족돌봄휴가 비용 지원

출처: 여성가족부(2021).

2) 추진 방향

여성가족부의 제4차 건강가정기본계획에서의 추진방향을 가족복지정책의 측면에서 살펴보면 다음과 같다.

(1) 가족의 다양한 포용성

가족의 다양한 포용성과 관련된 추진 방향은 다음과 같다.

첫째, 가족의 다양성 증가를 반영하기 위하여 모든 가족이 차별 없이 존중받고 정책에서 배제되지 않는 여건 조성에 초점을 두어야 한다. 그리고 가족 유형에 따른 차별 해소 및 다양한 가족 구성의 선택에 대한 권리를 보장해야 한다.

둘째, 비혼, 1인 가구 증가 등에 따라서 다양한 돌봄과 친밀성의 욕구에 대응하는 사회적 돌봄 지원체계를 구축해야 한다. 그리고 혈연을 기반으로 하는 가족 구성원이 1차적으로 책임지던 돌봄의 사회적인 분담을 확대해야 한다.

(2) 모든 가족의 안정적인 삶의 여건과 보장성

모든 가족의 안정적인 삶의 여건과 보장성과 관련된 추진 방향은 다음과 같다.

첫째, 한부모가족·다문화가족 등 핵심 지원 대상 가족에 대한 지원은 지속적으로 강화되어야 한다. 그러나 욕구가 있는 모든 가족에 대해서는 가족 형태에 따른 낙인이나 차별이 없는 기본적인 가족생활을 할 수 있도록 지원을 확대해야 한다.

둘째, 비혼, 1인 가구, 노년기 가족 등 가족 구성원의 전 생애주기를 고려하여야 한다. 이것은 지역사회의 모든 가족에 대한 보편적 정책으로 확장되어야 한다.

셋째, 재난, 감염병 등 가족 위기에 대응할 수 있어야 한다. 그리고 지역사회를 기반으로 하는 소규모의 유연한 사회적 돌봄을 확충하여야 한다. 이를 위해, 위기·취약가족의 조기발굴과 지원, 비대면 가족서비스 등에 대한 확대가 이루어져야 한다.

(3) 가족 구성원의 개개인에 대한 존중

가족 구성원의 개개인에 대한 존중과 관련된 추진 방향은 다음과 같다.

첫째, 가족 구성원 개개인의 권리 인식 증가를 반영하여야 한다. 이를 위해서, '공동체로서의 가족 지원'에서 '가족과 개인의 삶을 지원'하는 방향으로 방식을 전환하여야 한다.

둘째, 부양자와 돌봄자 등 가족 내 성역할에서의 성평등, 세대・젠더 간에 있어서 위계 구조 없는 민주적인 가족관계 구현을 위한 정책 확대 및 가족 구성원 간에 상호 존중과 상호 돌봄 등에 대하여 성평등한 가족문화의 지향이 이루어져야 한다.

셋째, 여성의 일할 권리와 일・가정 양립을 강조하는 정책에서 남성과 여성 모두 일하면서 돌봄에 대한 권리 균형을 중시하는 성평등 관점에서의 정책적 기조가 강화되어야 한다. 이러한 정책적 기조를 강화하기 위해서는, 주로 돌보는 여성과 주로 일하는 남성을 전제로 한 남성 생계부양자 모델에서 남성과 여성 모두를 일과 돌봄의 주체로 설정할 수 있는 보편적 돌봄자 모델로 전환되어야 한다.

이러한 여성가족부 제4차 건강가정기본계획의 추진 방향에 따른 가족복지정책에 의하면, 여성과 남성의 성평등이 균형 있게 이루어지면서 일・가정 양립이 강조되어야 한다. 그리고 현대사회에서 다양한 가족 형태를 인정할 수 있는 지역사회적 문화가 있어야 한다. 따라서 가족복지정책이 잘 진행되기 위해서는, 2021년도에 새로 발족된 각 동의 주민자치회를 통해서 지역 주민에게 사회복지실천이 잘 연결되도록 해야 할 것이다.

2. 젠더 관점에서 본 가족복지정책의 개념

1) 개념

가족정책(family policy)과 가족복지정책(family welfare policy)의 개념적 구분은 사회정책과 사회복지정책의 각 전통을 수용하게 되는 국가의 접근방식에 따른 차이로 이해될 필요가 있다. 가족을 지원하는 프로그램은 국가의 접근 방식에 따라서 매우 다양한 차이를 보이게 된다. 두 개념에 관한 학자들의 관점을 살펴보면 다음과 같다.

첫째, 가족정책은 아동, 노인, 여성을 포함하는 대인적 서비스와 가족의 소득유지 프로그램뿐만 아니라 가족의 주거 및 교육적 욕구에 대한 부분을 지원하는 서비스와 관련된 주택정책과 교육정책의 일부까지도 포함하는 개념으로 인식되고 있다. 이에 비해서, 가족복지정책은 가족을 대상으로 하고 가족복지와 관련이 있는 국가의 모든 정책적 활동과 계획으로 정의되고 있다(김영화 · 이진숙 · 이옥희, 2002; 이옥희, 2003).

둘째, 현대 산업사회에서는 가족을 둘러싼 외부환경은 사회경제적 조건의 변화로 인해 가족이 다양한 문제에 직면하게 되었다고 가정한다. 따라서 가족이 처한 사회적 조건과 환경의 차이를 개선하려는 국가의 다양한 프로그램 제공은 필수적인 것이다. 그러므로 가족정책과 가족복지정책 개념 모두는 가족을 지원하게 되는 제도적 프로그램과 미시적인 가족대상의 대인적 서비스를 포함한다는 점에서 공통분모를 갖게 된다고 볼 수 있다.

그러므로 거시적 접근과 제도적 접근을 중심으로 하면서 개별 가족에 주목하는 미시적 접근을 통합하는 정의가 더 타당한 개념으로 보인다. 즉, 가족을 지원하는 정책은 개별 가족 구성원인 아동, 노인, 여성을 대상으로 하는 대인적 서비스가 중심이 되어야 하고, 이러한 대인적 서비스의 제공이 전체 가족의 삶의 질과 안녕을 보장할 수 있도록 하는 거시적 프로그램의 틀 속에서 제공되어야 한다는 식으로 가족복지정책을 정의할 필요가 있다(이옥희, 2003).

2) 필요성

2008년의 글로벌 금융위기에 따라 경기침체가 장기화되고, 가족을 위협하는 사회문제는 1997년 외환위기 당시보다 크게 악화되었다. 실업률이 급증하고, 영세 자영업자들의 도산이 줄을 잇고, 저소득 빈곤계층의 수가 나날이 증가하고, 가족해체 등이 가속화됨에 따라 위기 계층의 규모가 크게 증가하였다.

또한 외환위기 이후 혼인율은 감소하고 이혼율은 증가하였다. 또한 출산율의 감소라는 가족 인구학적 추세는 별로 달라지지 않았고, 오히려 더 심화되는 양상을 보이고 있다. 이에 노동이주와 혼인이주의 결합으로 나타나는 다문화가정의 증가, 여성의 경제활동 증가로 인한 가정 내 돌봄의 공백 등 새로운 사회문제가 등장하였다. 그리고 악화되었던 문제들이 아직도 충분하게 해결되지 않고 현재로 이어지고 있다. 따라서 한국 사회에서 경제위기는 곧바로 가족복지의 위기로 연결되고 있다. 이런 상황에서 경제위기 이후 가족해체 현상과 가족의 유지를 위한 가족복지정책이 절실하게 필요하게 되었다(도미향 · 윤지영 · 이명숙, 2010).

코로나19와 관련한 현대사회에서 볼 때, 2020년 1월 20일에 국내에서 첫 코로나 확진자가 발생한 이후, 신종 코로나바이러스 감염증은 아직도 그 기세가 꺾일 줄 모르고 증가하고 있다. 2020년 아이들의 겨울방학이 끝나고 개학을 맞이해야 하는데, 교육부는 개학을 세 차례에 걸쳐 연기를 한 후, 사상 초유의 '온라인 개학'이 결정되기도 했다. 사실 온라인 개학은 부모(돌봄자)가 온라인 학습지원의 역할까지 맡아야 함을 의미하는 것이었다. 즉, '돌봄 공백' 혹은 '돌봄 부담 과중'에서 자유로울 수 없는 상황이 된 것이다. 초유의 감염병 재난으로 어린이집, 유치원, 학교, 지역아동센터 등 보육 · 교육 기관들이 모두 문을 닫게 되었다.

그간 정부는 저출산 대책으로 초등학교 돌봄교실(교육부), 지역아동센터(보건복지부), 청소년 방과 후 아카데미(여성가족부) 등을 아우르는 '온종일 돌봄체계' 구축을 추진해 왔다. 정부 부처별로 각기 다른 전달체계를 운영하고 있기는 하나, 협력적으로 운영하면서 돌봄 공백을 없애고자 하였다. 하지만 정작 위기 상황에서 이 협력체계는 제대로 작동하지 못하고 있었다.

이런 상황에서 교육부 주도의 대책 발표가 이루어지는 가운데, 지역아동센터 등 다른 돌봄 주체의 역할은 고려되지 않았다. 그간 지역의 저소득층, 취약계층 아이들의 방과 후 돌봄을 담당해 왔던 지역아동센터는 휴관 연장이 권고되었다. 그로 인해 발생하는 아이들의 급식 공백, 돌봄 공백은 민간 후원금 등을 받아서 자체적으로 해결하였다. 이제는 향후 어떤 재난적 상황이 또다시 발생하더라도 돌봄 공백이 발생하지 않고 지역사회 돌봄체계를 제대로 구축할 필요가 있다.

그리고 코로나19 상황이 장기화되면서, 이제 '감염병 질환'의 문제를 넘어 '삶의 위기, 재난'의 문제가 되고 있다. 이 위기는 한국 사회 모든 사람의 일상을 지배하면서 불안과 공포를 증폭시키고 있다. 코로나19로 인한 위기는 모든 국민의 보편적 상황이 되었다. 하지만 사람들이 각자 위치인 삶의 자리에서 경험하고 있는 위험과 위기의 양상은 단일하지 않다. 한쪽에는 매출이 줄어 경영에서 어려운 사업주, 자영업자, 실직으로 생계가 막막해진 직장인도 있다. 또 다른 쪽에는 늘어난 업무로 엄청난 노동강도와 과로로 고통받는 택배 배송직원들, 의료진, 방역담당자들도 있다. 그리고 재택근무를 하면서 아이를 돌보는 경우, 육체적, 정신적 스트레스와 고단함을 호소하는 부모들도 있다.

다른 한편에는 생계 때문에 불안한 마음으로 아이를 긴급돌봄시설에 맡기고 일을 하러 가야 하는 부모들도 있다. 학교가 장기간 문을 닫게 되면서 급식, 돌봄, 교육의 공백 속에서 더 큰 위험에 놓인 아이들도 생긴 것이다. 이러한 보편적 재난의 위기 속에서 위험의 경중을 따지는 것은 무의미하다. 하지만 사람들이 겪는 위험의 양상이 각기 다르고 다층적이라는 것에 주목해서 상황에 맞는 세심한 대책이 마련될 필요가 있다(김영미, 2020).

현재, 코로나 팬데믹이라는 상황에서 한국 가족들이 어떻게 대처하며 일상을 꾸려가고 있는지 그 현실을 들여다보아야 할 것이다. 그간 정부가 저출산에 대응하며 적극적으로 추진해 왔던 가족정책들이 가족복지정책과 맞물려서 'with 코로나' 일상생활로 돌아가는 전환적 단계가 필요한 상황이다. 앞으로는 지금의 재난을 위기로 끝낼 것이 아니라, 더 나은 미래를 위한 변화의 계기로 만들어야 할 필요성이 있다.

3. 'with 코로나'와 함께하는 가족정책과 일상생활

여성가족부의 제4차 건강가정기본계획을 통해서 'with 코로나'와 함께하는 가족정책을 살펴보면 다음과 같다.

1) 가족정책

모든 가족을 포용하는 사회 기반을 구축하는 것과 관련된 정책 방향은 다음과 같다.

첫째, 가족의 다양성을 수용하는 법적 제도를 마련해야 한다. 구체적으로, 가족 유형에 따른 차별을 해소하고, 다양한 가족 구성에 대한 정책적 지원 방안을 마련해야 한다.

둘째, 가족에 대한 다양성을 인식하고 평등한 가족문화 확산을 통해서 가족 다양성에 대한 사회적 감수성을 제고하여, 가족과 개인이 함께 공존할 수 있는 평등한 가족문화를 조성해야 한다.

셋째, 가정폭력에 대한 대응력을 강화할 수 있는 가족 구성원의 인권을 보호해야 한다. 구체적으로, 가족 구성원의 안전을 보장하기 위한 법률을 정비하고, 가정폭력과 아동학대 사건 발견 및 대응 강화를 통해서 가정폭력・아동학대 피해에 대한 통합적 지원 시스템을 강화해야 한다.

2) 가족정책 과제의 현황

가족정책 과제의 현황은 다음과 같다.

첫째, 가족 구성이 다양해지고 가족에 대한 인식이 확장되고 있으나 가족 형태에 따른 차별과 편견은 여전히 상호 존재하고 있다. 예를 들어, 2017년 한국보건사회연구원의 통계에 의하면, '다양한 가족에 대한 사회적 편견이 있음'이 90.5%로 나타났다. 그리고 2018년 다문화가족 실태조사에 의하면, '결혼이민자・귀화자에 대한 차별 경험'이 본인인 경우에는 30.9%, 자녀인 경우에는 9.2%로 나타났다. 같은 해의 한부모가족 실태조사에서는 한부모가족의 약 16%가 차별을 경험했다고 답했다. 이러한 통계는 가족 다양성에 대한 사회적 수용도는 대체로 높지만 개별 가족들이 느끼는 편견과 차별이 여전하다는 것을 보여 준다.

둘째, 법률혼・혈연중심의 경직되고 협소한 가족개념 규정[3)]으로 다양한 가족[4)]을 포용하지 못하고 있다.

셋째, 다양한 가족에 대한 차별적인 제도들이 발굴되어 왔지만, 개선되지 않고 있어서 법제(法制)의 개정이 필요하다. 현행법상에서 차별적인 내용의 예를 들어보면 다음과 같다.

- 미혼모와 자녀에게 차별적인 인식을 야기시키는 '자녀에 대한 성본 결정에 있어서 부성우선의 원칙'이 있다.
- 혼인중・혼인외 출생자에 대한 차별적 용어 부분에서 '법률혼 부모 중심의 친자관계법'이 있다.
- 신고 의무자의 아동 출생신고가 누락된 경우, 아동인권의 사각지대 발생 시 나타나는 '출생등록 문제'가 있다.

3) 「건강가정기본법」 제3조(정의)에서는 가족을 '혼인・혈연・입양' 중심으로 규정한다.

4) 아동학대 등으로 가족정책 차원에서 지원 필요성이 증대된 위탁가족, 동거 사실혼 부부, 특히 돌봄과 생활을 함께하는 노년의 동거 부부 등을 말한다.

- 출생신고 시 법원의 확인이 필요한 경우 또는 확인 절차를 거치는 동안 아동이 미등록상태로 복지 사각지대에 노출되는 '미혼부 자녀의 출생신고 문제'가 있다.

넷째, 가부장적・위계적 가족문화와 이로 인한 가족 내 갈등과 폭력, 아동학대 등이 가족 구성원에 대한 인권 침해로 이어지는 문제가 지속되고 있다. 이로 인해 전통적인 가족주의에서 벗어나 가족 내 개인 가치가 부각되고 있다. 그러나 여전히 가부장적 가족의례・문화(예컨대 장례시 상주는 남성) 등으로 세대 사이에 그리고 남성과 여성 사이에 갈등 상황이 지속되고 있다.

3) 가족정책 방향

(1) 가족 구성의 다양성 보장을 위한 관련 제도 개선

가족 구성의 다양성을 보장하기 위한 제도를 개선하는 것과 관련된 가족정책 방향은 다음과 같다.

첫째, 법률혼 또는 혈연 중심으로 규정된 가족 관련법의 가족 정의 규정 개정 및 가족 유형에 따른 차별금지와 예방을 위한 법적인 근거를 마련한다.

둘째, 결혼제도 밖의 다양한 가족의 구성을 보장하고 친밀성과 돌봄 기반의 대안적 관계(비혼・노년동거 등)에서 생활, 재산 등 권리 보호에 대한 방안을 마련한다.

(2) 가족 다양성에 대한 사회적 감수성 제고 및 평등한 가족문화 확산

가족 다양성에 대한 사회적 감수성을 제고하고 평등한 가족문화를 확산하는 것과 관련된 가족정책 방향은 다음과 같다.

첫째, 공무원 등 대상자별 가족 다양성에 대한 교육을 운영한다. 그리고 정부간행물 등의 반편견에 대한 모니터링을 실시하고, 매체 홍보 등에 있어서 가족 다양성에 대한 인식을 확산시킨다.

둘째, 성불평등한 가족 의례와 문화를 발굴하고 개선한다. 이를 위해, 다양한 가족의 구성원 간 상호 존중하는 가족 관계에 대한 확립을 지원한다.

셋째, 가족 내에서 위계질서에 기반한 폭력과 아동학대 등에 대한 예방 및 피해자 보호 강화로 가족 구성원의 안전과 인권을 보장한다.

4) 'with 코로나'와 함께하는 가족의 갈등 문제

'with 코로나'와 함께하는 가족의 갈등 문제와 관련된 가족정책 방향은 다음과 같다.

첫째, with 코로나와 함께하는 시기에 여성의 가정 내 돌봄시간과 가사노동시간의 증가는 가족 구성원의 역할 증가를 의미한다. 따라서 가정 내 역할에 대한 재정립이 필요하다. 외부 환경의 변화로 가정 내 역할 재정립이 필요할 때 의사소통이 원활하지 않거나 어느 한쪽에 역할이 과중될 때 가족의 갈등은 발생할 수밖에 없다(주국희, 2020).

둘째, 2020년 육아정책연구소의 자료에 의하면, 휴원 기간 동안에 자녀에 대한 돌봄은 부모의 직접 돌봄이 우세하였는데, 그중에서도 모의 돌봄이 크게 늘어난 것으로 나타났다. 이것은 사회적 거리두기 일환으로 실시한 재택근무, 유연근무제 등으로 남성의 자녀돌봄이 증가하였지만 남성의 돌봄 참여는 그리 높지 않았음을 보여 준다. 이러한 통계는 코로나 팬데믹이라는 특수 상황에서도 여성과 남성의 성별 격차가 존재함을 보여 준다. 그리고 2020년도 통계청이 발표한 자료에서도, 여성과 남성의 가사노동시간에 대한 격차가 무려 2시간 17분으로 여성이 훨씬 많았다. 이것은 여성이 3시간 13분이었고 남성은 56분으로서, 여성이 3배 이상 가사노동에 더 많은 시간을 할애하고 있음을 보여 준다.

셋째, 2019년 여성가족부의 발표에 따르면, 국가 및 지역성평등지수에서 가족분야는 최하위 수준이었다. 국가 및 지역성평등지수는 성평등 수준을 계량적으로 측정할 수 있도록 지수화된 값을 말한다. 그리고 복지, 의사결정, 경제활동 등의 분야별 남녀 격차를 매년 측정하고 있는데, 이 측정에서 여성과 남성이 완전 평등한 상태는 100점이고, 완전 불평등한 상태는 0점으로 표시한다. 그중에서 가족분야를 살펴보면 60.5점으로, 총 8개 분야에서 7번째를 차지하였다. 이것은 교육과 직업훈련분야가 90.1점, 보건분야가 97.3점으로 나타난 것에 비해서 현저하게 떨어진 것이다. 또한 육아휴직 성비는 21.7점이고 가사노동시간 성비는 28.2점으로, 가족분야 중에서 가장 낮았다. 이러한 통계는 여성의 경제활동이 증가하고 교육이나 직업훈련의 기회가 평등해지고 있지만, 가족 내 돌봄과 가사노동은 여전히 여성의 몫으로 남아 있음을 보여 준다.

그러므로 'with 코로나'와 함께 일상으로 돌아가는 과정에서 가족 갈등과 가족 내 성평등문제는 꼭 정책적으로 다루어져야 할 부분이다.

Family and Gender | chapter

12

코로나19 팬데믹 상황과 젠더

1. 코로나19와 사회·젠더(개신교) 분야
2. 한국 종교의 코로나 인식과 대응
3. 코로나19 팬데믹 속에서 남성 가사분담 역할의 중심
4. 코로나19 재난 위기 속에서 돌봄의 공공성과 국가 역할에 대한 인식
5. 코로나19 팬데믹 상황에서 젠더의 정의 사회 구현

Family and Gender | chapter 12

코로나19 팬데믹 상황과 젠더

1. 코로나19와 사회 · 젠더(개신교) 분야

한국 개신교는 코로나19 팬데믹인 상황에서 젠더에 대한 문제 인식차와 성불평등의 심화 부분을 사회 · 젠더 분야에서 살펴본 바 있다. 이것을 구체적으로 살펴보면 다음과 같다(이상철 외, 2020).

1) 코로나19가 보여 주는 불평등한 진실

2015년 이후 한국 사회에서는 젠더 갈등과 혐오 문제가 봇물 터지듯 쏟아졌다. 신자유주의 체제에서 불평등은 심화되고 또한 스스로 알아서 살아가야 하는 시대가 됨에 따라서, 한국 사회에는 사회적 약자와 소수자에 대한 차별과 혐오가 깊숙이 자리하게 되었다. 이 과정에서 페미니즘은 대중화되었고, 사회적 취약계층에 대한 인식은 거대하지만 느린 변화를 맞고 있었다. 그러나 예기치 못한 코로나19의 팬데믹 확산 때문에, 차별과 불평등의 속에 있는 불편한 진실을 명확히 드러내었다. 동시에 그동안 각 분야에서 일어난 어려움과 삶에 대한 투쟁들을 한 발 뒤로 물러서게 했다. 코로나19의 팬데믹 확산 위기에서 찾아오는 사회적 불평등한 진실은 사회의 가장 낮은 사람에게 먼저 나타났다.

2) 코로나19 상황의 여성

'코로나19 상황에서 여성의 경제활동이 남성에 비해 더 불리했는가?'라는 질문에서 '그렇다'는 36.9%, '그렇지 않다'는 40.6%로 나타났다. 전체 응답률만을 보면 별다른 차이를 보이지 않지만, 성비에 따른 응답률의 차이는 분명하게 나타났다. '여성이 남성에 비해 감봉이나 실직, 무급휴직 등으로 경제활동에 있어서 불리했다'에 대해서는 여성 응답자의 48.8%, 남성 응답자의 22.2%가 그렇다고 답하였다.

이러한 응답률은 '여성, 비정규직, 가구소득이 낮을수록' 높게 나타났다. 이것은 여성들이 전문직이나 정규직 이외 캐셔 및 청소 용역, 요양보호사 등 비정규직일 경우, 위기 상황에서 상대적으로 경제적 활동이 더욱 제한되거나 불안정한 위치에 놓이게 되고 있음을 보여 준다.

2019년도에 통계청과 여성가족부에서 작성한 '2019년 통계로 보는 여성의 삶'에 의하면, 여성 고용률은 지속적으로 증가하였으나 여성 비정규직 비율(41.5%)이 남성(26.3%)보다 훨씬 높게 나타났다. 이것은 고용안정과 임금 등 경제활동에서 불리한 위치에 놓인 여성이 코로나19 위기로 인해 감봉이나 무급휴직, 실업에서 남성보다 더 경제적 위기에서 취약하다는 것을 보여 주는 것이다. 또한 이것은 코로나19 상황에서 여성의 경제적 활동과 가정생활에서의 제약 및 불평등이 더 심화되고 있음을 보여주는 것이다.

3) 위기 상황에서 안전조치

코로나19 확진자를 추적하고 방역 및 안전조치를 시행하는 일에 있어서 국가의 역할과 시민들의 협조가 중요하다는 사실은 자명하다. 그러나 이 과정에서 자신과 가족

이외의 타인에 대한 신뢰는 약화되었다. 특히 코로나19 감염의 진원지(신천지, 해외 입국자, 이태원 클럽)에 대한 혐오는 두드러졌다. 예를 들어, 코로나19 진원지가 된 집단들에 대한 반응을 묻는 질문에서는 '경계하거나 혐오했다'라는 응답자가 71.6%, '혐오하지 않았다'라는 응답자가 24.5%로 나타났다. 따라서 혐오했다는 응답자가 혐오하지 않았다는 응답자보다 47.1%p 높은 것으로 나타났다.

그리고 혐오 반응은 20~30대보다 40대 이상에서 상대적으로 높았다. 이와 관련하여, 이태원 클럽 감염 이후 동성애자에 대한 반감 정도를 묻는 질문에서도 응답률은 비슷하게 나타났다. '동성애자에 대한 반감이 커졌다'라고 답변한 사람이 65.3%, '그렇지 않다'라고 답변한 사람이 26.3%이었고, 8.4%가 '잘 모르겠다'고 답변하였다. 반감 정도가 심화된 경향을 보면, 연령이 높고 신앙도가 깊을수록 반감이 높게 나타났다.

코로나19가 장기화되면서 경기침체는 물론 생계를 위협받는 사람들이 많아지고 있다. 상대적 박탈감이나 불평등을 넘어 파산하는 사람들이 증가하고, 노인과 장애인, 아이들에 대한 돌봄이 더 시급한 문제로 다가오고 있는 것이 현실이다. 나아가, 보이지 않는 노동 현장, 가사와 돌봄, 열악한 외부 환경에 노출된 노동자들이 우선적으로 경제활동에서 제외되고 있다. 최근 뉴스에 따르면, 20~30대 여성과 경제 취약계층의 자살률이 2019년에 비해 13.6~17.9%나 증가했다(국민일보, 2020).

이러한 위기 상황에서 안전조치 시행은 사회적 약자와 소수자에 대한 혐오로 확대되고 있는 것을 알 수 있다.

2. 한국 종교의 코로나 인식과 대응

한국 종교와 코로나19 팬데믹 상황의 인식 및 대응 방식에 대한 비교 분석을 살펴보면 다음과 같다(성해영, 2021; 류제동, 2021; 김선필, 2021; 정경일, 2021; 김완 2020; 황인호, 2021; 권종술, 2020; 최은숙, 2021).

첫째, '코로나19에 대한 한국 불교계의 인식과 대응'에서 살펴보면, 불교계에서는 정부 방역 정책에 선제적으로 협조하였으며, 사찰은 전염 확산의 통로로 기능하지 않았다. 이런 불교계의 대응으로 인해, 불교는 5대 종교 호감도 조사에서 1위를 차지하였다. 그리고 코로나19에 대한 인식은 승려와 불교학자 사이에 차이가 나고 있다. 진제, 법륜, 용타와 같은 명망 있는 승려는 코로나19를 자기 성찰과 완성의 기회로 삼아야 함을 강조하는 데 반해서, 불교학자들은 불교 수행자나 불교의 사회적 책무 등을 역설하고 있다. 그러나 코로나19를 불교는 교리적으로 해석하거나, 차별화된 대응을 보여 주지 않았다는 점에서, 불교만의 고유한 특성은 찾기 어렵다는 지적도 있다.

둘째, '코로나 시대, 한국천주교회의 대응과 변화'에서는 천주교가 코로나19 상황에서 사회적 거리 두기를 포함한 정부의 방역 정책에 적극적으로 협조했던 이유를 '천주교회의 교계제도, 대규모 감염병에 대한 역사적 경험, 사회교리의 핵심 원리인 공익과 공동선(共同善)의 추구 및 사회적 기대에 부응하려는 태도'에서 찾았다. 그러므로 천주교 역시 코로나19에 대한 교리적 해석이나 이에 근거한 천주교만의 독자적인 대응을 보여 주지 않은 것으로 나타난다. 정부 방역 정책에 협력한 탓에 성당이 전염병 확산의 통로로 기능하지 않았다는 사실도 불교 등 여타 종교와 크게 다르지 않았다.

셋째, 「코로나19 시대, 한국 개신교의 재난 인식과 대응」이라는 연구에서는 개신교의 인식과 대응을 비판적으로 다루었다. 여기에서는 정부 방역 정책을 둘러싸고 빚은 갈등과 교회발 코로나 확산 등은 개신교의 문제가 팬데믹 상황에서 뚜렷하게 드러난 것이라 해석하였다. 특히 코로나19 상황이 시작된 2020년 초에 이런 경향이 두드러졌다. 코로나19 상황을 신의 심판으로 간주한 일부 목회자들이 대표적이다.[1] 그러나 상황이 장기화되고 교리적 해석에 대한 사회적 비난이 커지자, 이런 시도는 초기에 비해서 많이 감소하였다. 하지만 유사한 주장이 간헐적으로 여전히 등장하는 것을 고려

1) 자연재해와 전염병을 신의 심판으로 해석하려는 시도는 개신교에서 끊임없이 등장해 왔다. "중국의 엄청난 기독교 박해, 특히 그 박해의 시범지로 우한이 선택되면서 우한에서 많은 그리스도인이 심각하게 위협을 받고 있는 상황 속에서 이와 같은 폐렴, 코로나 바이러스가 우한에서 창궐하고 있다고 보는 것도 성경적으론 합리적인 해석"(사랑침례교회 정동수 목사)이라는 견해나 "성경이 말하는 전염병은 대부분이 다 범죄한 백성들과 그 시대에 대한 하나님의 징벌이었어. 죄 때문이었고, 그 시대를 향한 하나님의 벌이었다"(송촌장로교회 박경배 목사)라는 주장이 대표적이다(권종술, 2020 재인용).

하면, 교리적 해석이 내부적으로는 시도되지만 이를 외부에 표현하지 않고 있을 가능성도 있다.[2] 대응이라는 관점에서 개신교는 더 분명한 차이를 보여 준다. 대면 예배를 선호했고, 적지 않은 수의 교회가 예배 후의 공동식사, 성경 공부와 같은 소모임을 지속하려 했다. 그 결과, 개신교 시설에서 발생한 확진자는 다른 종교에 비해서 확연히 많았고, 증감은 있지만 교회발 확산은 팬데믹 상황 동안 지속적으로 나타났다.

[표 12-1]은 한국기독교사회문제연구소가 코로나19 발발 이후 2021년 초까지 종교시설에서 발생한 집단감염 현황을 조사해 정리한 내용이다. 여기에 따르면, 사찰의 경우 보고된 집단감염이 아예 없었던 것에 반해, 교회는 종교시설 집단감염 발생의 대부분을 차지하고 있다. 2021년 중앙방역대책본부의 발표된 조사 역시, 종교시설 집단감염 54건 중 개신교가 51건에 달한다는 비슷한 결과를 내놓았다(고석표, 2021).

[표 12-1] 집단감염이 발생한 종교시설별 현황(최은숙, 2021)

종교단체 \ 내용	집단감염 사례 건수	집단감염자 수(명)
개신교(교회)	51	2,953
천주교(성당)	2	19
불교(법당)	0	0
기타 종교(신천지)	1	4,714
합계	54	7,866

출처: 한국기독교사회문제연구소(2021) 재구성.

3. 코로나19 팬데믹 속에서 남성 가사분담 역할의 중심

코로나19 팬데믹이라는 현상 속에서 남성의 가사분담 역할을 중심으로 살펴보면 다음과 같다(김지현 · 최영준, 2021).

2) 천주교는 사뭇 다른 인식 태도를 보인다. 예컨대, 프란치스코 교황은 코로나19를 "하느님께서 내리시는 일종의 징벌"이 아닌(프란치스코 2020, 34항), "우리가 서로에게 속한다는 인식, 곧 우리가 형제자매라는 피할 수 없는 그 복된 인식"(프란치스코 2020, 32항)을 확인하는 계기로 활용해야 한다고 주장한다. 이는 교회의 적극적인 역할을 강조하는 입장이다(김선필, 2021 재인용).

첫째, 코로나19 팬데믹 속에서 디지털 경제 이행은 전반적으로 가족과 함께하게 되는 시간의 증가를 가져왔다. 따라서 디지털 경제 이행은 가족 간 관계를 더 향상시키는 기회로 활용할 수 있을 것이다. 그러나 무엇보다 중요한 것은, 가족 간의 시간이 늘어나는 만큼 증가하는 가사노동 또한 공평하게 분배함으로써 가족 구성원 간에 서로를 지지하고 협력해 나가려는 노력이 뒷받침되어야 한다는 것이다. 가구 내에서 여성과 남성의 평등이 증진될 때, 코로나19 팬데믹의 장기화는 위기 상황에서 발생할 수 있는 가족 간의 문제들을 최소화할 수 있을 것이다. 이를 위해 근본적으로는 무급 가사노동과 돌봄의 사회적 가치를 인정할 수 있어야 한다. 그리고 유급 노동만 꼭 필요하고 생산적인 일이라는 인식을 제고해 보아야 한다.

둘째, 성역할의 규범을 완화하기 위해서는 '회사 다니는 엄마'와 '가사 일을 하는 아빠'에 대한 바람직한 이미지를 그리는 TV 광고, 포스터 등의 캠페인을 활용하는 다양한 정책적 노력이 필요하다. 이러한 캠페인을 통해서 장기적으로는 전통적인 성별 고정관념을 사회화시키는 일부 교육 과정을 개선함으로써, 사회 규범을 무비판적으로 수용하게 되는 시기인 유아기부터 양성평등 의식을 자연스럽게 흡수할 수 있도록 하는 것이 바람직하다.

셋째, 이런 캠페인과 유아기 때의 교육 및 사회 규범은, 청소년기와 성인기를 통해 성장한 이후에도 남성이 보다 적극적으로 일 · 가정 양립을 하는 데 도움이 되도록 제도적으로 개선할 필요가 있다. 예를 들면, 실질적인 경제적 손실로 인해서 가족돌봄휴가나 육아휴직을 사용하지 못한 이들이 상당수 있을 것이라 예상된다. 이것은 소득의 상한금액을 더 높은 수준으로 조정해서 소득대체율을 높이는 등의 제도 개혁을 실시함으로써, 남성의 휴직 사용을 장려하는 데 도움이 될 수 있을 것이다. 만약에 휴직을 선택할 수 없다면 재택근무 혹은 탄력근무와 같이 상황에 따라서 노동시간이나 장소를 조정할 수 있는 유연근로제도의 역할이 중요하게 될 것이다. 이런 제도를 통해서 남성들의 탄력적인 근로환경과 자율 및 신뢰를 바탕으로 한 유연한 노동조건이 함께 이루어진다면, 코로나19 팬데믹 상황 속에서도 일과 가정생활을 보다 더 조화롭게 같이할 수 있을 것이다. 그리고 이러한 유연근무제 이용에 대한 불이익이 발생하지 않도록, 기업 수준에서 인사에 대한 지침을 개발하는 등의 제도적 장치를 마련하는 노력이 동반되어야 할 것이다.

4. 코로나19 재난 위기 속에서 돌봄의 공공성과 국가 역할에 대한 인식

코로나19로 인한 재난의 위기는 이전에 없었던 방식과 강도로 현대사회의 다양한 면을 변화시키고 있다. 이것은 코로나19 재난 위기가 돌봄 위기를 사회적으로 부각시켰다는 문제의식에 기반한다. 물론 코로나19 전염병이 생기기 이전에도 돌봄과 관련된 위기의 징후는 충분히 있었다. 그러나 코로나19 재난 위기는 이미 존재하고 있었던 위기와 돌봄 부정의[3]를 극단적으로 표출시키는 계기로 작동했다. 이것은 역설적으로 돌봄의 중요성을 많은 사람에게 이해시키는 계기로 작동하고 있다(김영란, 2020; 정슬아, 2020).

이에 코로나19 재난 위기 속에서 돌봄의 공공성과 국가 역할에 대한 인식을 살펴보면 다음과 같다(박선경 · 김희강, 2021).

1) 돌봄의 공공성에 대한 인식

코로나19 팬데믹 속에서, 돌봄은 국가가 책임져야 하는 부분이라고 인식하게 되었다. 즉, 돌봄의 공공성에 대한 인식은 돌봄 위기해결과 돌봄 정의(正義)를 확보하기 위한 첫 번째 선행조건인 것이다. 돌봄은 특정 성별만이 책임져야 하는 문제라거나 특정 집단에게만 예외적으로 발생하는 이슈가 아니다. 이것은 국가와 사회 전체가 정당한 공적 관심을 가지고 사회적 책임을 논의해야 하는 이슈인 것이다. 이렇게 모든

3) 부정의(不正義)는 옳고 바른 도리나 의의가 아닌 것을 의미한다.

시민은 생애 주기 속에서 돌봄을 제공하거나 받는 등 어떤 방식으로든 돌봄을 경험한다. 그뿐만 아니라 돌봄은 아이를 기르고 노인을 보살핌으로써, 아픈 사람과 장애인을 돌보는 비용을 사회 전체가 분담하고 그 편익, 역시 사회 전체가 누리게 되는 공공재의 성격을 지니는 것이다.

그러나 이러한 돌봄의 공공성에도 불구하고 돌봄 문제가 특정 개인이나 특정 성별만의 문제일 뿐, 사회적으로 해결할 중요한 과제라고 생각하지 않는 사람들이 대다수일 수 있다. 이렇게 되면, 다수결의 의사결정 방식이 주도적인 현대 대의(大義) 민주주의 사회에서 돌봄 문제가 그 중요성이나 정의(justice) 실현의 문제와 별개로서 상대적으로 소홀하게 다뤄질 수밖에 없게 된다(윤자영 역, 2007).

2) 국가 역할에 대한 인식

2020년 9월에 어른이 없는 집에서 라면을 끓이다 화재가 발생한 인천 라면형제 사고가 있었다. 이와 관련된 많은 사연이 기사화되면서, 형제의 치료와 복지를 위해 안타까운 사연에 공감하는 시민들의 기부가 이어졌다. 또한 돌봄시스템을 재정비할 필요성에 대해서도 시민사회의 요구가 직접적으로 대두되었다. 예컨대, 한부모연합에서는 '라면형제의 사고는 누구의 책임인가'라는 입장문을 내고서, 돌봄 공백에 대한 문제를 공론화시켰다. 이는 정치권으로까지 이어졌고, 이에 정파를 초월해 여·야의 국회의원들은 돌봄 사각지대에 대한 방지를 위해 대책 마련에 힘쓰고자 약속했다(권현경, 2020; 김보연, 2020).

이처럼 코로나19 위기는 이전에 다수 대중에게 제대로 인지되지 못했던 돌봄의 공공성을 깨닫게 하는 집단적 경험을 역설적으로 제공했다고 볼 수 있다. 돌봄이 '잠시 멈춤 하자마자, 가족의 안과 밖에서는 모두 곧 바로 비명'이 나왔다. 이러한 비명은 돌봄은 '잠시 멈춤해야 한다는 것이 불가능하다는 것을 새삼스럽게 환기'했다. 그리고 코로나19 위기는 '우리들 삶 속에서 진짜 무엇이 필요한지를 생각하게 하는 기회가 되었으며 멈춰도 될 것과 멈출 수 없다는 것'을 가시화하는 데 도움을 주었다(전희경, 2020; 장이정수, 2020).

3) 코로나19 위기 속에서 돌봄의 중요성

코로나19 위기 속에서 돌봄의 중요성을 인식하게 된 사람일수록, 공공 돌봄서비스에 대한 종사자나 돌봄 노동자들을 위한 임금 인상이나 처우개선을 위한 조치에 대해서 더 찬성할 것으로 보인다. 실제로, 코로나19 확산 초기에 청도대남병원에 있는 정신병동 입원자 103명 전원이 집단으로 감염되면서, 요양시설이나 정신병원 등에 대한 열악한 환경과 이곳에서 일하고 있는 간병인과 요양보호사들의 어려움에 대한 보도가 많이 있었다.

또한 코로나19로 인해 많은 공적 돌봄 기관이 문을 닫아야 했다. 그리고 이곳에서 돌봄을 제공받았던 이들은 방치되는 어려움과 함께, 이곳에서 일하는 사람들 역시 일자리를 잃거나 불안정한 상태에서 노동하게 되는 상황을 겪게 되었다. 이처럼 코로나19의 위기로 인해 돌봄 노동자들의 열악한 환경이나 처우문제가 인급되기 시작했다. 이러한 상황을 통해서 돌봄의 중요성을 공감하게 된 국민일수록, 열악한 돌봄 노동자들에 대한 현실을 개선하기 위해서 이들에 대한 처우를 개선하는 데 찬성할 확률은 높을 것이다. 그리고 이러한 상황은 돌봄이 얼마나 중요한지를 다시 한번 알려 주는 계기가 될 것이다.

4) 코로나19 재난 위기 속에서 돌봄의 공공성과 국가 역할에 대한 인식 분석자료

박선경과 김희강(2021)은 코로나19 재난 위기 속에서 돌봄의 공공성과 국가 역할에 대한 인식을 연구한 바 있다. 이들의 분석 자료를 살펴보면 다음과 같다.

(1) 돌봄의 중요성과 공공성에 대한 시민들의 응답 분포

돌봄의 중요성과 공공성에 대한 시민들의 응답 분포가 어떤지 확인해 볼 필요가 있다. 전체 응답자 총 1,507명 중 돌봄이 매우 중요하다고 답변한 사람은 375명(24.88%)이고, 다소 중요하다고 답변한 사람은 627명(41.61%)이다. 둘을 합치면 총 66.49%로, 3분의 2 정도의 응답자가 돌봄의 중요성을 이해하고 있는 것이므로 높은 수치라 할 수 있다.

(2) 돌봄의 국가 책임에 대한 시민들의 응답 분포

반면, 돌봄의 국가 책임의 경우는 좀 더 첨예한 차이를 보인다. 전체 응답자 총 1,507명 중 돌봄이 국가 책임이라고 응답한 사람은 747명(47.57%), 생각이 달라지지 않았다고 응답한 사람은 635명(42.14%), 국가 책임이라는 생각이 약해졌다고 응답한 사람은 125명(8.29%)이었다. 따라서 전체적으로 돌봄의 국가 책임에 대한 의견은 절반으로 갈린 첨예한 이슈라고 볼 수 있다.

(3) 다섯 가지 영역별로 국가가 책임져야 하는 돌봄의 영역에 대한 의견

① 국가가 책임져야 하는 돌봄의 영역에 대한 의견

다섯 가지 영역별로 국가가 책임져야 하는 돌봄의 영역에 대한 의견은 [그림 12-1]에 제시되어 있다. [그림 12-1]에서 알 수 있듯이, 보건의료, 교육, 장애인돌봄, 노인돌봄 그리고 아이돌봄 순으로 많은 부분이 국가의 책임이라거나 일부가 국가의 책임이라고 생각하고 있었다. 보건의료와 교육 분야는 절반 이상의 사람들이 많은 부분이 국가의 책임이라고 생각하는 반면, 장애인돌봄, 노인돌봄, 아이돌봄은 일부가 국가 책임이라고 생각하는 사람이 절반 이상이었다. 국가의 책임 범위가 많은지 또는 일부인지에 대해서는 다소 이견이 있다. 하지만 둘을 합쳐서 보았을 때, 이 다섯 가지 영역이 국가의 책임이 아니라고 생각하는 사람은 매우 적음을 알 수 있다.

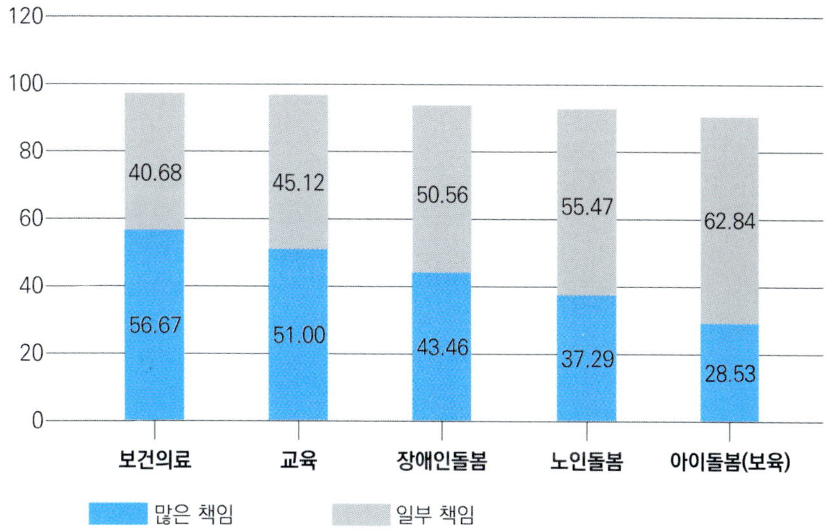

[그림 12-1] 돌봄 영역별 국가 책임의 정도

출처: 박선경 · 김희강(2021).

② 돌봄 노동자에 대한 임금 인상과 처우개선

돌봄 노동자에 대한 임금 인상과 처우개선에 대해서는 전체적으로 매우 호의적인 여론을 확인할 수 있다. 코로나19 시대에 중요하게 주목받은 다른 필수 노동인력과의 의견과 비교하기 위해서, [그림 12-2]에서와 같이 의사, 간호사, 택배노동자 등 최근 많이 주목받은 직군들에 대한 임금 인상 및 처우개선에 대한 의견과 돌봄 노동자들의 처우개선에 대한 응답을 함께 비교해 보았다. [그림 12-2]의 찬성 비율은 임금인상이나 처우개선에 매우 동의한다거나 다소 동의한다고 응답한 비율을 합친 것이다.

모든 직군 중에서 임금 인상과 처우개선에 가장 호의적인 직업은 간호사와 간호조무사였다. 이것은 코로나19 위기 속에서 이들의 열악한 환경과 처우에 대한 조명이 많았다는 점을 반영하는 결과이다. 다음이 장애인 활동 보조인과 비의료인 노동자, 돌봄교사, 그리고 택배노동자, 보육교사, 사회복지사, 요양보호사나 간병인의 순이다. 이것은 코로나19 위기 속에서 이들 역할의 중요성과 함께 이 직군의 노동환경이 열악함을 사회적으로 많이 이해하고 있으며 개선이 필요하다는 것에 공감하고 있음을 보여 준다.

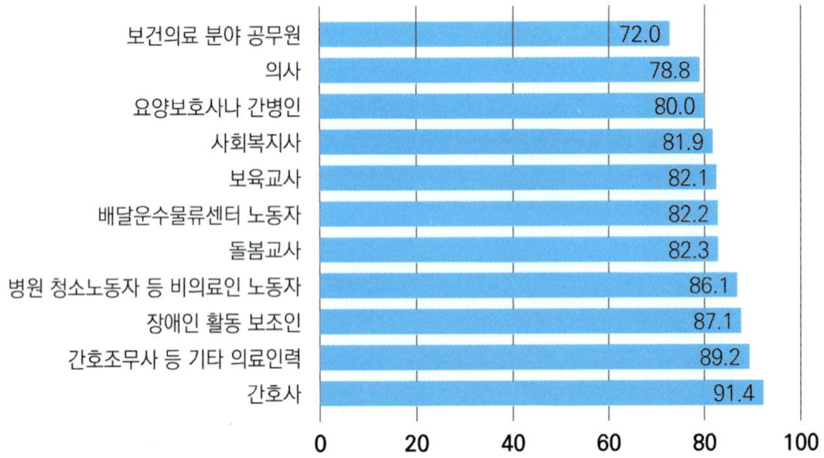

[그림 12-2] 필수노동 인력에 대한 임금인상 및 처우 개선 찬성 비율

출처: 박선경 · 김희강(2021, 134).

결국, 이상과 같은 분석은 코로나19 팬데믹 상황에서는 여성일수록 돌봄의 중요성은 강하게 인식하지만 돌봄이 국가 책임이 아니라고 생각할 확률이 높음을 보여 주었다. 이것은 장년층 여성들의 선호에 의해 추동된 결과이며, 장년여성들이 가진 성차별적 사고에 기인한 것이라고 추론할 수 있을 것이다.

5. 코로나19 팬데믹 상황에서 젠더의 정의 사회 구현

코로나19 팬데믹 현상이 장기화되면서 가장 첨예하면서도 공론화되지 못한 문제가 바로 젠더이다. 코로나19의 위기는 여성의 성역할을 50년 뒤로 후퇴시킬 정도의 부정적 영향을 미치고 있다. 이미 학교에서의 교육과 돌봄 기능이 제한되면서, 아이를 둔 여성들은 가사와 돌봄 노동뿐만 아니라 재택학습의 책임까지 도맡게 되는 상황이 되었다. 그리고 가정폭력과 성적 착취의 증가, 보건사회분야 노동자의 70%에 달하는 여성들의 감염 위험에의 노출, 취약한 일자리에 집중된 저소득층 여성의 해고와 강제 휴직으로 인한 빈곤화 등은 이미 심각한 사회적 문제가 되고 있다.

그동안의 역사가 증명하듯이, 여성들은 국가 또는 지역에서 발생하는 재난을 피할 수 없는 상황으로 받아들이며 전통적인 성역할이나 성불평등을 감내하는 경향이 있다. 이를 통해 위기가 신속히 종식되길 희망하며 국가와 지역의 방역 정책에 적극적으로 참여하는 것 또한 여성이었다.

하지만 코로나 팬데믹의 위기로 장기화된 사회적 돌봄의 공동화와 가족과 지역사회의 요구를 해결하는 일이 개별 여성의 희생만으로 가능하지 않다는 점도 인식하게 되었다. 문제는 국가나 지역사회가 여전히 여성들의 댓가 없는 희생과 헌신을 당연시하면서 젠더불평등을 가속화시키고 있다는 점이다. 이런 점에서, '감정과 몸의 쇠진과 혼란을 경험하는 수많은 여성은 이런 상황이 언제까지 가능할까'라는 의문을 품게 된다. 코로나 시대는 여성들이 성평등과 가족 내 민주화나 돌봄 노동에 대해서 성찰하고 평가하게 되는 시간이 될 것이다.

이제는 국가나 지역사회가 선상하게 재생산되는 데 필요한 생태계의 회복과 인간의 생명, 건강, 교육, 가치관, 돌봄 등에 관여하는 사회적 개입과 투자를 늘려야 할 때이다. 지금과 같은 사회적 위기 상황에서 여성들이 해고 1순위로 지목되거나 전통적 성역할을 감내하면서도 고통을 같이 시작해야 할 자격조차 박탈된 존재로 남아 있지 않아야 한다는 것이다. 그리고 여성들이 코로나19 팬데믹 현상의 경험자와 해결자로서 성평등의 사회적 기회를 위해 경험을 나누고 더 많은 목소리를 낼 때, 젠더에 대한 정의 사회가 구현될 수 있을 것이다(김현미, 2020).

참고문헌

감사원의 감사보고서(2018). 일 · 가정 양립 지원제도 운영실태. 서울: 감사원.

강경화(2018). 성인대상 알코올중독 예방 조기 개입의 단기효과: 예비연구. 한국콘텐츠학회논문지, 18(11), 550-561.

강이수 · 신경아 · 박기남(2015). 여성과 일: 일터에서 평등을 찾다. 파주: 동녘.

강차선 · 박정환(2016). 대학생의 성역할 고정관념과 성폭력피해경험과의 관계에서 성폭력 허용도의 매개효과. 한국산학기술학회논문지, 17(8), 273-279.

고경미(2021). 예비유아교사의 성역할 정체감과 성역할 고정관념이 자아존중감에 미치는 영향. 인문사회, 21, 12(5). 1001-1016.

고석표(2021). 3개 종교 코로나 집단감염 사례 중 개신교 최다 51건. 노컷뉴스, 5월 11일자.

공미혜 · 성정현 · 이진숙(2010). 여성복지론. 서울: 신정.

교육부(1999). 양성평등 학교문화 선생님이 만듭니다.

국민일보(2020). 심상찮은 코로나 블루, 수도권 2030 여성 극단 선택 급증. 9월 9일자.

권기영(2002). 복식에 나타난 양성성의 상징적 의미 연구. 복식문화연구, 10(6), 633-647.

권순형(2016). 한국사 교과서 고려시대 여성 관련 서술에 대한 분석과 제안. 한국여성사회학, 24, 31-60.

권순정(2013). 주디스 버틀러의 젠더 트러블을 통해서 본 '젠더'. 철학논총, 72(2), 215-240.

권영상 · 김양희 · 김정옥 · 문혜숙 · 손홍숙 · 신강숙 · 오정옥 · 옥경희 · 유가효 · 전귀연 · 정민자(2004). 가정폭력전문상담. 서울: 시그마프레스.

권종술(2020). 타인의 고통을 향해 '하나님의 심판'이라며 상처입히는 목사들. 민중의 소리, 2월 26일자.

김경자 · 서슬기 · 김양균(2020). 여성 사무직 근로자의 건강에 영향을 미치는 요인. 한국콘텐츠학회논문지, 20(5), 375-388.

김경주 · 김영혜(2015). 기혼남녀가 지각한 원 가족 부모의 부부갈등과 결혼만족도의 관계에서 자기분화의 매개효과 검증. 한국가족관계학회지, 20(3), 93-112.

김광일(1997). 아내 구타의 허상과 실상. 가정폭력 그 실상과 대책. 서울: 탐구당.

김광일(1998). 가정폭력. 서울: 탐구당.

김규연 · 김종선 · 하지수(2018). 향수 패션필름에 나타난 젠더 정체성 분석-주디스 버틀러의 수행적 젠더 정체성 이론을 중심으로. 한국패션디자인학회지, 18(3), 93-109.

김난주(2020). 코로나19의 여성 노동에 대한 영향과 정책과제. 노동 N이슈, 1-19.

김다영 · 김낙흥(2019). 유아교사의 성역할 정체감에 따른 교사효능감과 행복감의 차이. 교원교육연구, 35(4), 393-411.

김미경(2008). 일 · 가정양립 지원정책의 통합적 정책설계에 대한 제안. 사회과학연구, 25, 1-21.

김미덕(2016). 페미니즘의 검은 오해들. 서울: 현실문화.

김미영 · 조주영(2021). 일제강점기 여권 개념과 유교가부장제론 전파에 내재된 국가주의: 문중에서 국가로 섹슈얼리티 통제장치의 이양. 한국여성철학, 35, 107-132.

김병주(2002). 한국의 가정폭력 실상과 국가 개입. 서울: 백산 자료원.

김보명(2018). 페미니즘의 재부상, 그 경로와 특징들. 경제와 사회, 118, 99-138.

김보명(2020). 페미니즘, '사회적인 것'의 위기를 향한 응답. 문학과 사회, 33(1), 5-18.

김상윤(2015). 성역할태도의 발달. 성평등교육 강사과정. 부산: 부산여성가족개발원.

김상찬 · 김유정(2011). 국제결혼 이주여성의 인권보호를 위한 법적 과제. 법학연구, 43, 319-344.

김선필(2021). 코로나 시대, 한국천주교회의 대응과 변화. 한국종교학회, 81(2), 33-60.

김성민(1995). 인생 후반기와 자아통합. 실천신학논단. 서울: 대한기독교회.

김세은 · 홍남희(2019). 미투(#Metoo) 보도를 통해 본 한국 저널리즘 관행과 언론사 조직 문화. 미디어, 젠더 & 문화, 34(1), 39-88.

김세희 · 신창호(2020). 사회적 갈등 해소를 위한 학교 교육의 실천 방향: 젠더불평등을 중심으로. *Global Creative Leader, 10*(1), 285-302.

김소이(2018). 버틀러의 수행성 개념으로 바라본 오페라 룰루. 서울대학교 대학원 석사학위논문.

김수아(2019). 안희정 재판 보도와 성 인지 감수성. 여성이론, 40, 291-299.

김수정(2002). 복지국가 가족지원체계의 구조변화에 관한 일 연구: 가족수당과 보육지원 프로그램을 중심으로. 서울대학교 대학원 박사학위논문.

김숙 · 윤순녕(1999). 유통업 여성 근로자의 건강 문제와 건강 행위에 관한 연구. 지역사회간호학회지, 11(1), 127-145.

김애령(2010). 여자되기에서 젠더하기로: 버틀러의 보부아르 읽기. 한국여성철학, 13, 23-51.

김양선(2000). 식민지 담론과 여성 주체의 구성. 한국여성문학연구, 3, 265.

김영란(2004). 젠더화된 사랑-낭만적 사랑. 모성애 와 보살핌노동: 여성복지정책의 함의. 사회복지정책, 18, 199-221.

김영란(2020). 코로나19 시기 가족생활과 가족정책 의제. 코로나19로 인한 가족의 변화와정책과제토론회 자료집. 여성가족부 · 한국여성정책연구원.

김영미(2017). 분절노동시장에서 나타나는 젠더불평등의 특징과 대안. 젠더리뷰, 46, 10-15.

김영미(2020). 코로나-19 속 한국의 일 · 가족 양립 현실, 위기로 끝낼 것인가, 변화의 기회로 만들 것인가. 월간 공공정책, 174, 56-59.

김영용(2021). 자본주의의 진화와 경제 주체 이미지의 변화, 34(2), 153.

김영화 · 이진숙 · 이옥희(2020). 성인지적 가족복지론. 경기: 양서원.

김완(2020). 코로나19가 "하나님 심판"? 일부 개신교 목사들 황당 주장. 한겨레신문, 2월 21일자.

김용화(2013). 낙태죄와 낙태권에 관한 소고, 가천법학, 6(4), 153.

김우영(2019). 다문화가족 한국어교육 실태 및 文識性 개선 방안연구: 대전광역시 중구 한국어교육을 중심으로. 중부대학교 대학원 박사논문.

김은정(2013). 결혼이주여성의 여가활동이 문화적응에 미치는 영향 연구: 언어 능숙도와 사용도에 따른 조절효과를 중심으로. 세종대학교 대학원 박사학위논문.

김은정 · 정순둘(2011). 손자녀 대리양육 조모의 적용경험에 관한 연구: 취업모 가정을 중심으로. 한국가족복지학, 31(3), 175-210.

김은주(2019). 제4물결로서 온라인-페미니즘: 동시대 페미니즘의 정치와 기술. 한국여성철학, 31, 1-32.

김준기 · 양지숙(2012), 기혼여성의 일 · 가정 양립에 영향을 미치는 요인 분석: 사회적 지원의 효과를 중심으로. 행정논총, 50(4), 251-280.

김지현(2021). 초등학교 도덕 교과서에 기술된 성역할 특성 분석: 2007, 2015학년도 3, 6학년 교과서를 중심으로. 목포대학교 대학원 석사학위논문.

김지현 · 최영준(2021). 코로나19 시기 가족관계 만족도 변화는 어떻게 설명할 수 있는가? 남성 가사분담의 역할을 중심으로. 비판사회정책, 70, 101-132.

김청송(2016). 사례중심의 이상심리학. 수원: 싸이북스.

김충렬(2008). 기독교인의 자살과 그 대책. 신학과 실천, 16, 63-98.

김태리(2009). 리더를 보는 새로운 시각-양성성에 관한 이론적 고찰. 교육연구논총, 30(1), 1-19.

김하은(2019). 성역할 고정관념의 장기적 변화가 청소년의 진로성숙도에 미치는 영향. 이화여자대학교 대학원 석사학위논문.

김현미(2020). 코로나19 위기와 젠더. 여성우리, 64, 4-5.

김현정 · 고영건(2016). 정신건강과 일반적 신체건강 간 관계. 한국심리학회지: 건강, 21(4), 815-828.

김현주(2015). 일하는 여성의 감정노동과 건강. 이화젠더법학, 7(1), 33-50.

김혜영(2008). 한국가족의 다양성 증가와 그 이중적 함의. 아시아여성연구, 47(2), 7-37.

김혜영(2009). 돌봄 노동에 대한 인식전환 필요하다. KDI 경제 전문센터, 10월호.

김혜영(2014). 유동하는 한국가족: 1인가구를 중심으로. 한국사회, 15(2), 255-292.

김혜자(2015). 여성알코올중독자의 음주와 회복 경험의 형상화. 서울시립대학교 대학원 박사학위논문.

김혜정(2019). 미투운동 이후 담론 전략들의 쟁투와 반성폭력운동의 과제: '안희정 사건'의 재판 과정을 중심으로. 페미니즘 연구, 19(2), 123-143.

김희경(2013). 양극성장애, 우울장애, 불안장애, 강박장애, 외상 및 스트레스 관련 장애. 한국심리학회 학술대회 자료집, 2013(1), 121-121.

나영(2019). 핵심이슈로 보는 미디어와 젠더. 대전: 이화.

낸시 폴브레(윤자영 역)(2007). 보이지 않는 가슴. 서울: 또하나의 문화.

대법원(2017). 2017. 2. 15. 선고 2014다230535 판결.

대한임상건강증진학회(2021). 일반건강상식, 3.

도미향 · 윤지영 · 이명숙(2010). 경제위기 극복을 위한 가족복지정책. 한국가족복지학, 156(1), 63-81.

류보영(2020). 기혼여성의 사회부과 완벽주의와 양육죄책감의 관계에서 집중적인 모성 이데올로기의 매개효과. 아주대학교 대학원 석사학위논문.

류임량(2016). 젠더 관점에서 본 재가 요양보호사의 돌봄노동 특성과 협상자원. 한국여성학, 32(3), 101-138.

류제동(2021). 코로나19에 대한 한국 불교계의 인식과 대응. 2021년 하계 한국종교학회 발표자료집.

모정희 · 김금란(2018). 경력단절 기간에 따른 취업준비행동이 재취업 의사에 미치는 영향: 뷰티관련 직업교육에 종사하는 경력단절 여성을 중심으로. 한국디자인문화학회지, 24(3), 259-269.

문선희(2012). 미혼여성의 결혼과 가족에 대한 가치관이 결혼의향과 기대결혼연령에 미치는 영향. 한국가족복지학, 17(3). 5-25.

바바라 슈틀러(2017). 가족과 젠더. 프리드리히 에베르트 재단.

박미진(2020) 남성의 돌봄시간은 어떻게 결정되는가? 노동시간 특성에 따른 부모 · 부성휴가제도 효과의 차이 분석. 서울대학교 대학원 박사학위논문.

박선경 · 김희강(2021). 코로나19 위기 속 돌봄의 공공성과 국가 역할에 대한 인식. 한국과 국제정치, 37(1), 117-152.

박선영(2020). 경력단절여성의 경제활동촉진에서 여성의 경제활동 촉진으로. 월간한국노총, 564, 16-17.

박선향(2019). 남녀대학생의 양성평등의식이 결혼관에 미치는 영향에 관한 비교연구. 보건과 복지, 21(3), 87-106.

박세경(2021). 50+세대의 돌봄, 돌봄 정책은 어떻게 변화해야 하는가. 서울시50플러스재단, 50+리포트, 02(26).

박세란(2015). 자기자비가 자기조절과정에 미치는 영향: 자기자비 증진 프로그램의 개발 및 효과 검증. 서울대학교 대학원 박사학위논문.

박순정 · 하규수(2021). 근로여성의 경제활동 지속 의지에 영향을 미치는 요인에 관한 연구: 가족지지의 조절효과를 중심으로. 벤처창업연구, 16(2), 163-176.

박승호(2020). 세계경제 / 한국경제 위기의 성격과 전망, 코로나19 사회적 위기 극복을 한 전국교수연구자연대회의 연속 워크숍 발표 논문.

박신영 · 이병준(2014). 다문화가정 여성결혼이미잔의 학습경험에 따른 취업경로 연구. 문화예술교육연구, 10(2), 87-106.

박영수(2016). 가정폭력의 현황과 대책에 관한 연구. 한국경찰년구, 15(2), 89-112.

박영주 · 전미경(2020). 중 · 고등학교 '기술 · 가정' 교과서 부모삽화에 나타난 성역할 연구. 한국가정과교육학회지, 32(1), 35-50.

박재순・염순교(2015). 미혼 여성의 자아실현, 양성평등의식과 결혼관 간의 구조적 관계분석. 한국자료분석학회, 17(3), 633-1,651.

박주현・최덕경(2011). 다문화사회의 이해와 실천. 서울: 창지사.

박찬미・설경옥(2017). 자기자비와 관계만족에서 갈등대처행동의 매개: 자기효과와 상대방효과 분석. 한국가족관계학회지, 22(3), 29-46.

방정균(2006). 한의학의 관점에서 살펴본 건강의 개념. 동의생리병리학지, 20(5), 1111-1116.

배새롬(2019). 어머니의 성역할 태도, 사회부과적 완벽주의와 우울의 관계에서 집중적인 모성 이데올로기의 매개효과. 이화여자대학교 대학원 석사학위논문.

배옥현(2018). 다문화가족 자녀의 양육 및 교육에 관한 지원방안. 다문화와 인간, 7(12), 1-30.

배은경(2016). 젠더관점과 여성정책 패러다임. 한국여성학, 32(1), 1-45.

백선희(2017). 가족에 대한 태도의 변화와 보육 돌봄 정책. 복지동향, 1월호.

보건복지부(2016). 정신질환실태조사. 세종: 보건복지부.

사라 살리・김정경(2007). 주디스 버틀러의 철학과 우울. 서울: 앨피.

서경(2016). 소녀들의 보다 나은 삶(Better Life for Girls, BLG) 구상과 보건. 국제개발협력, 1, 45-61.

서영인(2007). 근대적 가족제도와 일제말기 여성담론. 현대소설연구, 33, 135-149.

서울대학교 불어문화권연구소(2004). 프랑스 하나 그리고 여럿. 서울: 지성공간.

선한승(2010). 한국여성의 고용실태와 정책과제. 공공정책연구, 17(1), 59-88.

성해영(2021). 코로나19와 한국 종교: 팬데믹 상황의 인식과 대응 방식 비교고찰. 종교연구, 81(2), 105-128.

손문숙(2021). 가정폭력처벌법은 가정폭력을 처벌할까? 가정유지・보호에서 피해자의 인권보장으로 목적조항 개정 필수. 월간 복지동향, 271, 12-21.

손정연・한경혜(2014). 베이비붐 세대의 사회경제적・심리적・관계적 특성이 결혼만족도 및 결혼안정성에 미치는 영향: 남녀차이를 중심으로. 보건사회연구, 34(4), 185-216.

손현주(1997). 구타당하는 아내들의 심리적 특성 연구: Satir 가족치료 모델의 의사소통유형과 자아존중감 중심으로. 부산대학교 대학원 석사학위논문.

손희정(2017). 페미니즘 리부트: 혐오의 시대를 뚫고 나온 목소리들. 서울: 나무연필.

송근화(2015). 낙태죄 관련 규정의 합리적 개선방안에 관한 연구. 충남대학교 대학원 박사학위논문.

송민선・이은주・양남영(2021). 건강증진 프로그램에 참여한 방문건강관리 여성노인의 체력과 삶의 질. 근관절건강학회지, 28(1), 1-9.

송태연・안권순(2016). 결혼이주여성의 성역할 고정관념과 성 허용성이 결혼생활 만족도에 미치는 영향. 청소년학연구, 23(7), 297-315.

신경아(2010). 저출산대책의 쟁점과 딜레마: 여성 없는 여성정책. 페미니즘연구, 10(1) 89-122.

신영주(2008). 여성 알코올 의존자의 중독 과정. 서울여자대학교 대학원 박사학위논문.

심영희 · 정진성 · 윤정로 편(1999). 모성의 담론과 현실. 서울: 나남.

안미영(2016). 한국 맞벌이 부부의 고용 형태와 가족 내 노동 분업의 젠더 불평등에 관한 연구. 경제와 사회, 112, 13-14.

안석 · 권정아(2011). 불안(신경증)에 관한 치유상담적 고찰. 신학과 실천, 27, 215-258.

안숙영(2017). 젠더와 돌봄: 남성의 돌봄 참여를 중심으로, 한국여성학, 33(2), 107-136.

안호용(2012). 조선시대 가족구조 변동의 기준과 가족사의 시대구분. 한국사회, 13(2), 39-81.

앤드루 애드거 · 피터 세즈윅 · 박명진 외 8명 역(2012). 문화이론 사전. 서울: 한나래.

에바 페더 키테이(김희강 · 나상원 역)(2016). 돌봄: 사랑의 노동 여성, 평등, 그리고 의존에 관한 에세이. 서울: 박영사.

양은경(2021). 젠더 정체성의 유형별 양상 연구: 젠더 중심 디즈니 애니메이션을 중심으로. 고려대학교 대학원 박사학위논문.

양정혜(2015). 가족생활교육이 예비교사의 가족관련 가치관과 인구교육에 관한 인식변화에 미치는 영향. 한국실과교육학회지, 28(1). 105-120.

여성가족부(2010). 다문화가족 개념.

여성가족부(2019). 2018년 한부모가족 실태조사. 세종: 여성가족부.

여성가족부(2021). 제4차 건강가정기본계획(2021~2025) '2025 세상모든가족함께'. 세종: 여성가족부.

여성가족부고시(2020). 한부모가족 지원 대상자의 범위. 제2020-55호,

여성문화이론연구소(2015). 페미니즘의 개념들. 경기: 동녘.

연합뉴스(2020a). 딜로이트 "코로나19, 항공 · 정유 · 금융 · 부동산에 충격 커. 4월 2일자. https://news.naver.com/main/read.nhn?mode=LSD&mid=sec&sid1=101&oid=001&aid=0011517377

연합뉴스(2020b). 9월 생산 · 소비 · 투자, 3개월 만에 '트리플 증가'…수출 개선효과. 10월 30일자. https://www.yna.co.kr/view/AKR20201030020752002?input=1195m

오나 도나스 · 송소민 역(2016). 엄마됨을 후회함. 서울: 반니.

오세연 · 곽영길(2010). 다문화가정의 가정폭력에 대한 경찰의 대응방안에 관한 연구. 한국치안행정논집, 7(2), 285-309.

오세연 · 박원배(2018). 아내에 의한 남편폭력 원인과 대응 방안에 관한 연구. 경찰연구, 17(4), 133-162.

오유미(2015). 취학 진 자녀를 둔 기혼여성의 모성 이데올로기와 양육죄책감: 사회부과 완벽주의의 매개효과. 홍익대학교 대학원 석사학위논문.

오혜은(2017). 시간과 소득의 동시빈곤에 관한 연구. 사회복지정책학회, 44(1), 182.

우재희(2013). 여성알코올중독자의 외상경험과 재발위험성의 관계에서 문제중심대처, 정서중심대처, 음주기대의 매개효과. 한국콘텐츠학회, 13(4), 230-230.

울리히 벡 · 엘리자베트 벡 게른스하임(배은경 · 권기돈 · 강수영 역)(1999). 사랑은 지독한, 그러나 너무나 정상적인 혼란. 서울: 새물결.

유상희(2017). 종교적 경험과 불안장애: 관계문화이론을 중심으로. 한국기독교상담학회지, 28(4), 129-159.

유은경(2016). 프랑스 가족정책의 변화와 부모성 담론의 부상. 페미니즘연구, 16(1), 221-264.

유종열(2012). 초 · 중등 학생의 가족 가치관에 대한 연구. 사회과교육, 51(3). 15-33.

윤미례 · 고용우 · 이동선(2019). 성역할인식과 성별 분업 및 여성의 경제활동 사이의 관계분석. 세종: 한국노동연구원.

윤민영(2018). 주디스 버틀러의 젠더 이론에 관한 연구. 한국교원대학교 대학원 석사학위논문.

윤자영(2018). 돌봄노동 시간 개념과 측: 자녀 돌봄 노동을 중심으로. 여성학논집, 35(2), 171-200.

이광자(2005). 초등학교 저학년 교과서에 나타난 성역할 분석. 부산교육대학교 대학원 석사학위논문.

이광자 · 강문희 · 박온자(2002). 현대 한국사회와 가치관의 변화: 여성과 가족관계를 중심으로. 여성연구논총, 16, 3-22.

이나영(2018). '미투'를 대하는 언론의 자세. 방송기자, 41호, 13-15.

이도훈(2020). 가족소득과 가족구조의 변화에 대한 자녀의 통시적 경험이 학업성취 및 우울 증세에 미치는 영향. 한국사회학, 54(3). 1-33.

이도흠(2020). 4차 산업혁명과 간헐적 팬데믹 시대: 여러 위기의 중첩과 대안. 코로나 사회적 위기 극복을 위한 전국교수연구자연대회의 연속 워크숍 발표논문집.

이동원 · 김미숙 공역(1988). Margaret Anderson. 성의 사회학. 서울: 이화여자대학교출판부, 성폭력허용도의 매개효과. 한국산학기술학회 논문지, 17(8), 273-279.

이동은(2016). 농촌지역 결혼이주여성의 한국생활적응 특징연구. 목포대학교 대학원 박사학위논문.

이명순(2016). 가정폭력 피해여성의 우울증과 심리치료: 도널드 위니캇의 이론을 중심으로. 신학과 실천, 55, 355.

이병연 · 강철희(2020). 변화하는 한국의 결혼 문화에 따른 웨딩 실내 공간 및 특성에 관한 연구: 국내 호텔 웨딩 공간 중심으로. 한국실내디자인학회학술대회논문집, 22(1), 172-176.

이상열(2019). 여자보육교사의 성역할고정관념이 남자보육교사에 대한 역할 인식에 미치는 영향. 대진대학교 대학원 석사학위논문.

이상철 · 신익상 · 송진순 · 김상덕(2020). 코로나19와 한국 사회-정치, 경제, 사회/ 젠더, 통일/안보 분야. 기독교사상, 742, 9-34.

이선영(1999). 조형적 성-양성 이미지. 미술세계, 10, 124-130.

이선형·송이은(2014). 생애주기별 서울시 여성의 정신건강 지원방안. 서울시 여성가족재단 연구사업보고서.

이성희·권현수(2015). 한국 30대 미혼여성의 결혼견해 영향요인. 한국산학기술학회 논문지, 16(1), 606-616.

이소정(2013). 노인의 사회적 역할 유형과 삶의 만족, 한국사회정책, 20(4), 9-35.

이솔(2021). 성역할 고정관념에 영향을 미치는 요인 분석 연구: 초등 고학년을 중심으로. 명지대학교 대학원 석사학위논문.

이순구(2004). 젠더와 섹슈얼러티의 역사. 기초학문자료센터.

이순구(2005). 기획특집: 고전문화 속의 가족과 여성: 조선시대 가족제도의 변화와 여성. 한국고전여성문학연구, 10(10), 119-142.

이순구(2016). 조선시대 혼인과 이혼에서 여성의 지위: 공동체 형성의 원리로서의 혼인과 그 해체. 젠더법학, 7(2), 59-78.

이연정·배은경(1999). 모성의 담론과 현실: 어머니의 성·삶·정체성. 서울: 나남.

이옥희(2003). 페미니즘의 관점에서 본 가족복지정책. 비판사회정책, 16, 47-93.

이은주(2001). 여성: 여성건강, 무엇이 문제인가. 월간복지동향, 34, 22-25.

이은희(2005). 고등학생의 양성평등의식과 의복태도와의 관련 연구. 한국생활과학회지, 14(6). 1007-1015.

이은희(2019). 예비교사의 양성평등의식과 결혼가치관에 대한 연구. 교사교육연구, 58(2), 267-278.

이인영(2010). 출산정책과 낙태규제법의 이념과 현실 페미니즘연구, 10(1), 35-87.

이재경(2013). 한국사회 젠더 갈등과 "사회 통합". 저스티스, 134(2), 94-109.

이재연(1985). 성역할 사회화이론의 최신 경향. 아시아여성연구, 24, 167-176.

이재유(2013). 자본주의와 가부장제 사이의 관계에 대하여. 통일인문학, 55, 289-316.

이재화·이재모(2019). 다문화가족 여성에 대한 가족생활 특성과 사회적 지지 및 가족건강성에 관한 연구. 동북아시아문화학회 국제학술대회 발표자료집, 70-74.

이정옥(2002). 산업자본주의시대, 여성의 삶과 서사. 한국여성문학학회, 8, 231-260.

이정화(2006). 농촌노인의 성과 연령에 따른 신체적·정신적·사회적 건강의 상호관계. 한국지역사회생활과학회지, 17(2), 15-30.

이정후·양숙희(1999). 포스트모더니즘 패션에 나타나 불확정성. 복식, 45, 197.

이준희(2021). 가사노동 종사자 보호를 위한 입법논의 현황과 대안: 한국의 디지털 플랫폼 매개 가사노동을 중심으로. 노동법논총, 51, 149-202.

이지영(2021). 가사노동·돌봄노동 분담과 성역할 태도가 삶의 만족도에 미치는 영향. 서울대학교 대학원 석사학위논문.

이진숙(2006). 독일 가족정책의 현황과 젠더적 성격. 한국사회복지학, 58(4), 93-118.

이현주(2017). 여성 차별의 현실과 쟁점. 마르크스21, 19, 77-92.

이효재(1996). 한국 가부장제와 여성, 여성과 사회. 한국여성연구소, 7, 163.

이희은(2018). 페미니즘 운동과 미디어 윤리. 언론정보연구, 55(3), 120-157.

이희훈(2014). 영국 · 미국 · 독일 · 프랑스의 낙태 규제 입법과 판례에 대한 비교법적 고찰. 일감법학, 27, 704-737.

임신예(1999). 우리나라 여성들의 건강 수준 및 건강 위험요인 현황 여성근로자들을 중심으로. 경희의학, 29(1), 26-36.

임정빈 · 정혜정(1997). 성 역할과 여성. 학지사.

임현선 · 박정윤(2015). 결혼초기 부부의 부부관계신념 지각과 적용이 배우자의 긍정적행동 만족에 미치는 영향. 가족과가족치료, 23(1), 135-156.

장명선(2015). 다문화한부모가족의 사회통합을 위한 지원방안 연구. 공공사회연구, 5(4), 72-106.

장명선 · 이영호(2020). 한부모가족의 일생활균형: 서울시 가사서비스 지원을 중심으로. 이화젠더법학, 12(2), 175-218.

장수정(2005). 여성의 몸과 주체를 둘러싼 정책적 담론의 형성. 아시아여성연구, 44(2), 47-48.

장은미 · 최이숙 · 김세은(2021). "우리는 더디지만 나아가고 있다": '미투 운동(#MeToo)' 이후 성평등 보도를 위한 한국 언론의 실천과 과제. 미디어, 젠더&문화, 36(3), 187-236.

장이정수(2020). 한국판 뉴딜을 넘어 페미니스트그린 뉴딜: 재난과 단절의 세상을 위한 해법. 김은실 편. 코로나 시대의 페미니즘. 서울: 휴머니스트.

장희숙(2002). 부모의 폭력 및 지지행동이 이성교제폭력에 미치는 영향. 한국사회복지학회, 50, 131-156.

전가영 · 유세경(2020). '미투' 운동의 매체 프레임과 변화에 대한 연구: 안희정 전 충남도지사 사건 보도와 실재의 재구성. 미디어, 젠더 & 문화, 35(2), 49-101.

전복희(2004). 독일 1기 여성운동에서 여성쟁점의 특징. 한국정치학회보, 38(5), 345-365.

전희경(2020). 감염병과 약한자들의 페미니즘: 불안을 마주하는 더 나은 방법을 고민하기. 김은실 편. 코로나 시대의 페미니즘. 서울: 휴머니스트.

정경일(2021). 코로나19 시대, 한국 개신교의 재난 인식과 대응. 한국종교학회, 81(2), 61-84.

정도희(2012). 한국의 결혼이주여성 인권보호를 위한 제언. 법학연구, 15(2), 31-57.

정문자(1990). 부모교육. 경기: 교육과학사.

정미라 · 장영희(2007). 대학생들의 결혼 및 직업관과 자녀관에 대한 인식과 관련 변인 연구. 교육연구, 41, 1-17.

정상준(2001). 다문화주의를 넘어서. 미국학, 24, 77.

정선영(2021). 가족가치관 변화의 연령-기간-세대 효과: 부모의 기대충족과 전통적 성역할관을 중심으로. 사회과학연구, 37(1), 55-79.

정성진(2021). 포스트자본주의 대안의 모색: 새로운 전개와 쟁점. 사회경제평론, 34(1), 1-37.

정슬아(2020). 1,253건(2020.2-8월)의 언론보도를 통해 본 코로나19와 돌봄위기. 돌봄분담이요? 없어요, 그런거. 89명의 여성인터뷰와 1,253건의 언론보도를 통해 본 코로나19와 돌봄위기토론회자료집.

정유림 · 정성화 · 한삼성(2018). 여성 근로자의 건강관련 삶의 질에 미치는 영향 요인. 한국산업보건학회지, 28(1), 117-123.

정해숙 · 마경희 · 최윤정(2013). 초 · 중등학교 양성평등교육 활성화 방안. 서울: 한국여성정책연구원.

정헌목(2021). 한국의 예식문화, 어떻게 변화하는가: '작은 결혼식'의 대두 배경과 의미. 기독교사상, 745, 15-24.

정현숙 · 공미혜 · 전영주 · 조은숙 · 정혜정(2020). 가족과 젠더. 서울: 신정.

정혜수(2017). 성별, 성역할정체감, 학교의 성별 구성에 따른 청소년의 위험성향 비교 분석. 이화여자대학교 대학원 석사학위논문.

조영실(2020). 젠더 평등이라는 '환상'과 '여성혐오': 박찬효의 한국의 가족과 여성혐오, 1950-2020. 기독교사상, 737, 198-203.

조윤주(2012). 손자녀 양육참여 노인의 활동 만족도에 관한 연구: 노인의 생성감과 가족지지를 중심으로. 보건사회연구, 32(2), 267-294.

조은(1999). 모성의 사회적 역사적 구성: 조선전기 가부장적 지배구조의 형성과 아들의 어머니. 사회와 역사, 55.

조주영(2014). 특집: '주체' 없이 행위성을 설명하기-주디스 버틀러의 수행성 개념을 중심으로. 시대와 철학, 25(4), 73-96.

조하늬 · 최연실(2018). 대학생이 지각한 부모의 부부관계가 이성관계 갈등해결 전략에 미치는 영향: 정서지능의 매개효과. 상담학연구, 19(3), 233-255.

조현순(2001), 주디스 버틀러의 환상적 젠더 정체성과 안젤라 카터의 서커스의 밤 연구. 경희대학교 대학원 박사학위논문.

조현순(2001). 주디스 버틀러의 젠더 정체성 이론: 패러디, 수행성, 복종, 우울증을 중심으로. 영미문학 페미니즘, 9(1), 179-207.

조현준(2019). 젠더는 패러디다-주디스 버틀러의 "젠더 트러블" 읽기와 쓰기. 서울: 현암사.

조혜선(2003). 결혼 만족도의 결정요인: 경제적 자원, 성역할관, 관계성 모델의 비교. 한국사회학, 37(1), 91-116.

주국희(2020). 코로나19에서 겪는 가족갈등, 가족 내 성평등, 나아가 소통. 여성우리, 64, 10-13.

주디스 버틀러(조현준 역)(2008). 젠더 트러블: 페미니즘과 정체성의 전복. 파주: 문학동네.

주디스 버틀러(조현준 역)(2016). 젠더 허물기. 서울: 문학과 지성사.

주디스 버틀러(김응산 · 양효실 역)(2020). 연대하는 신체들과 거리의 정치: 집회의 수행성 이론을 위한 노트. 서울: 창비.

주성훈(2010). 다문화가족지원사업 문제점과 개선과제. 국회예산정책서.

주영희 · 정은숙 · 심문숙(2013). 대학생들의 결혼 및 자녀 가치관과 성태도 관련성 연구. **디지털융복합연구**, 11(9), 267-278.

지창숙(2017). 젠더 고정관념이 여성 정치인 평가에 미치는 영향. 숙명여자대학교 대학원 석사학위논문.

차지영(2013). 여성건강에 대한 다양한 접근방법 고찰. **여성건강**, 14(1), 19-42.

채덕희 · 강경화(2021). 국내 결혼이주여성의 주관적 건강상태에 영향을 미치는 요인. **한국보건간호학회지**, 35(2), 224-238.

천덕희(2010). A. A.를 통해 회복 중인 알코올중독자들의 경험에 관한 연구. 숭실대학교 대학원 박사학위논문.

최경운(2016). 다문화가족 아버지 교육 프로그램의 실태 및 요구 분석. 숙명대학교 대학원 박사학위논문.

최선화 · 공미혜 · 전영주 · 최희경 저(2018). **변화하는 사회의 가족복지**. 서울: 학지사.

최유진 · 이동선 · 이선민 · 문희영 · 김신희 · 임현지 · 정윤미 · 최미화(2015). **2015년 양성평등 추진전략사업**. 서울: 한국여성정책연구원.

최은숙(2021). 종교시설 집단감염 사례, '개신교'가 1위: 한국기독교사회문제연구원 종교시설 집단감염 사례 조사 분석 결과. 한국기독공보, 5월 12일자.

최주원(2016). 모성애의 윤리적 이해. 부산대학교 대학원 석사학위논문.

최지은(2020). 젠더리스 패션 표현 특성에 따른 색채 이미지 스케일, 성신여자대학교 대학원 박사학위논문.

최태호(2012). **한국적 다문화주의의 이해**. 대전: 문경.

통계청(2020). 장래가구전망.

통계청(2021). 장래가구추계/인구총조사.

통계청(2021). 한부모가족의 가구 현황.

통계청 · 여성가족부(2017). "2017년 통계로 보는 여성의 여성의 삶." 보도자료.

프리드리히 앵겔스(김경미 역)(2018). **가족, 사적 소유, 국가의 기원**. 서울: 책 세상.

한상현(2017). 간호사의 성 고정관념이 남자간호사 간호업무성과평가에 미치는 영향. 계명대학교 대학원 석사학위논문.

한운옥(2020). 경력단절여성의 재취업욕구가 취업준비 행동에 미치는 영향. 숙명여자대학교 대학원 박사학위논문.

한희정 · 정의진(2019). 저널리스트의 성폭력 경험과 무보도 현상: 광주전남기자 협회 회원 대상 성폭력 실태조사를 중심으로. **커뮤니케이션학 연구**, 27(1), 225-252.

허예은(2017). 한국의 현대 패션과 젠더 가치관. 서울대학교 대학원 석사학위논문.

홍미연(2017). 생애사 연구를 통한 한 여성 알코올중독 회복자의 삶에 대한 이해. 정신건강과 사회복지, 45(2), 33-59.

홍미연・조미경(2016). 여성알코올중독자의 회복경험에 대한 질적 사례연구. 한국사회복지 질적연구학회 추계학술대회 자료집, 187-209.

홍정현・권현정・윤성인・이수정(2017). 가정폭력 피해여성들의 가정 복귀에 영향을 미치는 요인. 한국심리학회지, 여성, 22(1), 1-22.

홍지희・김보영(2021). 부모의 부부갈등이 중년기 부부의 결혼만족도에 미치는 영향: 자기자비와 부부갈등 대처방식의 매개효과. 한국심리학회지, 상담및심리치료, 33(3), 1349-1374.

홍창희(1997). 가정폭력과 여성의 정신건강. 여성연구논집, 8, 41-58.

황인호(2021). 코로나19가 하나님의 심판? 위기 겪는 한국사회에 교회가 드러낸 민낯. 국민일보, 4월 7일자.

황정미(2020). 2020년, 새로운 10년의 젠더 이슈, 젠더리뷰, 56, 4-13.

Baek, K. S. &, Kim, H, S.(2013). The effects of university students' self-esteem, gender-role attitudes and family functioni ng on perceptions of marriage. *Korean Journal of Family Welf are, 18*(3), 205-223.

Bem, S. L., & Lewis, S. A.(1975). Sex role adaptability: One consequence of psychological androgyny. *Journal of personality and Social Psychology, 31*(4), 634.

Brown, S., Small, R., & Lumley, J.(1997). Being a 'good mother'. *Journal of Reproductive and Infant Psychology, 15*, 185-200.

Butler, J.(1999). *Gender Trouble: Feminism and the Subversion of Identity*. New York: Routledge. 179.

Choi, K. H., & Han, S. W.(2020). Effects of long-term exercise program on physical composition, physical function and cardiorespiratory endurance in the female elders about participation of the social services. *Korean Journal of Adapted Physical Activity, 28*(1), 69-80.

Chung, Y. K., & Choi. J, H.(2010). The effect of parents' marital quality on married women's marital adjustment and perspective toward marriage. *The Korean Journal of Women Psychology, 15*(3), 331-353.

Daniel H. P.(2012). *A new future is coming.* Seoul: Korea Economic Daily.

Dawson, D. A.(2011). Defining risk drinking. *Alcohol Research & Health, 34*(2), 144-156.

Folbre, N.(2008). *Valuing Children: Rethinking the Economics of the Family.* Cambridge, MA: Harvard University Press.

Foucault, M.(1976). *The History of Sexuality.* Pantheon Books. New York.

Green, R.(2010). Robert Stoller's Sex and Gender: 40 Years On. *Archives of Sexual Behavior, 39,* 1457-1465.

Jang, H. S.(2009). The relationship of developmental tasks and happiness in early adulthood. *The Korean Journal of Developmental Psychology, 22*(1), 19-36.

Jang, J. H., Kim, J. C., Kang, S. H., & Ko, J. U.(2016). Changes of physical fitness variables after 12-Week health promotion exercise program in elderly women: One-year follow-up. *Journal of Korean Association of Physical Education and Sport for Girls and Women, 30*(2), 221-236.

Joo, J. S., Moon, Y, K., Kim, Y. T., Song, C. S., Park, G. P., Son, C. K., & Lee, G. J.(2013). *Korean longitudinal survey of women and families: The 2013 Annual Report.* Korean Women's Development Institute.

Keenan, K., & Shaw, D.(1997). Developmental and social influences on young girls' early problem behaviors. *Psychological Bulletin, 121.*

Kim, H, Y., Sun, B. Y., & Kim, S. D.(2010). *Women's late marriage and low fertility.* Seoul, Korean Women's Development Institute.

Kim, H. Y.(2020). Trends and causes of subjective well-being in Korea: Focusing on differences by gender and age. *Korean Policy Sciences Review, 24*(2), 47-72.

Kim, H.(2013). Health problems and policy tasks of multicultural families. *Issue & Focus, 185,* 1-8.

Kim, J. D.(2021). "Now I am depressed and I am angry"...'Corona Red' Emergency. https://www.yna.co.kr/view/AKR202101190566 00017

Kim, J. H., & Park, J. Y.(2015). The influence of anxiety over aging of the elderly group on successful aging and the mediation effect of social support. *Journal of the Korea Contents Association, 15*(9), 210-222.

Kohlberg, L.(1966). A cognitive developmental analysis of children's sex-role conceptions and attitudes. In E. E. Maccoby(Ed.), *The Development of sex differences.* Stanford, CA: Stanford University Press.

Korea Centers for Disease Control and Prevention.(2020). Guidelnes on the use of raw data from the National Health and Nutrition Survey 7th Period(2016-2018).

Landry-Meyer, L., & Newman, B. M.(2004). An exploration of the grandparent caregiver role. *Journal of Family Issues, 25*(8), 1005-1025.

Lee, E. H.(2019). Pre-service teachers' perception of gender equality consciousness and marriage values. *Teacher Education Research, 58*(2), 267-278.

Lee, G. A., Yang, S. J., & Woo, E. H.(2018). Past, present, and future of home visiting healthcare services based on public health centers in Korea. *Journal of Korean Public Health Nursing, 32*(1), 5-18.

Lee, S. S.(2006). A study on impact of the change in values on marriage and fertility behaviors. *Health and Social Welf are Review, 26*(2), 95-140.

Ministry of Food and Drug Safety.(2020). FDS 2020 Alcohol consumption and intak e survey findings. https://www.mfds.go.kr/ brd/m_99/view.do?seq=44892

Ministry of Health & Welfare.(2014). 2nd Basic Plan for Low Fertility and Population Ageing. http://www.mw.go.kr/front_new/sch/index.jsp.

Ministry of Health and Welfare & Korean Society for Traumatic Studies.(2020). COVID-19 2020 September national mental health survey. http://kstss.kr/ ?p=1873

Oakley, A.(1976). *Sex, Gender and Society.* London: Temple Smith.

Olsson, M., & Martiny, S. E.(2018). Does exposure to counterstereotypical role models influence girls'and women'gender stereotypes and career choices? A review of social psychological research. *Frontiers in Psychology, December 9*, 1-15.

Seoul Newspaper.(2014). The ratio of successful applicant of women government official, 2014, http://www.go.seoul.co.kr/news/newsView.php?id=20140917024004

Statistics Korea.(2019). *Marriage, Divorce Statistics 2018.*

Sullivan, O., Gershuny, J., & Robinson, J.(2015). *Housework, Gender and Parenthood.* A briefing paper presented for the Council on Contemporary Family.

Yu, J. Y.(2012). The study on primary and secondary school students' family values. *Social Studies Education, 51*(3), 15-33.

찾아보기

(ㄱ)

(ㄴ)

(ㄷ)

(ㄹ)

(ㅁ)

(ㅂ)

(ㅅ)

(인명)

저자 소개

▎노병일(盧炳一)

미국 뉴욕주립대학교 대학원 사회학박사
현) 대전대학교 사회복지학과 교수
(논문) 가족정책 모델의 유형화에 관한 일반적 논의, 다문화가족아동의 학교생활만족도에 영향을 미치는 요인, 한부모가족이 겪는 어려움과 해결 방안 외 다수
(저서) 가족정책론, 사회복지정책론, 아동복지론, 청소년복지론 외 다수

▎노미향(盧美香)

대구가톨릭대학교 대학원 사회복지학박사
현) 대구가톨릭대학교 사회통합연구소 연구원, 대구가톨릭대학교 사회복지대학원 외래교수, 대구공업대학교 외래교수, 나눔 사회복지상담교육연구소 소장
(논문) 요양보호사의 직무만족 결정 요인: 자아존중감과 사회적 지지를 중심으로, 집단미술치료 프로그램이 여성청소년의 우울 감소에 미치는 영향, 유엔 '청소년기의 아동권리에 대한 일반 논편'에 나타난 청소년의 권리에 대한 일반적 논의 외 다수
(저서) 청소년문화론 외 다수

▎장혜숙(張惠淑)

대전대학교 대학원 사회복지학박사
현) 이젠에듀원격평생교육원 교수, 재가노인복지센터 대표
(논문) 등급외자노인의 생활스트레스 및 우울과 심리적 복지감 사이의 관계, 장기요양 등급외자 노인의 우울 유발 요인, 노인의 우울에 미치는 요인에 대한 연구: 등급외자 노인의 자기효능감을 중심으로 외 다수
(저서) 청소년문화론, 사회복지 현장의 살맛나는 세상, 한권으로 정리한 사회복지1급 문제집 외 다수

▎조현철(趙賢哲)

대전대학교 대학원 사회복지학박사
현) 요양보호사교육원 강사, 사이버교육원 운영교수, 재가노인복지센터 사무국장, 지역주민자치분과위원회장
(논문) 사회복지사의 업무환경이 소진에 미치는 영향, 거주시설 사회복지사의 업무환경이 소진에 미치는 영향, 클라이언트 폭력이 사회복지사의 정서적 안정성에 미치는 영향 외 다수
(저서) 지역사회복지론, 사회복지 현장의 살맛나는 세상, 한권으로 정리한 사회복지1급 문제집 외 다수

가족과 젠더

1판 1쇄 인쇄 — 2022년 2월 3일
1판 1쇄 발행 — 2022년 2월 8일

저　　자 - 노병일 노미향 장혜숙 조현철
발 행 인 - 강철원
발 행 처 - 양성원
주　　소 - 경기도 파주시 검산로 173번길 29-20
전　　화 - 031-946-3861(代)
팩　　스 - 031-946-3864
이 메 일 - tnwpub@naver.com
홈페이지 - tnwpub.co.kr
출판등록 - 2015년 8월 31일 제 2015-000211 호

ISBN 979-11-6126-426-4

정가 20,000원